I N V E S T I G A Ç Ã O

IMPRENSA DA UNIVERSIDADE DE COIMBRA
COIMBRA UNIVERSITY PRESS

EDIÇÃO
Imprensa da Universidade de Coimbra
Email: imprensa@uc.pt
URL: http//www.uc.pt/imprensa_uc
Vendas online: http://livrariadaimprensa.uc.pt

COORDENAÇÃO EDITORIAL
Imprensa da Universidade de Coimbra

CONCEÇÃO GRÁFICA
António Barros

INFOGRAFIA
Mickael Silva

IMAGEM DA CAPA
Aristotle by Jusepe de Ribera
via Wikimedia Commons [public domain]

REVISÃO
Mª da Graça Pericão

PRINT BY
CreateSpace

ISBN
978-989-26-1057-3

ISSN DIGITAL
978-989-26-1058-0

DOI
http://dx.doi.org/10.14195/978-989-26-1058-0

DEPÓSITO LEGAL
402271/15

© NOVEMBRO 2015, IMPRENSA DA UNIVERSIDADE DE COIMBRA

ARISTÓTELES EM COIMBRA

Cursus Conimbricensis
e a educação no
Collegium Artium

CRISTIANO CASALINI

IMPRENSA DA
UNIVERSIDADE
DE COIMBRA
**COIMBRA
UNIVERSITY
PRESS**

SUMÁRIO

Preface
John O'Malley 7

Introdução 13

1. O *affaire* Gouveia 21

2. Província pedagógica 71

3. *Cursus* 113

4. O problema do mestre 163

5. O problema da causa 215

5.1 A metafísica restrita 215
5.2 Causas segundas, segundos fins 250
5.3 Imprevistos e probabilidades 289

Bibliografia 313

PREFACE

Almost from the first moment of its founding the Society of Jesus exercised a seemingly insatiable fascination for religious apologists and polemicists. The institution, though obviously traditional in many ways, somehow projected an image that demanded defense or incited attack, sometimes vicious. Aside from an image of either a company of saints or a company of devils, the Society, born amid the ferocious religious controversies of the sixteenth century, soon got labeled as the premier "agent of the Counter Reformation." Even though fighting the Reformation was far from uppermost in the mind of Ignatius in the founding of the order, that is how the Jesuits soon began to present themselves and that is how they were understood by others. As the Catholic narrative of what happened during the Counter Reformation developed, it easily propagated the belief that divine providence raised up Ignatius of Loyola to lay low his slightly older contemporary, Martin Luther.

Only in the last several decades have these historical clichés been effectively toppled and a new era opened for the historiography of the Society of Jesus. There are several remarkable features of this new approach to Jesuit history. First among them is the large number of scholars engaged in the enterprise and the diversity of disciplines they represent. Relatively few are Catholics. Almost as remarkable is the international character of the enterprise, in which Italian scholars have recently taken the lead. We now have a larger, more comprehensive, and more balanced picture of the history of the Jesuits than ever before.

Perhaps the most important characteristic of these new approaches to the Jesuits is the change in the questions being asked about them. Although scholars continue to be interested in the Jesuits as "agents of the Counter Reformation," the basic question they pose for all aspects of Jesuit history is a neutral one: "What were the Jesuits like?" And then come the logical follow-up questions: "How were they similar and how dissimilar to their contemporaries?" And "How did they fit into their different cultural milieus?"

Questions like these, obvious and bland though they might seem, have helped transform our understanding of the subject. The questions are not predisposed to ensure a particular outcome. The results have been good. They have shown the weaknesses and the strengths of the Jesuit enterprises, and in so doing they have reshaped our understanding of them. One long dominant image of the Society they have shattered is that of an organization fully formed at the moment of its approval by Pope Paul III on September 27, 1540, that from that moment forward remained substantially unchanged. That picture no longer holds. No doubt, through its history the Society of Jesus displays an extraordinary coherence in the basic premises out of which it has operated and in its fidelity to them, but that does not mean that it did not, like all long-lived institutions, undergo profound changes.

What Ignatius and his companions had in mind in 1540 was a band of roving preachers of the gospel, according to their image of how Christ and the apostles spent their days traveling from one place to another in order the spread the Good News. Prominent in this image was the apostle Paul, who crossed the Mediterranean in his zeal to make the name of Christ known. To imprint that image on their lives, Ignatius and the others imposed upon themselves and on future members of the Society a special vow to be missionaries, to travel anywhere in the world for the sake of the gospel, especially when ordered to do so by the Supreme Pontiff – their famous "fourth vow".

But within a few years they made a decision not in the least foreseen at the outset. They began to operate schools for young laymen whose future lay not in the priesthood or a religious order but "in the world". Although the Jesuits did not fully realize it, this decision changed them to an extraordinary degree. To the goal of being itinerant preachers was now added that of being resident schoolmasters. As schoolmasters, the Jesuits had to be just as proficient in literature, theater, philosophy, and similar subjects as they were in theology and Scripture. They became writers on these secular subjects and published an impressive number of books on them. Along with its religious mission, therefore, the Society of Jesus now took on a cultural mission. In the Jesuits' mind these two missions were closely related, perhaps even inseparable, but we historians today must be aware of the distinction between them and exploit it to the utmost if we are to understand the Society of Jesus.

A great deal of recent scholarship on the Jesuits has done precisely that. It has examined the Jesuits as architects, as poets, as playwriters, as cartographers, as musicians, as political theorists, and so forth. The list is long. What must not be lost sight of is that the decision to operate schools for lay students explains how and why the Jesuits undertook these many and varied careers. Had it not been for the schools the Jesuits would have entered our history books with a profile little different from the Dominicans and Franciscans, upon whom they, in a somewhat updated form, originally modeled themselves. It was the schools that gave the Jesuits their identity as scholars of broad and even worldly culture.

It is surprising, therefore, that, despite the vast amount of excellent scholarship today on the Jesuits' activities in different areas of culture, so very little attention has been paid to the schools *as such*. We now know incomparably more than previously about what the schools directly or indirectly produced, but we know very little about what went on in them on a day-to-day basis, very little about how in specific instances they came into being and managed their affairs, and very little indeed on just what was taught and how it related to larger cultural trends and controversies. We know very little about how they produced their books, especially those that were, like the *Cursus Conimbricensis,* collaborative works produced over a number of years by an unidentified team of authors.

For that reason Cristiano Casalini's book is particularly welcome. It comes at just the right time and fills an important gap. As the author shows, Coimbra was, according to the Jesuits, a jewel in their academic diadem. The city was the cultural capital of the nation where the Jesuits received their warmest welcome from the monarchy, where they at first prospered most expansively, and from where they launched some of their most important overseas' missions, beginning with Saint Francis Xavier. Portugal was also, however, the site of their first big internal crisis of authority in the struggle between Ignatius and Simao Rodrigues. The school itself, as we learn in these pages, itself became entangled in controversies of various kinds.

The center of this book is the school and especially the *Cursus* the school produced, a multi-volume commentary on the works of Aristotle. Casalini depicts in illuminating detail how the project was conceived and how carried out. For all the individualism supposedly characteristic of the Jesuits, they were capable of working together on a common cause extending over a number of years. They were also indefatigable letter writers and have left a paper trail that has enabled Casalini to reconstruct the story of the collaboration and the goals the Jesuits had in mind.

In the first decade of the seventeenth century the works of Aristotle retained their hegemony, even though challenges to them were ever more common and by the middle of the century would deal them deadly blows. For the Jesuits they had a special role in their intellectual program because they undergirded the theological synthesis of Thomas Aquinas, whom the Jesuit *Constitutions* designed as the official theologian of the order. Moreover, the Jesuits were doing little more than reproducing and reducing to print the philosophical program that universities had long ago codified.

In these pages Professor Casalini takes us through the *Cursus*, with a lucid and convincing analysis and show us how it fit in the philosophical, theological, and even political battles of the era. The *Cursus* neither was nor wanted to be a groundbreaking work. It was, rather, a work symptomatic of the state-of-the-question on many questions that concerned the early modern era. It in that regard is as important as it has been neglected by scholars. I do not believe we could have a better guide through it than we have here in *Aristóteles em Coimbra*.

John O'Malley

INTRODUÇÃO

Em 1592 começou a publicação do *Cursus Conimbricensis*, o comentário às obras principais de Aristóteles que os jesuítas de Coimbra prepararam para ser utilizado nos Colégios de Artes. O primeiro volume editado foi a *Física*, apesar de não ser este o primeiro nem na ordem didática nem na ordem estrutural do corpus aristotélico, segundo os textos e a perceção da época. Eis o imediato e significativo sintoma da vitalidade, da inquietação desta obra que à distância de séculos parece tão compacta e entediantemente "escolástica", mas que na realidade foi escrita de jato, primeiro correndo atrás das exigências do Colégio e depois da História quando o originário redator se atrasou. Obra de equipa (pelo menos nas intenções) e *in progress*, que sofre, absorve e reflete a complicada navegação de um grupo de homens e mestres, da própria teologia pós-tridentina, de dois intelectuais em conflito (Fonseca e Molina) e de todo o *iceberg* do aristotelismo prestes a dissolver-se. O *Cursus* pretendia ser, na sua área, um produto cultural e editorial avançado, capaz de levar o *brand* "Colégio de Coimbra" para todo o mundo; tinha a mesma ambição, concretizada, dos manuais escritos para a Gramática e para a Retórica. Mas o mastodôntico *Cursus*, apesar do êxito obtido em toda a Europa, nunca conseguirá alcançar a portabilidade, a praticidade e a ligeireza dos (ótimos no seu género) textos de Álvares e Soares. Foi Descartes, enquanto estudante, o primeiro a dar conta disso: numa carta a Mersenne queixa-se que o seu "manual", o *Cursus Conimbricensis*, era muito confuso e aborrecido. Há na estrutura e a na abordagem das questões algo de veemente, de contraditório, de irresoluto. Os jesuítas de Coimbra, de modo mais ou menos consciente, tocaram os pontos de rutura da cultura do seu tempo.

O *Cursus* surge no âmbito da prática didática do Colégio de Coimbra e acompanha a sua história e vicissitudes. Desde há muito atraiu a atenção dos estudiosos do aristotelismo quinhentista como comentário com *disputationes*, e como obra da Companhia de Jesus nos seus primeiros tempos, forneceu muitas ideias para a história do Catolicismo da primeira idade moderna[1]. O *Cursus* ainda não tinha sido abordado numa perspetiva educativa, procurando intuir o seu alcance na formação dos estudantes, os objetivos que pressupõe, as habilitações (também sociais e políticas) que promove, a *forma mentis* que procura moldar e legitimar. Esta é a minha intenção, e é por isso que a história do *Cursus* é, em boa parte, também a história do Colégio: dos motivos políticos pelos quais foi fundado, dos homens que o dirigiram e dos conflitos que moldaram a sua estrutura.

Nesta perspetiva, o texto, que, como um fresco retirado da parede, aparece oco e anódino, uma vez contextualizado encontra o seu espaço e a sua paisagem: nomeadamente os conflitos interpretativos e humanos que presidiram à sua redação. Neste sentido este livro não será uma história educativa do Colégio de Coimbra, mas sim uma história do *Cursus*, para a qual convergem e com a qual se medem as abordagens pedagógicas, históricas e filosóficas. Um estudo global deveria tratar também das outras disciplinas, antes

---

[1] Deixo de lado a *querelle* historiográfica acerca do termo mais adequado para definir o Catolicismo pré- e pós-tridentino: Reforma católica, Contrarreforma. Sigo John W. O'MALLEY, que sugere "catolicismo da primeira idade moderna" como chave para ultrapassar as dificuldades apologéticas e partidárias do par Reforma--Contrarreforma. Sintetiza eficazmente os termos da questão Robert BIRELEY, *Ripensare il Cattolicesimo (1450-1700). Nuove interpretazioni della Controriforma*, Marietti, Genova-Milano, 2010.

de mais a Gramática e a Retórica já referidas, e da formação daquela "língua franca" colegial, repleta de modos, ritmos, alusões aos clássicos latinos cujos exemplos literários pespontavam as lições e os manuais. Uma língua que durante décadas constituiu o autêntico léxico europeu, código da cultura e do poder, das paixões e da transcendência, e da qual é possível ver um desenvolvimento, paródico mas consagrador, nos *Essais* de Montaigne; e que se exercitava nos momentos da disputa e das orações festivas, e sobretudo no palco do teatro do colégio[2]. Na impossibilidade de documentar de forma adequada todo o curriculum, preferi privilegiar apenas a parte filosófica e aprofundar a análise de alguns temas que, a meu ver, são indispensáveis para enquadrar as finalidades do *Cursus* como objecto/instrumento didático, e do *Cursus* como discurso sobre a educação. Uma abordagem deste género implica necessariamente uma escolha dos conteúdos, sempre sujeita àquela que Nietzsche define a injustiça do julgamento. Parece-me todavia iludível colocar ao *Cursus* a questão do mestre, ou seja verificar nos volumes conimbricenses a presença ou a ausência de uma teoria educativa em resposta à pergunta "o que é ensinar?" com a qual abre o *De magistro* agostiniano e que ecoa à distância de séculos no *De Veritate* de Tomás de Aquino. Se, por um lado, não teremos um *de magistro* conimbricense, dado que falta a explícita colocação do problema no interior do *Cursus*, por outro teremos uma teoria educativa elaborada à volta do par conceptual *doctrina/disciplina*, par com o qual tradicionalmente começa todo o comentário aos *Segundos analíticos*, mas no *Cursus* bem presente, para além da tardia *Dialéctica* (1606). Com efeito o conhecimento é aqui reconduzido e circunscrito ao ato

---

[2] Investigações neste sentido são simplesmente adiadas em vista de um trabalho – em colaboração com Luana Salvarani – sobre o teatro jesuíta a partir da obra de Miguel Venegas, professor de retórica e controverso dramaturgo, primeiro em Coimbra, depois em várias localidades da Europa e finalmente em Paris. Uma primeira pesquisa em L. SALVARANI, "Venegas e gli altri", *Educazione. Giornale di pedagogia critica*, 1 (2012), pp. 53-72.

da sua transmissão, na qual o mestre e as técnicas argumentativas que utiliza (maieuticamente) para suscitar a anuência do aluno adquirem uma relevância que nem sequer Tomás lhe tinha conferido. O espaço criativo da *inventio* individual, com seus reenvios para a gnoseologia platónica, fica enormemente reduzido; delineia-se um espaço onde todo o discurso é aprendido empiricamente e no qual a construção do conhecimento por parte do aluno está totalmente *in manu mediatoris*. O colégio jesuíta não pode ter legitimização mais forte.

É necessário depois colocar o problema da causa, porque da resposta a esta pergunta emerge o exato perfil da teoria da aprendizagem e, em geral, da função docente. Veremos qual será a resposta dos Jesuítas de Coimbra. Mas a questão da causa, longe de ser marginal nas discussões da época, é, pelo contrário, o lugar onde se cruzavam um conjunto de questões que angustiavam os aristotélicos do século XVI e a teologia da parte católica: a relação entre Deus e o homem, entre ordem normal da natureza (e das suas leis) e milagre, entre metafísica e teologia, entre metafísica e filosofia natural, a responsabilidade moral do homem e do seu livre agir, são tudo problemas que gravitam à volta do problema da causa. Bacon e Descartes atacarão o aristotelismo justamente a partir deste ponto, e ao negar a realidade das quatro causas em que se baseava, mais do que na física, o modo de pensar ocidental, mudarão (porventura) o curso da História. Os conimbricenses demonstram entender a direção do tempo, sentem a decomposição do sistema, e com alguns estratagemas procuram relançar o código aristotélico através de soluções (como é o caso da introdução da causa exemplar) que todavia têm o defeito de estar justamente em pleno contraste com a tradição aristotélica.

Incerta defesa de autores menores ou, pelo contrário, impudente liberdade jesuíta? Os dominicanos, que foram os primeiros a aperceber-se disso e a denunciá-lo, não tiveram dúvidas. De resto, o nome dos autores ocultos sob o *brand* "conimbricense" é suficiente para nos levar a propender para a segunda hipótese: Luis de Molina e Pedro da Fonseca, com o seu duro conflito acerca do problema da paternidade da ciência média, tiveram notável importância na elaboração da obra. Um estudo do *Cursus* não pode deixar de ser também um estudo da *Concordia liberi arbitrii cum gratiae donis* do primeiro e da *Dialéctica* e da *Metafísica* do segundo. A bibliografia é rica em estudos sobre ambos, mas é menos abundante em relação à triangulação Fonseca-Molina-*Cursus conimbricensis*. Um caminho que, todavia, foi trilhado nos anos 50 pelos estudos do padre Giacon, e seguido em Coimbra, onde uma duradoura tradição (sobretudo ligada ao Departamento de Filosofia) favoreceu e produziu investigações notáveis, das quais a bibliografia final dá parcial nota. Outras abordagens ao problema do peso filosófico do *Cursus* (porventura de carácter comparativo) são legítimas, e muitas vezes levaram a resultados apreciáveis: é o caso, por exemplo, das investigações sobre a teoria lógica de Jennifer Ashworth (graças à qual emergem as diferenças entre Fonseca e o *Cursus*), sobre a teoria dos sinais de John Doyle, sobre a filosofia natural de Dennis Des Chene e Helen Hattab.

Neste livro, escolheu-se a filosofia como abordagem para compreender os significados da didática conimbricense, e como ponto a partir do qual lançar a pergunta fundamental: o *Cursus* é o majestoso destroço de uma escolástica destinada em breve a ser varrida pelo sensismo, pelo racionalismo e mais tarde pelas ciências experimentais, ou a sua abordagem metafísica, sempre pronta a comprometer-se com a mutabilidade e a precariedade dos destinos humanos, tem ainda muito para nos dizer? E a contradição insanável do espírito jesuíta, entre a vocação "heróica" para as grandes empresas, as grandes viagens e os grandes martírios – explicada nos monólogos atormentados dos colegiais transformados em prima-donas do teatro – e a tendência prática para a mediação, a adaptação, os bons negócios e a diplomacia internacional, não poderia ter a sua origem justamente na formação? Estudar a didática conimbricense poderá então oferecer muitas chaves para descodificar a história, justamente naqueles eventos e ações tão paradoxais que não podem ser explicados pela estratégia, e dos quais a Europa moderna parece alimentar-se avidamente, como de um prato apimentado, para paladares fortes.

AGRADECIMENTOS

De magistro silemus
Desejo agradecer ao professor John O'Malley
(Georgetown University) as emendas e as sugestões.

1. O *AFFAIRE* GOUVEIA

As origens do *Cursus conimbricensis* parecem mais confusas do que obscuras. Uma estratigrafia histórica permite revelar, sob o anódino fraseado escolástico, uma série de acontecimentos cujos protagonistas mudam, por vezes cruzam-se, frequentemente sobrepõem-se, até tornar árduo decifrar o quê ou quem levou à edição de um famoso manual, sobre a Obra Completa de Aristóteles, assinado pela primeira vez por um Colégio, e apresentado orgulhosamente como produto avançado da cultura jesuíta.

A história deste texto, como, aliás, a da Companhia de Jesus, começa na fervilhante Paris universitária de princípios do século XVI. E, entre a multidão de colégios que estruturaram esta *universitas*, merece certamente um lugar de destaque o colégio de Santa Bárbara. Muitos já sublinharam que a história da educação jesuíta depende do *modus parisiensis* e que a *Ratio studiorum,* fruto de uma extraordinária e laboriosa elaboração coletiva da Companhia, provém em particular do modelo de Santa Bárbara. Não se disse, porém, que este modelo pedagógico sofreu mudanças, até radicais, por parte dos Principais (ou dos seus substitutos) que governaram o colégio. Todos os Principais, com raras exceções, têm o mesmo apelido: Gouveia. Mas entre as ideias de Diogo, pioneiro e transformador de Santa Bárbara numa verdadeira «instituição de ensino portuguesa»[3],

---

[3] A expressão é de Mário Brandão, cujo estudo sobre a fundação do Colégio das Artes de Coimbra continua a ser, ainda hoje, um texto de referência. M. BRANDÃO,

e as do sobrinho André, inovador e futuro Principal também de Coimbra, não há (e de facto não houve) conciliação. Reconstruir a sua ação específica sobre as práticas educativas de Santa Bárbara, e seguir a história desta família portuguesa, formada por educadores, teólogos, poetas, diplomatas, significa seguir (e muitas vezes determinar, com a cumplicidade da hegeliana *astúcia*) o aparecimento das traves-mestras da pedagogia jesuíta, para além de acrescentar mais uma peça ao complexo mosaico do nascimento da Companhia de Jesus.

Inácio de Loyola chegou a Paris em 1528. Estudara em Alcalá e Salamanca[4], mas (como ele próprio afirma na *Autobiografia*) nenhum desses prestigiosos ateneus lhe dera «as bases». Enfim, Inácio não conseguiu acabar os estudos, e decidiu dirigir-se primeiro ao Colégio de Montaigu, e depois ao de Santa Bárbara, com a esperança de obter o almejado grau. Como era costume em Paris, teve de voltar a ouvir as lições juntamente com os «meninos»[5]. Tirou proveito

---

A Inquisição e os professores do Colégio das Artes, Acta Universitatis Conimbricae, Coimbra 1948.

[4] Segundo CODINA MIR, o cardeal Cisneros estabeleceu os estatutos de Alcalá com base no *modus parisiensis*: «L'Université de Cisneros constitue une fondation unique dans son genre, tranchant par son caractère avec toute la tradition des autres Universités hispaniques, en particulier celle de Salamanque. Alors que celles-ci suivent l'archétype bolonais, Alcalá relève de la tradition parisienne, cette filiation étant pourtant mêlée de certains éléments de la plus pure empreinte espagnole, qui lui confèrent une puissante originalité. Cisneros ne cache pas dans ses Constitutions le modèle dont il s'est inspiré avant tout autre: "...in hac Universitate, quae ad imaginem scholae Parisiensis instituta est"» [ID., *Aux sources de la pédagogie des Jésuites. Le «modus parisiensis»*, IHSI, Roma 1968, p. 18].

[5] Quando chegou a Paris, Inácio de Loyola, em dificuldades económicas, alojou-se no hospital de Saint-Jacques, e «ia estudar humanidades em Montaigu. O motivo foi porque o tinham feito passar adiante nos estudos com muita pressa, e apercebeu-se que lhe faltavam as bases. Assim estudava com os meninos, seguindo o método de París» [Inácio de Loyola, *Racconto di un pellegrino*, Città Nuova, Roma, 2004, p. 120]. Morar em Saint-Jacques não favorecia a vida escolar de Inácio: «Para o estudo não era um bom alojamento dado que hospital ficava a grande distância do Colégio de Montaigu, e, era necessário, para encontrar a porta aberta, vir ao toque das Ave-Marias e sair quando já era dia. E assim não podia frequentar tão bem as suas lições» [Ibid., p. 121].

disso para difundir os exercícios espirituais, por ele concebidos, que, num curto espaço de tempo, se tornaram na prática mais *à la page* entre os clérigos do colégio das Artes. E quando três deles, Peralta, o bacharel Castro e um basco de nome Amador (que vivia em Santa Bárbara), manifestaram a intenção de deixar os estudos e viver de esmolas, os estudantes dos colégios tomaram de assalto o hospital de Saint-Jacques, para onde os três se tinham mudado, para que ganhassem juízo.

É esta a primeira ocasião em que as fontes jesuítas mencionam o grande Principal e mestre português de Santa Bárbara, Diogo de Gouveia, *o velho*, que não via com bons olhos as novidades introduzidas no seu colégio por Loyola. No seu *Diário*, Inácio, escreve[6]: «O nosso mestre Gouveia, ao afirmar que [Inácio] tinha feito enlouquecer Amador, que estava no seu colégio, jurou e disse que, a primeira vez que ele viesse a Santa Bárbara, tê-lo-ia mandado "fustigar na sala", como sedutor dos estudantes»[7].

---

[6] Loyola ditou a autobiografia, em 1553, a Luís Gonçalves da Câmara, que fora estudante barbista em 1535 e que mais tarde desempenharia um papel de grande relevância na província portuguesa. De 1553 a 1555, após ter ocupado o cargo de reitor do Colégio de Jesus em Coimbra, por um breve período, foi nomeado procurador em Roma da província portuguesa. Uma vez regressado a Portugal, foi incumbido da educação do príncipe D. Sebastião.

[7] IGNAZIO DI LOYOLA, *Racconto di un pellegrino*, cit., pp. 123-124. Não deve admirar a expressão "nosso mestre" numa narrativa em terceira pessoa: *magister noster* era, com efeito, expressão habitual para designar os docentes da Universidade parisiense. RIBADENEIRA, na sua *Vita Ignatii* (cap. VI), relata, com intenção hagiográfica, a difícil entrada de Inácio de Loyola em Santa Bárbara. Depois dos problemas com a Inquisição, quer em Alcalá, quer em Salamanca, Loyola foi rodeado por *murmurationes* que corriam entre a população estudantil ibérica também em Paris, por causa da orientação espiritual à qual se dedicava, aplicando os *exercícios* aos estudantes. Depois do episódio do assalto a Saint-Jacques, Inácio decidiu requerer a entrada em Santa Bárbara, e obteve de Jean Penna um internato; o filósofo pôs-lhe à disposição um quarto, com o compromisso de que Inácio se abstivesse da sua obra espiritual. Depois de ter avisado, em vão, várias vezes, Inácio, por faltar ao seu compromisso, Penna decidiu denunciá-lo a Gouveia, que estabeleceu a humilhação da *salle*, prática de correção de origem goliárdica, à qual Inácio escapou – como relata com ênfase Ribadeneira – após um esclarecimento com Gouveia, que a partir de então recebeu-o com benevolência como homem de vida santa, apesar

Diogo de Gouveia, que ocupara também o cargo de Reitor da Universidade parisiense[8], fora um dos primeiros estudantes portugueses em Paris e completara o ciclo completo de estudos até à teologia, justamente nos anos em que Erasmo e a sua obra difundiam-se, com êxito, entre os estudantes. Tinha sido hospedado no colégio de Montaigu, beneficiando de uma das duas bolsas de estudo oferecidas pelo Principal Jan Standonck a D. Manuel I; e de D. Manuel I seria agente diplomático entre 1512 e 1521. Gouveia não ficou deslumbrado com o humanismo do Norte e com as consequências filológicas em matéria de exegese, pois pareceram-lhe o prenúncio do protestantismo; e, apesar das boas relações que Erasmo manteve com a corte portuguesa[9], Gouveia – ao contrário do sobrinho André – opôs-se sempre ativamente às suas doutrinas. Em 1520, Diogo negociou a aquisição do colégio em nome do Rei para que fosse destinado aos estudantes portugueses. Fechado o negócio com alguma dificuldade, por causa da resistência do proprietário Robert Dugast, o colégio de Santa Bárbara foi arrendado e Diogo de Gouveia tornou-se seu Principal.

A gestão de Diogo foi brilhante: o seu reitorado coincidiu com o período de maior expansão do colégio de Santa Bárbara. Apesar da sua hostilidade para com os métodos erasmianos, «debaixo da sua

---

de demasiado zelosa. Cf. também J. QUICHERAT, *Histoire de Sainte Barbe*, Paris, 1860, pp. 192-194.

[8] A notícia é relatada no seu epitáfio na catedral de Lisboa, apesar de não ser confirmada pelas listas de Du Boulay (*Histoire de l'Université de Paris...*). As lacunas de Du Boulay em relação ao período entre 1500 e 1507, deixam supor a Quicherat que Gouveia ocupou o cargo nesses anos. Cf. J. QUICHERAT, *Histoire de Sainte-Barbe. Collège, Communauté, Institution*, cit., p. 123. Da mesma opinião M. BRANDÃO, *A Inquisição e os professores do Colégio das Artes*, Acta Universitatis Conimbrigensis, Coimbra 1948, p. 40.

[9] Como sinal das boas relações, Erasmo dedicaria a D. João III as suas *Chrysostomi Lucubrationes* de 1527. Cf. M. BATAILLON, *Études sur le Portugal au temps de l'humanisme*, Acta Universitatis Conimbrigensis, Coimbra 1952. O livro de Bataillon reúne um conjunto de estudos, também anteriores, de notável interesse (vejam-se sobretudo os capítulos sobre Erasmo e a corte portuguesa, sobre André de Gouveia, e sobre a chegada dos jesuítas em Portugal).

direção o Colégio de Santa Bárbara tornara-se num dos focos mais brilhantes do ensino das letras clássicas em Paris»[10]. Os estudos clássicos, segundo ele, podiam constituir um baluarte no campo religioso e cultural, mas só se estivessem ao serviço da teologia católica e da escolástica parisiense, e com esta finalidade planeou a organização dos estudos, extremando a sua eficiência. Nesta perspetiva, o resultado dos anos da sua direção seria ao mesmo tempo entusiasmante e dececionante: entusiasmante pelo número e qualidade dos estudantes; dececionante pelo abandono dos estudos no fim dos ciclos de Artes. Os melhores estudantes, com efeito, pareceram ser menos fervorosos do que Diogo em mortificar a retórica e a dialética com a teologia escolástica[11].

Lorsqu'il prit le gouvernement de Sainte Barbe, la grande génération qui a rempli le seizième siècle de ses idées commençait ses études. Le désir d'atteindre la perfection en tout genre embrasait les coeurs, et il n'y avait pas à pousser beaucoup des élèves qui ne cherchaient qu'à surpasser leurs maîtres. Le mérite de Gouvéa est d'avoir favorisé une ardeur qui était pour beaucoup de ses collègues un sujet d'effroi. Par là il attira chez lui ce qu'il y avait de plus distingué comme élèves ou comme maîtres, et son collège fut plus que jamais une pépinière de grands hommes[12].

---

[10] M. BRANDÃO, *A Inquisição e os Professores...*, cit., p. 34.

[11] «Diogo de Gouveia Sénior, que em poucos anos erguera Santa Bárbara à categoria de um dos melhores colégios parisienses, buscou assegurar-lhe a prosperidade transformando-a numa verdadeira escola oficial portuguesa, destinada à preparação, nos estudos de humanidades e artes, de futuros teólogos, de acordo com o sonho de ainda um dia ver em Paris uma "fundação" para os estudantes portugueses da ciência sagrada» [M. BRANDÃO, *A inquisição e os Professores...*, cit., p. 145].

[12] J. QUICHERAT, *Histoire de Sainte Barbe,* cit., pp. 127-128. Quicherat sublinha também, em relação a todos os outros aspetos da tradição barbista, a importância do apoio dado aos jesuítas por Gouveia: «L'avantage le plus direct que les compagnons d'Ignace de Loyola aient retiré de leur séjour à Sainte-Barbe fut l'amitié de Jacques [Diogo] de Gouvéa» [Ibid., p. 202].

O prestígio alcançado por Santa Bárbara, e o poder de atração que exerceu sobre largas camadas de estudantes, prevalentemente ibéricos, transforma-lo-iam num modelo para a organização dos sucessivos colégios da Companhia de Jesus[13]. Foi demonstrado que o *protocollegium* de Messina, primeira instituição educativa para alunos externos da Companhia, depende do modelo parisiense, via Espanha[14]. É também possível traçar a linha de dependência do Colégio das Artes de Coimbra de Santa Bárbara, via Bordéus. Todavia, mais do que pelas características didáticas, o colégio de Santa Bárbara foi sobretudo o local de incubação da Companhia.

No período em que Inácio frequentou Santa Bárbara, os seus primeiros companheiros foram Francisco Xavier, Simão Rodrigues, Lainez, Salmeron, Bobadilla e também Pierre Favre, mais novo, mas já estudante de teologia. O encontro com Diogo de Gouveia foi determinante para Inácio e os seus seis companheiros que estabeleceram o pacto fundador da Companhia na colina de Montmartre em 15 de agosto de 1534. Na sua *História da Universidade de Coimbra*, Teofilo Braga afirma:

> O primeiro elemento do seu futuro [de Inácio] foi o ser admitido como alumno no Collegio de Santa Barbara, onde o velho Doutor Diogo de Gouvêa *o tratou com benignidade* [i.n.]. O Doutor velho era extremamente pyrrhonico, e conhecia a marcha da reforma na Europa, sobretudo a que resultava dos novos conhecimentos da lingua grega; a sua sympathia pelo hallucinado hespanhol, que alliava a passividade mystica á disciplina militar

---

[13] Quicherat e Codina Mir já iluminaram os traços essenciais deste aspeto com ampla documentação.

[14] John W. O'Malley esclareceu e em parte emendou as teses de Codina Mir sobre a substancial identidade do *modus parisiensis* e do "nosso modo de proceder" codificado pela Companhia de Jesus: O'Malley revelou a forma como foi superado o *modus parisiensis* dando o peso adequado às práticas do Colégio Romano em relação à geografia educativa jesuíta do seu tempo. Não negou, todavia, a influência francesa que atingira a cultura colegial e universitária, até alcançar Messina e as práticas jesuítas [*I primi gesuiti*, cit., em particular pp. 238-250].

do antigo soldado das tropas de Fernando, condizia com a sua fé e com o rigor com que elle queria argumentar com os hereges a punho secco. Na ferrea disciplina interna do Collegio de Santa Barbara adquiriu Loyola a comprehensão d'essa força para uma associação de propaganda religiosa[15].

A reconstituição de T. Braga, que se engana redondamente ao atribuir a Diogo uma cultura cética, tem o mérito de apontar para o erro em que incorreu Diogo, defensor "pedagógico" do escolasticismo parisiense, ao sentir uma afinidade com o místico organizador e missionário Inácio. Não obstante a confusão entre a cultura de Diogo e a do sobrinho André (este sim, "humanista"), o retrato de Braga é um bom exemplo da dicotomia sobre a qual se ergue a historiografia "laica" do tema: por um lado os humanistas-pirrónicos fundamentalmente liberais, por outro, os jesuítas, futuros campeões da ordem, da disciplina e da repressão. É evidente que o quadro não pode ser tão esquemático, dado que não permite explicar o turbulento suceder-se de alianças, ruturas, uniões judiciosas e contrastes inflamados que, por fim, levou Gouveia a desacreditar o sobrinho, a enviar aquela que fora a *crème* do corpo docente do seu próprio colégio perante a Inquisição e a destruir, de facto, o que ele próprio edificara. Mas sigamos por ordem.

Diogo de Gouveia foi o Principal de Inácio. É possível que entre 1528 e 1538 o conhecimento pessoal do carismático basco e dos seus exercícios espirituais tenha feito despontar no mestre uma atitude benevolente para com ele, mas é mais provável que Diogo de Gouveia fosse além da simples *benignidade* por ter começado a alimentar outra ambição para os seus (já ex)[16] estudantes.

---

[15] T. BRAGA, *Historia da Universidade de Coimbra nas suas relações com a instrucção publica portugueza*, II (1555-1700), Lisboa 1825, pp. 11-12.

[16] Uma curiosa anotação da *Autobiografia* de Inácio relata um costume *barbista* que será confirmado em Coimbra. Nela lemos que Inácio, faltando-lhe o dinheiro

Do período que vai de 1538 a 1540, determinante para a Companhia, que estava próxima da fundação oficial, dispomos de três cartas que documentam a atividade diplomática de Diogo em relação a D. João III e ao seu embaixador em Roma, Pedro Mascarenhas, para que o Reino de Portugal tomasse consciência da utilidade desses *clerigos letrados,* sobretudo para a evangelização das Índias ocidentais.

Estas cartas, aliás, lançam mais luz sobre a atitude missionária de alguns dos primeiros jesuítas. Diogo de Gouveia escreveu em 17 de fevereiro de 1538 a D. João III sugerindo que entrasse em contacto com um grupo dos seus ex estudantes barbistas, e em particular com Inácio, Pierre Favre e o português Simão Rodrigues, que, a seu ver, eram aptos para a obra de evangelização da Índia[17].

O mestre de Santa Bárbara via na recém-nascida Companhia um instrumento essencialmente missionário: afirmava, com efeito, que *os indianos* eram mais fáceis de converter do que os *mouros* («corações mais benignos e não tão emperrados, como os dos mouros»), e que o objetivo originariamente alimentado por Inácio e pelos seus companheiros de se porem à disposição do Papa para a conversão dos turcos em Jerusalém devia ser adaptado às exigências modernas da evangelização dos povos descobertos juntamente com as terras do

---

suficiente, pediu ao seu mestre Jean Penna (que lhe arrendara um dos seus quartos) uma dispensa para a compra da "pedra". La *prise de la pierre* (ou, em Coimbra, a *tomada de pedra*), consistia no ato público do exame de Artes, que o estudante fazia com a cabeça descoberta ajoelhado numa pedra. Lembra Inácio que Penna não lhe concedeu a dispensa. Cf. A. G. FRIAS, "Anthropolgie historique des traditions universitaires de Coimbra et Salamanca: l'exemple de l'investiture du docteur", *Centro de Estudos Ibéricos,* pp. 1-12 (o artigo pode ser descarregado do site http://www.cei.pt/pdfdocs/Anibal%20Frias.pdf); J. QUICHERAT, *Histoire de Sainte Barbe,* cit., pp. 196-197.

[17] O documento encontra-se em ARSI, *Monumenta Ignatiana,* I, (16) pp. 132--134. Veja-se também S. LEITE, *Cartas dos primeiros jesuítas do Brasil – 1538-1553,* Comissão do IV centenário da cidade de São Paulo, São Paulo, 1954a, v. 1, p. 95. Cf. P. R. HERNANDES, "A Companhia de Jesus no Século XVI e o Brasil", *Revista HISTEDBR On-line,* Campinas, 40, (2010), p. 227.

Novo Mundo[18]. O projeto de Gouveia sublinhava uma das vocações iniciais da Companhia; uma vocação que, aliás, irá constituir um dos motivos de maior interesse para os filhos da nobreza, que em grande número procurarão entrar na Ordem ao longo dos primeiros cem anos da sua existência. Gouveia não parece ter considerado esses *clerigos letrados* como arma da Contra-Reforma em terras de Europa, embora tivesse demonstrado um grande empenho na luta contra o luteranismo (e o erasmismo, prenúncio, a seu ver, da Reforma)[19].

Diferente era a ideia de Pierre Favre, ao qual Gouveia escreveu para lhe dar conhecimento da sua recomendação a D. João III. Favre, com efeito, respondeu ao velho mestre em 23 de Novembro de 1538, agradecendo em seu nome e no dos seus companheiros; disse também que apreciara muito a ideia de poder «trabalhar com os vossos Indianos», mas que a decisão competia ao Papa, dado que:

> se puseram à disposição do Sumo Pontífice e que é ele quem decide se devem partir ou não, mas que há algum tempo não faltou quem procurasse conseguir que ele nos mandasse para os índios,

---

[18] O tema era particularmente sentido na Península Ibérica. É famosa a Junta de Valladolid (1550-51) convocada por Carlos V, que teve como protagonista Bartolomé de las Casas, em que se debateu se os índios tinham alma. Em relação a Portugal, Sebastião TAVARES DE PINHO reconstrói de forma convincente a origem do interesse de Diogo de Gouveia pelos jesuítas como missionários, demonstrando-a com uma carta que lhe enviara em 1537 Jerónimo Osório, famoso humanista (relembrado, talvez com a habitual ironia, como *le meilleur historien latin de noz siecles* por Montaigne), com a qual o seu ex-estudante relata a notícia da extraordinária conversão de 60.000 malabares por obra de um pregador: «(...) mestre Hierónimo do Soiro me escreveo de como os balamares recebiam a fé que um vigairo que lá mandou Francisco de Mello, homem de boa vida e bacharel em cânones, começara lá de pregar e que eram convertidos bem 60.000, digo LX, louuores a Nosso Senhor que nos trouxe a tal tempo» [ID., "Francisco Xavier em Lisboa a caminho do Oriente (1540-1541)", *Humanitas*, LII (2000), pp. 297-309].

[19] Como veremos mais à frente, pagará as consequências da atitude de Diogo de Gouveia, o velho, o sobrinho André, por ele próprio acusado de erros religiosos no processo da Inquisição que este último sofreu juntamente com outros docentes do Colégio Real de Coimbra, antes que D. João III o entregasse aos jesuítas. Diogo Barbosa, na sua *Bibliotheca Lusitana* (t. I, p. 656), afirma que Gouveia foi o autor de um tratado manuscrito contra os erros de Lutero.

que os espanhóis vão sujeitando ao Imperador, para conseguir falaram primeiro a um Bispo espanhol e ao Embaixador imperial, mas estes notaram que a vontade do Sumo Pontífice não era que saíssemos daqui...[20].

Favre mais tarde seria enviado por Paulo III, juntamente com Lainez e Salmeron, ao Concílio de Trento, mas faleceu antes de chegar à sede conciliar.

D. João III, sensível ao projeto de Gouveia[21], escreveu em 4 de Agosto de 1539 ao seu embaixador na Santa Sé, Dom Pedro de Mascarenhas, para que intercedesse junto de Paulo III a fim de que este confirmasse o instituto e permitisse que fossem enviados para Portugal e, a seguir, para a Índia. O documento merece ser transcrito, como demonstração da importância de Gouveia durante as primeiras fases de vida da ordem e como testemunho da perceção do específico carisma dos primeiros jesuítas por parte das cortes.

Dom Pedro Mazcarenhas amigo. Eu el rei.

Porque o principal intento, como sabeys, asy meu como del rey, meu senhor e padre, que santa gloria aja, na impresa da India, e em todas as outras conquistas que eu tenho, e se sempre manteveram com tantos perigos e trabalhos e despesas, foy sempre o acrecentamento de nossa santa fe catholica, e por este se sofre todo de tam boa vontade; eu sempre trabalhei por hauer

---

[20] S. LEITE, *Cartas dos primeiros jesuítas do Brasil – 1538-1553*, cit., p. 100.

[21] Braga escreve: «Como foi levado o rei a este acto quasi de fundação, estando até esse tempo preoccupado ardentemente para conseguir o estabelecimento da Inquisição? Sabe-se que D. João III tinha uma absoluta confiança em cousas de religião e de ensino no velho Doutor Diogo de Gouvêa, e este exaltado inimigo do protestantismo, Principal do Collegio de Santa Barbara, onde tivera por discipulos os instituidores da Companhia, recommendou-os por uma fórma calorosa a D. João III, pedindo-lhe a cooperação do seu valimento soberano. É natural que levasse o rei pela idéa das missões na India» [*op. cit.*, p. 16].

letras e homens de bem em todas as partes que senhoreo, que principalmente fação este officio, asy de prégação como de todo outro ensino, necessario aos que nouamente se conuertem á fee; e graças a nosso Senhor, ategora he n'isto tanto aproueitado, e vay o bem em tanto crecimento, que, asy como me he m[u]y craro sinal que a obra he aceyta a nosso Senhor, sem cuja graça espicial seria impossiuel fazer-se tamanho fruto, asy me parece que me obriga a nam somente a continuar com todo cuydado, mas ainda, asy como crece a obra, asy acrecentar no numero dos obreyros. E porque agora eu fui enformado *per carta de mestre Diogo de Gouuea que de Paris erão partidos certos clerigos letrados e homens de boa vida,* os quays por seruiço de Deus tinham prometido proueza, e sómente viuerem polas esmolas dos fieys christãos, a que andam prégando por onde quer que vão, e fazem m[u]yto fruyto; e segundo agora tambem by por huuma carta sua d'elles, que escreueram ao mesmo mestre Diogo a Paris e m'a mandou [...] elles aos XXIII de Novembro eram n'essa corte, segundo a carta diz, detydos então polo papa pera lhes ordenar o que hauia por seu seruiço que elles fizessem; e sua tenção, segundo se vee por esta carta, he conuertir infieys; e dizem que, aprazendo ao santo Padre, a quem se são offrecidos, e sem cujo mandado nam ham de fazer nada, que elles yram á India. E porque me parece, sendo elles d'estas calidades e d'esta tenção, que lá fariam muy grande seruiço a nosso Senhor, e aproveytariam muyto nas cousas da fee, asy pera ensino e confirmação dos que a já tem recebida, como pera trazer outros a ella; vos encomendo muyto que, tanto que esta carta receberdes, trabalheis por saber que homens estes são, e onde estão, e de sua vida, costumes e letras, e preposito; e sendo estes, lhes faleys se ahy esteuerem; e sendo absentes lhe escreuays e façays que elles queirão vir a mym, porque certo, se seu preposito he esse de acrecentar e aproueitar a fe, e seruir a Deos prégando e com exempro de suas vidas, nam pode hauer parte, onde lhes este mais aparelhado poderem-no fazer e comprir seus desejos, que em minhas conquistas, onde seram sempre tratados de maneyra, que lhe seja ainda dobrada ajuda e azo pera milhor seruir a Deos. E sendo necessario licença do santo Padre, ou ainda mandado pera ysso, vós lhe supricai de minha parte que lh'a queyra dar e mandarlh'o, dando-lhe esta enformação, que ante elle e suas grandes virtudes e santissimo zelo deue de valer m[u]yto pera conceder essa graça de mui boa vontade. E assentado vós com elles que queyram vir ou por terra ou por mar, como milhor vos parecer e se elles mais contentarem, lhe dareys todo auiamento e toda maneira de seu gasto pera o caminho em toda abastança. E hauerey por meu seruiço vir huuma pessoa vossa com elles pera os guiar e acompanhar, porque venham o mays cedo que seja possiuel. Tomay d'esto espicial cuydado, que o receberey de vós em seruiço[22].

Mascarenhas respondeu ao Rei em 10 de Março de 1540, confirmando o colóquio com o pontífice e o iminente envio dos dois jesuítas. Inácio, enquanto Favre e Lainez partiam para Parma e daí para o Norte da Europa[23], encarregou Francisco Xavier (em substituição do indisposto Bobadilla) e Simão Rodrigues, que chegaram separadamente a Lisboa antes do fim do mês de Junho do mesmo ano. Como é notório, o primeiro partiu cedo, abrindo para

---

[22] A carta encontra-se em MHSI, *Monumenta Ignatiana* I, Apêndice I, pp. 737--739.

[23] Depois de ter acompanhado o cardeal Filonardi na sua visita a Parma, e ter aí estabelecido a Companhia em dois anos, Favre realizaria missões na Alemanha e visitaria Coimbra numa segunda viagem em 1543, de Lovaina a Madrid, via Lisboa. No seu *Memorial* não há referências ao Colégio de Jesus (há pouco inaugurado). Ver P. FAVRE, *Mémorial*, (org. M. De Certeau), Desclée de Brouwer, Paris 2006 (a obra é na realidade a reedição da tese de licenciatura de De Certeau, publicada pela primeira vez em 1960 pelo mesmo editor).

a Companhia o caminho da Índia[24], enquanto o segundo ficou em Portugal com o objetivo de fundar a província portuguesa, a primeira que a Ordem instituiu.

Entretanto, Paulo III, instado por muitos para que convocasse o Concílio, estava preocupado com os instáveis equilíbrios políticos entre Francisco I e Carlos V. Entre as potências europeias, a única que, nessa altura, se mantinha numa posição de perfeita neutralidade era Portugal. D. João III esforçava-se habilmente por manter boas relações com Carlos V, seu cunhado, e com Francisco I, marido da sua madrasta, a rainha Leonor, viúva de D. Manuel. Por isso, Paulo III considerava Portugal um intermediário válido, que poderia defendê-lo em caso de conflitos. Não admira, então, que o papa Farnese, também para satisfazer os pedidos do rei de Portugal, publicasse a bula *Regimini Militantis Ecclesiae* em 27 de Setembro de 1540, com a qual confirmava a instituição dos dez jesuítas. Aos sete companheiros, entretanto, tinham-se juntado mais três, Claudio Jay, licenciado em Santa Bárbara, em 1535, e sucessivamente destinado a terras de Áustria, e Pasquier Brouet, que preparou a fundação do Colégio de Clermont, conhecido mais tarde com o título de *Louis--le-Grand* (e que em futuro englobaria o velho Santa Bárbara); Jean Codure, o terceiro, durante um breve período (morreu em 1541)

---

[24] Francisco Xavier embarcou em 7 de Abril de 1541, após um ano atormentado durante o qual o seu desejo de partir foi em parte frustrado pelo êxito dos *exercícios espirituais* que ministrava ao pequeno grupo de jesuítas que se formara à volta dele e de Rodrigues. Escreve Tavares de Pinho: «Para resolver esta situação foi repetidamente solicitada a intervenção do Papa, através do despacho de um Breve, até que, com a cooperação de Loyola e do novo embaixador português junto da Santa Sé, se encontrou uma solução de compromisso: o grupo dos jesuítas entretanto formado em Portugal à volta de Xavier e Simão Rodrigues seria dividido em dois, partindo um para as Índias e outro continuaria em Portugal para atender aos desejos da corte e para a criação da primeira casa da Companhia de Jesus em Portugal e do colégio jesuítico junto da Universidade de Coimbra, o primeiro em território português e um dos primeiros em todo o mundo» [S. TAVARES DE PINHO, "Francisco Xavier...", cit., p. 308].

seria confessor de Margarida de Áustria, mulher de Ottavio Farnese duque de Parma.

Dos dez primeiros companheiros de Inácio, apenas um, Francisco Xavier, morreria na Índia. Com efeito, apesar da explícita referência às Índias na *Formula* de 1540, nem todos partilharam a ideia de Gouveia de transformar o empenho para Jerusalém num projeto missionário em terras mais remotas. Todavia, o comprometimento de Xavier na empresa evangelizadora e as suas *reportagens* da Índia, Malabar e Japão fundaram justamente um género literário que se revelaria, sobretudo sob o generalato de Claudio Acquaviva[25], uma extraordinária arma de propaganda e recrutamento para a Companhia de Jesus: «Enviado em missão na Índia em 1540 por Inácio, que agia a pedido do rei D. João III de Portugal, Xavier enviou para a Europa cartas que, com o relato sobre a extensão das suas viagens e as notícias acerca dos estranhos lugares em que

---

[25] «A circulação das cartas e das relações vindas das missões jesuíticas nas Índias ocidentais e orientais suscitou, aliás, um verdadeiro desejo de emulação entre os jovens fidalgos da aristocracia europeia acolhidos nos colégios de instrução e, em particular entre os noviços que se preparavam para entrar na Companhia » [R. SANI, *Unum ovile et unus pastor. La compagnia di Gesù e l'esperienza missionaria di padre Matteo Ricci in Cina, tra* reformatio Ecclesiae *e* inculturazione del Vangelo, Armando, Roma, 2010, p. 72]. A este novo "género literário", começado por Xavier, deu organização editorial e de propaganda Lainez, que a partir de 1552 publicou com o título *Avisi particolari dell'Indie di Portugallo* o *Nuovi Avisi* as relações das missões do ultramar. O interesse despertado por essas «exóticas» reportagens e o sentimento de emulação que surgia nos alunos cresceu com o decorrer dos anos e chegou a inquietar os próprios gerais, que tiveram de enfrentar um anormal pedido por parte dos padres de serem destinados às missões da Índia: «A este respeito, basta lembrar que, nos arquivos da Companhia de Jesus, estão guardadas várias centenas de "súplicas" dirigidas ao padre geral, por parte de noviços e jovens membros da ordem, para que aceitasse o seu pedido de serem destinados ao apostolado das missões na Índia: um verdadeiro exército de religiosos animados por vezes por uma autêntica ânsia de martírio e, mais em geral, pela consciência de que a vocação missionária constituía o vértice do serviço divino» [Ibid., pp.74-75]. Cf. A. PROSPERI, *Il missionario*, in R. Villari (org.), *L'uomo barocco*, Roma-Bari, Laterza 1991, pp. 179- -218; e, naturalmente, a história monumental de M. Scaduto e, no ARSI, a recolha das *Lettere Indipetae*.

operava, entusiasmavam qualquer pessoa que as lesse»[26]. A primeira companhia (os dez enumerados pela Bula papal) era composta por personalidades distintas, com ideias e objetivos, por vezes contrastantes, acerca do futuro da Ordem (em certos casos chegar-se-á a verdadeiras crises, como aquando do confronto entre Inácio e Simão Rodrigues, de que falaremos mais à frente). Se a Companhia tomaria successivamente um rumo missionário e educador, seria todavia por causa da matriz comum e da ação política de um homem: este foi, como vimos, Diogo de Gouveia, e a matriz foi a vivência do Colégio de Santa Bárbara.

A identidade de Santa Bárbara, no período em que a Companhia se vai formando, isto é entre 1526 e 1539, é marcada pela presença portuguesa (e por um específico sentimento identitário que merece ser sublinhado): com o principalato de Gouveia, o colégio foi um posto avançado cultural de Portugal na Paris da grande Universidade, um importante lugar de formação para os portugueses de que D. João III precisava como funcionários e embaixadores nas colónias; mas foi também uma oportunidade para a própria Universidade parisiense, que, graças ao prestígio de D. João III, confirmava o seu poder de atração universal sobre estudantes e docentes, justamente numa altura em que humanistas como Erasmo e Vives (que dedicou aos pedantes parisienses o seu *In Pseudo-dialecticos*) a acusavam de obsolescência. Desde meados do século XV até ao fim do século XVI, a Universidade de Paris passou por um processo de transformação que alterou os seus traços principais, empurrando a vida escolar cada vez mais para o interior dos colégios e, ao mesmo tempo, centralizando o poder de controlo e de administração

---

[26] J. W. O'MALLEY, *I primi gesuiti*, cit., p. 36. O'Malley conclui realçando o número de jesuítas nas missões por altura da morte de Francisco Xavier: «Xavier foi a autoridade moral, o inspirador e o oficial comandante dos cerca de quarenta jesuítas que por altura da sua morte se encontravam "nas Índias"» [*Ibidem*]. Francisco Xavier partira em 1540 de Lisboa para a Índia, e morreu, em 1552, nas costas chinesas, após ter vivido uns anos no Japão.

no Reitor da Universidade: «Concentration de l'enseignement dans le Collèges, régime d'internat: voilà le deux traits les plus typiques de la formule des Collèges à Paris. Le résultat en sera un troisième phénomène, caractéristique lui aussi de la manière de Paris: l'emprise de l'Université sur les Collèges»[27]. O momento em que este processo de centralização e de passagem para o regime de internato se tornou irreversível foi a reforma do Cardeal d'Estouteville (1452), com a qual a Universidade assumia, através dos visitadores ou censores, o pleno poder de controlo sobre a vida do colégio: administração, disciplina e ensino. Pelo que diz respeito à história do colégio de Coimbra e do seu produto mais célebre, o *Cursus* de filosofia, a importância da reforma de Estouteville não deve ser descurada; e não apenas numa perspetiva administrativa ou de gestão, mas sobretudo numa perspetiva eminentemente didática.

A partir desta reforma, com efeito, geografia e fisionomia educativa dos colégios parisienses mudaram de forma significativa, permitindo o surgimento de novas realidades prestigiosas no panorama da *rive gauche*. Antes de mais, Santa Bárbara foi um dos primeiros colégios a sustentar-se economicamente também com as rendas dos estudantes: para além das bolsas que o Rei D. João III pagava, Santa Bárbara não dispunha de outros subsídios que vinham do fundador. *Estudantes del Rey*, porcionistas e cameristas e por fim os chamados *martinets*[28], formavam o corpo estudantil do colégio, diversificado

---

[27] G. CODINA MIR, *Aux sources...*, cit., p. 59.

[28] A população estudantil que gravitava em torno do colégio era formada, além dos bolsistas e porcionistas, por cameristas (normalmente seguidos por um precetor particular), aos quais o Principal fornecia o espaço, a instrução nas classes e o fogo para a cozinha: o precetor podia ter sob a sua direção até cinco ou seis estudantes, e com eles formava uma espécie de internato autónomo, em relação ao qual o Principal tinha apenas um direito de polícia geral. Entre os estudantes externos, havia os *martinets* (como fora inicialmente Inácio de Loyola em Santa Bárbara), que encontravam o Principal apenas por altura do bacharelato ou quando pediam uma certidão de estudos que lhe era concedida pelo Principal após declaração do professor; e, finalmente, os *galoches*, estudantes que frequentavam as aulas sem

por estatuto social e proveniência. A prevalência ibérica alimentava a rivalidade entre os *barbistas* e o colégio de Montaigu (frequentado por franceses e flamengos), que as reformas de Standonck no começo do século tinham tornado competitivo[29].

O colégio de Santa Bárbara era governado por um *Principalis* (o Reitor era a figura correspondente nos colégios italianos e, sucessivamente, em todos os colégios jesuítas), mas o seu poder era atenuado e mediado por um conjunto de figuras (*officiales*, mestres, pedagogos) que povoavam o edifício e dos quais o Reitor não tinha necessariamente pleno conhecimento (sobretudo no caso de *galoches* e *martinets*). Aliás, o *Principalis* era eleito pela "comunidade" dos bolsistas (prática que a Companhia não seguirá, propendendo para a nomeação direta do reitor por parte do Prepósito geral). A difusão do internato e a regular distribuição do ensino nas aulas dos colégios – já desde finais do século XV – atenuara silenciosamente a falta de regras dos tempos da *Rue du Fouarre*, quando todos os estudantes de todos os colégios se juntavam para assistir às lições, ou mais tarde, para obter o bacharelato[30]. Foi justamente a liberdade goliárdica da vida escolar em comum, com os relativos problemas de ordem pública, que levou os legisladores e reformadores da Universidade a prestar uma atenção formal obsessiva ao controlo

---

procurar os graus, e que muitas vezes eram de idade avançada. Cf. J. QUICHERAT, *Histoire de Sainte-Barbe...*, cit., pp. 74-75.

[29] Acerca da inspiração de Standonck nos *brethren* e na cultura, de origem flamenga, da *devotio moderna*, existe abundante literatura. As reformas de Montaigu retomavam todavia em boa parte os estatutos de Santa Bárbara e, até quando Standonck funcionou, a concorrência entre os dois colégios não impediu a frequência recíproca das lições. O principalato de Diogo de Gouveia coincidiu com um período de fortes tensões, que culminaram em acções judiciais e verdadeiras confrontações, por causa muitas vezes da difícil convivência entre os dois colégios situados na mesma rua. QUICHERAT relata pormenorizadamente o feroz contencioso entre as duas instituições causado pelos dejetos que, ao sair do edifício de Montaigu, estagnavam diante da porta de Santa Bárbara numa vala da rua não calcetada.

[30] A reforma de 1452 tentou reavivar, sem conseguir, a frequência desses lugares.

disciplinar dos estudantes[31]. O que uma já não recente historiografia educativa, porventura mal interpretando a lição de Foucault, atribuía a uma invenção dos jesuítas, isto é "o governo das consciências"[32] praticado no interior duma instituição global como era o *collegium*, deve ser, pelo contrário, reconduzido às necessidades de organização da universidade de um século antes, que não conseguiam satisfazer os objetivos das Casas reais, das quais os *Studia* eram expressão e instrumento cultural. Deve dizer-se que também esta explicação apresenta aspectos discutíveis. O excessivo realce dado aos processos de "delação institucionalizada", promovida nos estatutos dos colégios parisienses afins a Santa Bárbara, às práticas de punição (já vimos aquela que evitou Inácio de Loyola) e assim por diante, leva a pensar numa divisão entre mestres, *officiales* e estudantes que não corresponde de todo à realidade. Primeiro porque a hierarquia do poder, mesmo numa *Universitas magistrorum* como era a de Paris,

---

[31] «La surveillance serrée à laquelle Collèges et écoliers sont soumis à cet egard est quelque chose de très caracteristique de la manière de Paris. Outre les visiteurs ou réformateurs nommés d'office par l'Université pour se renseigner sur la bonne marche des Collèges, chaque Principal est tenu de contrôler, personnellement ou par d'autres, l'état de son établissement» [Ibid., pp. 64-65]. Assim estabelecia Estouteville em 1452: «Iniungimus, & authoritate Apostolica committimus atque mandamus, *ut singula Collegia atque Pedagogia, in quibus commorantur Artistae, visitent, ibique sedulo ac diligenter inquirant, quae sit vitae & conversationis honestas, quae communitas victus, quae docendi solertia, quae regendi modestia, quae denique Scholastica disciplina servetur*» [C.E. DU BOULAY, *Historia Universitatis Parisiensis*, t. V, Parigi 1670 p. 571]. E ainda: «Item *monemus omnes & singulos Pedagogos praesentes & futuros in virtute sancate obedientiae, ut sic intendant regimini suorum domesticorum Puerorum & Scholarium, ut coram supremo Iudice de profectu eorum tam in scientia quam in moribus exigendam ad eis reddere possint rationem*» [Ibidem].

[32] A esta tendência não escapa, por exemplo, G.P. BRIZZI no capítulo "Per una archeologia della *Ratio*: dalla «pedagogia» al «governo»" in ID. (a cura di), *La Ratio studiorum: modelli e pratiche educative dei Gesuiti tra Cinque e Seicento*, Bulzoni, Roma 1981: «A eficácia do *modus parisiensis* na organização didática, do original meio fechado, é transferida para uma dimensão normativa mais geral, que o transforma em verdadeiro sistema de vida e em estratégia de controlo: assim a fusão de certo saber humanista com a estrutura parisiense dos estudos está certamente na base da *Ratio*, não como simples somatório, mas como reorganização funcional e original dos elementos mais vistosos daquelas tradições, entregues por conseguinte a uma incisividade operativa desconhecida no passado e por isso muito mais inquietante» [p. 15].

não demonstra por si só (e muitas vezes impede) o efetivo exercício da *auctoritas* moral dos mestres sobre os alunos: numerosos são os testemunhos, nos textos do século XVI, não só da feroz ironia com que os defeitos dos mestres são censurados pelos alunos, mas também – para nos limitarmos à história educativa específica dos jesuítas – da relutância ou da recusa com que muitos padres procuravam evitar a função de docente nos colégios, atemorizados pelas possíveis perseguições por parte dos estudantes (muitos de origem nobre)[33]. A Lei é muitas vezes indício de uma infração, e não o contrário.

> Les écoliers de la fin du quinzième siècle n'étaient plus ceux dont les rixes avaient tant de fois couvert la montagne de blessés et de morts. Le regime des collèges avait opéré une salutaire influence sur les moeurs de la jeunesse. Néanmoins il restait encore dans les caractères un fond d'emportement et d'indomptable sauvagerie qui se manifestait dans les querelles et dans les jeux[34].

[33] Ver J. W. O'MALLEY, *I primi gesuiti*, cit., pp. 250- 252. O'Malley evidencia os falhanços e as frustrações com as quais se depararam os jesuítas na sua experiência educativa inicial. De resto, o jesuíta Antonio Possevino, autor da famosa *Bibliotheca Selecta* (1593) testemunha: «Ora o que Satanás não conseguiu fazer por meio da Heresia, e da falsa Filosofia, tentou pô-lo em prática através de cinco maneiras, a saber [...] suscitando divisões entre os alunos, e com as carnalidades, às quais celeradamente acrescentou-se, que as próprias paredes das Escolas, como se de ínfimas tabernas e prostíbulo se tratassem, foram manchadas com escritas vergonhosas, e com sinais turpes, ou pinturas: e assim aquela terna idade, que chegou inocente, sai das escolas mais suja e manchada de vícios carnais, do que formada nas disciplinas, de tal forma que já è inimiga de Deus » [A. POSSEVINO, *Coltura degl'ingegni*, org. C. Casalini e L. Salvarani, Anicia, Roma 2008, p. 216].

[34] J. QUICHERAT, *Histoire de Sainte Barbe*, cit., p. 79. E Possevino: «Contra estes esforços de Satanás e do Mundo, os Reis deste século, depois dos Imperadores Carlos V e Fernando seu irmão, e Rodolfo Imperador, e depois de outros Príncipes óptimos e Repúblicas, obviaram instituindo Universidades e colégios Católicos, os quais pela Santa Igreja aprovados, mostram serem coisas de Deus. E dos Reis, que se dedicaram a esta empresa, é recente a lembrança, para não dizer a presença de alguns ainda vivos, dado que Filipe Rei Católico, o de Portugal, Henrique II, e Carlos Nono Rei de França, Sigismundo Segundo e Terceiro, e Estêvão Rei de Polonia, empregaram nisso a sua autoridade e liberalidade em abundância» [A. POSSEVINO, *Coltura degl'ingegni*, cit., p. 216].

Em segundo lugar, a rígida divisão entre comunidade de estudantes e comunidade de docentes unifica, simplificando-o, um mundo constituído por pequenas sub-comunidades formadas pelo docente ou pedagogo e o círculo dos "seus" estudantes, nas quais os papéis se confundiam durante os dias de aulas, jogos e passatempos, refeições em grupo. O processo em direção à homogeneidade de sistema-colégio e ao internamento da vida escolar é reconhecivel, mas é preciso não esquecer que o colégio por si só não era uma unidade socialmente homogénea.

Como vimos, o *Principalis* devia vigiar sobre a disciplina e também sobre as opiniões em matéria de religião, das quais era juridicamente responsável: veremos a seguir os problemas com os quais se debateu André de Gouveia, sobrinho de Diogo e seu substituto durante um breve período em Santa Bárbara, justamente por causa das teses que alguns docentes do seu Colégio professavam demasiado livremente, o que se tornou particularmente perigoso para o Principal, quando, no século XVI, começaram a circular as doutrinas de Lutero e Calvino (estudante de Montaigu).

Entre as várias proibições, que, por exemplo, ainda repropõe Antonio Possevino S. I. no seu *Coltura degl'ingegni* (1598), os estatutos dos colégios insistiam em particular na proibição de levar armas para o interior do edifício, dos jogos de azar, de usar roupa diferente da farda do colégio; mas não aparece, pelo que diz respeito às aulas, a proibição de ensinar aos domingos. Embora o domingo fosse destinado ao culto divino e ao descanso, o Colégio de Santa Bárbara, como de resto a Universidade Parisiense, previa a possibilidade de haver aulas "extraordinárias" e exercícios como disputas e repetições: «Dominicis diebus, et martis, et jovis remissiones habeant; int semper tamen lectiones, nec ulla dies, Apellis pictoris instar, absque linea transeat» reza o *Heptadogma* de Goulet»[35].

---

[35] *Heptadogma seu septem pro erigendo gymnasio documenta ad generosos prudentesque dominos et cives eximios, litteratorum amicissimos, super universitate nova*

Esta prática foi de grande relevância para a história do Colégio das Artes de Coimbra (antes da sua entrega aos jesuítas), dado que no processo inquisitorial contra três docentes, Diogo de Teive, João da Costa e George Buchanan (que anteriormente tinham lecionado em Santa Bárbara) uma das acusações foi a de terem dado aulas nos dias feriados. Os docentes não negaram o facto, apelando para a tradição parisiense.

Coimbra, com a chegada dos jesuítas, manteria a divisão temporal anual dos cursos parisienses. Com efeito, as aulas começavam no dia 1 de Outubro, e não no dia de São Lucas segundo o modelo de Bolonha, enquanto – compreensivelmente – o período das *vacationes* do verão seria alterado, embora ligeiramente. Mais complexo o caso do horário diário, acerca do qual os jesuítas de Coimbra discutirão demoradamente: o despertar à quarta hora da manhã, que em Santa Bárbara anunciava a primeira hora de aulas para os estudantes de artes («Si fuerint artium lectiones, hora quinta incipiantur. Hora vero sexta praecise dicatur sacrificium»[36]), à qual se seguia uma missa e depois o "pequeno almoço" («detur portionistis jentaculum semipanis

---

vel veteri restauranda subitaria responsio, capitulum IV. Transcrito em apêndice a J. QUICHERAT, *Histoire de Sainte Barbe,* cit., p. 325, com o título: "Instruction en sept points pour l'établissement d'un collège dans le genre de Sainte-Barbe – Avant 1518". Entre outras indicações, que se encontram em abundância nas fontes jesuítas relativas à redação da *Ratio Studiorum,* ou nos documentos relativos à fundação de colégios nas várias cidades, encontramos a da necessária instalação de um sino: «Campanam habeat in loco altiori, qua quotidie pulsetur hora quarta mane per evigilatorem seu janitorem» [Ibid., p. 327]. O sino serve aqui para assinalar o início do dia de estudos, em Santa Bárbara uma campaínha era entregue a um estudante da primeira classe de Filosofia, que percorria os quartos para acordar toda a gente. Nos colégios jesuítas, o sino assinalará as lições ao longo do dia. Por isso a insistência com a qual a *Ratio Studiorum* e o já mencionado Possevino, fundador de numerosos colégios na Europa do Leste, detêm-se na necessidade deste instrumento num encontro com Ranuccio I Farnese, duque de Parma, finalizado a discutir a refundação dos estudos universitários na capital do Ducado [um documento refere as observações de Possevino: ARSI, *OO. NN.,* 333].

[36] O *Heptadogma* continua: «licet (quod non improbo) in optimis quibusdam collegiis hora sexta pro grammastis parva lectio fiat, ut aptius congregentur in sacello et hora septima praecise celebretur» (cap. III – "De modo Parisiensis universitatis observando, et victitando cum omni honestamento").

vel parvuli integri»), pareceu aos conimbricenses prejudicar a atenção durante as duas horas de aula que empenhavam os estudantes no resto da manhã (das 8 às 11 aproximadamente), mais disputa e repetição (durante uma hora em Santa Bárbara) antes do almoço. Em geral, Paris previa depois os cursos da tarde das 3 às 5, seguidos por *quaestiones* e *repetitiones* ao longo de uma hora.

Ao entrar no âmago do *modus parisiensis,* isto é do método de ensino seguido num colégio como o de Santa Bárbara na primeira metade do século XVI, encontramos os elementos pedagógicos que deram origem à edição do *Cursus Conimbricensis.* A *lectio* medieval do mestre (que segundo uma prática quintiliana caracterizava-se como *prae-lectio,* para a distinguir da leitura direta do texto por parte do estudante), dividira-se numa introdução ao autor (*praelectio*) e na exposição e glosa do texto (*expositio*), à qual o *magister* se dedicava durante a primeira parte do curso. A leitura do texto levantava *quaestiones,* quer por parte do mestre quer por parte dos estudantes, que acompanhariam a *expositio* sob forma de disputas e exercícios alternativos.

Esta é a marca do «modus parisiensis»: dar maior realce aos exercícios do que à glosa do texto. *Disputationes, reparationes, repetitiones, variationes;* os temas, isto é, *declamationes, themata, compositiones;* até as representações teatrais e os chamados *enigmas*: a primazia do sistema de exercícios em relação à audição da palavra magistral contribuía, em Santa Bárbara como em toda Paris, para a realização do ditado pedagógico: *Usus, non praecepta.*

Ampliada nos tempos da escolástica, montada como um dispositivo pedagógico com um jargão especializado e um código de práticas tão articulado quanto variado, a disputa continuou a ser o fulcro do *modus parisiensis* também no século XVI, quando a censura dos humanistas, de Erasmo a Vives, de Ramus até Montaigne, a acusou de fomentar inúteis subtilezas e de substancial improdutividade. Esta prática era uma invenção da Universidade e acompanharia o seu destino: todos os que partilharam a existência ou a necessidade da Universidade, sabiam muito bem, mesmo durante o Humanismo, que a disputa era fundamental para o sistema. Também os 'não integrados' como Giordano Bruno, sempre em fuga e à procura de disputas através das quais se confrontar com os mestres europeus; ou como Juan Huarte de San Juan, médico espanhol autor do famoso *Essame degl'ingegni* que o mundo universitário não admitiu nas suas fileiras. A disputa pode ser definida, com razão, o *great code* da cultura universitária do Renascimento. «La dispute était le moyen d'instruction le plus efficace qu'on connut. Aussi, à mesure qu'on avançait, prenait-elle une place plus grande dans les études»[37].

Esta explosão das práticas pedagógicas (temas, variações e repetições) em relação ao texto – que com o decorrer do tempo passou do mundo dos cursos de Artes e Teologia também para o de Gramática e Humanidades – colocava claramente o problema muito prático da dosagem dos tempos de estudo. Foi o emprego do tempo de estudo a categoria que ditou as transformações do mundo universitário parisiense (e depois jesuíta). Tornava-se necessário equilibrar o peso da exposição do texto e das exercitações, para que estas não prejudicassem a aprendizagem do *Auctor*. A constante repetição da lição que era exigida aos estudantes ao longo do dia[38], por altura do almoço e do jantar, permitia a memorização dos conteúdos em função duma sua aplicação durante os exercícios.

O horário destinado às disputas (uma hora ou meia hora depois da lição), o problema do ditado da *expositio* ou da sua pronúncia de viva voz por parte do mestre, o aumento e a disseminação de exames e provas ao longo de todo o ano, para além dos tradicionais ritos

---

[37] J. QUICHERAT, *Histoire de Sainte Barbe...*, cit., p. 87.

[38] Ainda nos Colégios do século XVI vigorava a prática do *reddere lectionem*, que vinha do tempo em que os cursos eram ministrados na Rue du Fouarre: no fim do curso, os estudantes juntavam-se com base nas lições seguidas para as repetir em conjunto.

dos graus, o aparecimento e (lenta) difusão do sistema das *classes* progressivas (numeradas), a difusão do género dos *loci communes* e de toda a literatura centonária para os estudantes de filosofia e de retórica, constituíram os temas centrais da elaboração pedagógica da época. Um exemplo eloquente manifesta-se na discussão acerca da duração do curso de Artes (três anos ou menos), e por fim – mas já o sublinhámos – na colocação das aulas e da vida escolar no interior dos Colégios, distinguindo estes últimos dar-se-á a separação em cursos menores e maiores e o que podemos definir o nascimento do ensino secundário.

A Reforma do cardeal d'Estouteville intervinha na proibição do ditado, que na Universidade parisiense vigorava há quase um século:

> Aos docentes proibimos ler as questões palavra por palavra: empenhem-se em serem capazes de saber dar a lição por si próprios, e ensinar muito aos alunos, quer ditem quer não, embora o antigo Estatuto proíba ditar, regra da qual ficam dispensados; cada um comporá as suas lições de forma que pareçam derivar do seu conhecimento e trabalho de pesquisa nos livros[39].

O cardeal d'Estouteville sancionava e legitimava deste modo uma prática que não desaparecera, apesar da proibição[40]. Mas

---

[39] «Regentibus inhibemus, ne legant de verbo ad verbum in quaestionibus alineis, sed intendant labori & studio taliter quod per seipsos sciant & valeant lectionem facere, & discipulis tradere sufficientem, sive legant ad pennam sive non, nonostante antiquo Statuto de non legendo ad pennam, super quo dispensamus; dummodo ita suas componant lectiones, quod ex eorum scientia & labore per exquisitionem librorum procedere videantur» [C. E. DU BOULAY, *Historia Universitatis Parisiensis*, cit., p. 572].

[40] Ibid., v. IV, p. 333: «Hujusce Statuti meminit Petrus Ramus, qui Nominationem ad pennam volebat quoque ab Universitate arceri, revocarique antiquum morem, ut Magistri viva voce omnia exceptis paucis, nempe quibusdam notulis, explicarent. Sic autem Statutum brevius complectitur. Philosophiam continua voce & perpetua raptim praelegito. Ne tractim nominato & dictato. Discipulus Magistri verba mente

a prática do ditado estava destinada a desaparecer no século seguinte: certamente pelo advento da imprensa de caracteres móveis, que transformou o objecto-livro, libertando o estudante da aflição da escrita forçada e apagando um *business* que entretanto crescera nas "salas de aula", mas também por considerações de ordem pedagógica. Possevino fornece um testemunho sobre ambos os processos:

> Quem se dedicou mais a ditar as lições aos alunos, do que a ensiná-los segundo a via dos antigos, caiu naquele defeito da cultura do engenho, à qual há pouco fizemos referência: porque quando o aluno escreve, e o Mestre dita, lendo papeis escritos, que normalmente leva consigo, não pode de viva voz (a qual, como disse S. Jerónimo, tem um não sei quê de energia oculta) trasfundir para os ouvidos dos discípulos as disciplinas: e os que se baseiam em tanto escrever, certamente deparam com muitos inconvenientes.
>
> Ou seja: em primeiro lugar confiar mais nos escritos, do que aprender as coisas: assim que muitas vezes acontece o que um simples, mas verdadeiro verso reza: "Caiu o papel, & caiu a sabedoria". [...]
>
> Depois, aos Mestres e aos Leitores tira-se a oportunidade de tratar das matérias cuidadosamente, de maneira que tal como é a nascente, assim é a água que dela vem. Mais, muitos não só se afastam do estudo dos melhores intérpretes, e (o que é mais importante) da consideração do texto, mas no fim, deixada a escola, basta-lhes mandar alguém copiar as lições, que ou nem sequer

---

capito. Manu & penna ne exarato. Notabilis tamen sententiae dictandae & excipiendae facultas esto. Rector, Baccalarius, Licentiatus, in hanc Legem jurato. Qui praemissa violaverit, poenas duplas & quadruplas luito. Addit Ramus Cardinalem Tutavillaeum anno 1452 pennam quam lex seu Statutum praedictum ademisse videbatur, neque sustulisse, neque imperavisse sed tantum permisisse».

lêem, ou se lhes dão uma vista de olhos, ficam sem o fruto das repetições, das disputas, das conferências; e em suma a semente fica no celeiro, por cima da superfície da terra, que não sendo lavrada nem depois coberta, que colheita poderá dar?[41].

Através de Possevino ficamos a saber também que este foi um dos motivos da redação e publicação do *Cursus Conimbricensis:*

> Aos nossos certamente, aos quais uma contínua prática dos estudos deu conhecimento deste facto, começa a mostrar-se de dia para dia cada vez maior a necessidade de moderar esse labor: e os nossos Portugueses, que estão nas principais universidades de Portugal, como Deus lhes concedeu muita diligência nas boas artes e disciplinas, e em ensinar os Alunos, assim com muito mérito para quem ministra toda a verdadeira sabedoria já fizeram grande parte do curso de filosofia, e imprimiram-no para evitar o trabalho de escrever; e com este curso os engenhos diligentes dispõem de muita matéria para se aguçarem, e para se exercitarem[42].

Aconteceu de forma semelhante com o sistema de classes de níveis, introduzido pela primeira vez pelo colégio de Montaigu (onde todavia tinham o nome de *regulae* ou *lectiones*)[43]. Em Montaigu foi introduzido um número de sete classes, a cada qual o estatuto atribuía os livros que deviam ser lidos, segundo um esquema progressivo que, na opinião de Codina Mir, é a verdadeira marca do *modus parisiensis* na organização dos estudos.

---

[41] A. POSSEVINO, *Coltura degl'ingegni,* cit., pp. 167-168.
[42] *Ibidem.*
[43] G. CODINA MIR, *Aux sources...,* cit., p. 101. O mencionado *Heptadogma* de 1517, todavia, é o primeiro documento em que é expressamente denominada *classe* a unidade de subdivisão dos grupos de estudantes por competências e nível.

O sistema das classes não abrangia os cursos de filosofia, mesmo nos colégios onde era ensinada: as classes surgiram como subdivisão dos ensinos de gramática e retórica, segundo um princípio de complexidade crescente. A cada classe era atribuído um mestre. Por volta de 1537 em Santa Bárbara foram instituídas dez classes, entre as quais eram numeradas também as de leitura e escrita. A denominação seguia, segundo a prática de Montaigu, uma numeração inversa, em que a Primeira correspondia em geral ao ensino da retórica. Veremos a seguir como o deslizar de Artes para os cursos inferiores levará à inclusão do ensino da filosofia no sistema numérico das turmas (da mesma forma aconteceu em Guyenne e, sucessivamente, em Coimbra). O método progressivo adoptado em Montaigu com este dispositivo, e sucessivamente difundido em toda a Europa pelos colégios jesuítas, levou à necessidade de elaborar também um correspondente sistema de exames e aprovações entre um nível e outro, além da certidão final com a qual o estudante podia aceder à filosofia, e além do bacharelato com o qual era possível entrar nas faculdades superiores. Daí, a difusão do "exame", que podia ter uma cadência anual, semestral ou semanal[44]. Antes do século XVI não se tratava de verdadeiros exames de passagem, mas funcionavam, da mesma forma que o exercício de disputa e questões, como verificação dos progressos reais dos estudantes. A partir de Standonck, podemos começar a falar de verdadeiros exames de aprovação. Podia acontecer, aliás, que o resultado dos exames se transformasse numa escala de mérito (redigida em adequados *rotuli*; assim acontecia para os graus), à qual correspondia uma diferente colocação física no interior da mesma aula. O que significa que a determinação rigorosa do nível de competências do estudante já se tornara, para os colégios parisienses do século XVI, uma marca da qualidade do ensino.

---

[44] G. CODINA MIR, *Aux sources...*, cit., p. 107.

Com esta finalidade foi pensado o exame de admissão ao próprio Colégio, ou o exame de admissão ao curso filosófico, em que a suficiente preparação *in grammaticalibus* era rigorosamente verificada: uma vítima ilustre deste processo foi justamente Inácio de Loyola que, ao chegar a Paris, reprovou e foi obrigado a um ano de rudimentos gramaticais[45].

A gramática leva-nos à última questão de relevo para os colégios parisienses do século XVI: o encadeamento das disciplinas inferiores e a duração do curso de filosofia. O *modus parisiensis* previa geralmente uma duração de três anos e meio, ao longo dos quais o estudante frequentava as classes de lógica, dialética e moral (nos primeiros dois) e a física (no terceiro e na última metade)[46]. Os colégios como o de Santa Bárbara tinham então um notável número de classes de gramática e retórica, seguidas por igualmente numerosas classes de filosófia, às quais se acrescentavam as chamadas lições públicas, ou seja cursos aos quais tinham livre acesso todos os estudantes e os alunos externos. Podiam ser de grego, matemática, e também teologia. A frequência dos cursos descreve uma pirâmide numérica, desde as ínfimas classes de gramática (muito frequentadas) aos graus de Artes (poucas licenças). A filosofia mantinha-se baricêntrica em relação ao curso completo de estudos e, apesar de ser descrita muitas vezes como "disciplina das disciplinas", de facto constituía um obstáculo, por vezes inultrapassável, na formação do estudante.

O problema começou a ser sentido na mesma altura em que a cultura "humanista" penetrava na Universidade. Homens como

---

[45] A carreira dos estudos de Inácio de Loyola acabou como começara: a licença que lhe entregou o chanceler de Sainte-Geneviève, em 13 de Março de 1533, seguiu o ciclo de exames para a obtenção dos graus nos quais o basco não deve ter brilhado, pois o seu nome ocupa o trigésimo lugar no *rotulus* dos candidatos da sessão.

[46] Veremos a seguir com qual programa de estudos.

Erasmo e Vives não se limitavam, naturalmente, a censurar o instituto da disputa, ou a função deseducadora de colégios e universidades, mas questionavam todo o curriculum, atingindo diretamente o estatuto epistemológico da dialética, já desadequado para uma sociedade que entrava na chamada *Âge de l'Éloquence*. Muitos começaram a julgar excessivo um curso de três anos para a filosofia, sobretudo se dedicado essencialmente a transcrições sob ditado ou a inúmeras disputas capciosas. Santa Bárbara sentiu o eco crescente desta exigência por volta de 1540, quando Diogo de Gouveia, o Velho, ocupou de novo o cargo de Principal após um intervalo de dez anos, ao longo do qual sucederam-se respetivamente os seus sobrinhos André de Gouveia e Diogo de Gouveia, o Moço. Foi um professor barbista de filosofia, Nicolas de Martimbos, eleito reitor da universidade em 6 de Julho de 1540[47], a propor a redução de um ano para o curso de Filosofia, desencadeando reações que levariam a uma famosa disputa entre António de Gouveia e Pierre de la Ramée:

> C'était une idée des Gouvéa. Nous avons vu qu'André l'avait déja mise à exécution dans son collège de Guyenne, et que Jacques [Diogo] le jeune l'avait couchée par écrit dans son project de réforme académique[48].

---

[47] T. AMALOU, *Une concorde urbaine. Senlis au temps des Réformes (1520-1580)*, Pulim, Limoges 2007, sobretudo. pp. 116-118.

[48] J. QUICHERAT, *Histoire de Sainte Barbe,* cit., p. 270.

Martimbos, animador de uma reforma galicana que aceitava alguns dogmas de Calvino[49] (por sua vez estudante de Santa Bárbara[50], antes de se mudar para Montaigu), desferiu um golpe que, seguindo as censuras dos humanistas, visava a eliminação de grande parte das disputas previstas ao longo do ano académico. A variável do tempo voltava a pôr o texto e a sua explicação no centro da aula: «Il est certain qu'en portant à deux ans le cours qui en durait trois, tout le temps se trouvant absorbé par l'exposition des matières indispensables, il n'y aurait plus eu de place pour les questions et quolibets»[51].

A proposta foi recebida com um consenso tão alargado que a Faculdade de teologia apelou à intervenção do Parlamento da cidade, para evitar que o curriculum tradicional fosse subvertido. A discussão no interior da universidade tornou-se em breve num debate sobre a autonomia didática das Faculdades e os teólogos não conseguiram, na assembleia de todas as faculdades convocada para o efeito, obter a maioria dos votos. A assembleia decretou a reforma do curso de

---

[49] Assim escreve DU BOULAY: «Nicolaus Martinbos... teologus ecclesiae sylvanectensis qui cum flagrante calvinismo voluisset catholicos cum haereticos conciliare» [*Historia Universitatis Parisisiensis*, cit., p. 968]. Citamos Du Boulay porque a posição de Martimbos era muito comum na França das guerras de religião (pense-se na literatura sobre La Boétie e Montaigne, por exemplo). De resto, as tentativas de conciliação não encontravam receção por parte da intransigência católica, e ainda menos por parte da calvinista. Lemos na *Histoire Ecclesiastique*: «Un docteur de Sorbonne, nommé Nicolas Martimbaux, pourveu de la prebende theologale en l'église cathédrale de la dite ville. Cestui-cy donc, contraint pas sa conscience, commença de prescher Iesus Christ plus ouvertement beaucoup qu'on avoit iamais ouy là au paravant; et qui plus est, fournit plusieurs des principaux de la ville de plusieurs bons livres: entre autres du *Catechisme francois* et de l'*Institution chrestienne* de Calvin: ce qui en édifia plusieurs. Mais la fin descouvrit que ce docteur ressembloit la chandelle qui luit aux autres et ne voit goutte elle mesme. Car estant venu au poinct de la Cene il commença de nager deux eaux, voulant accorder l'eau et le feu et finalment descheu du tout, se voyant poursyvi par l'evesque et les chanoines» [cf. T. AMALOU, *Une concorde urbaine...*, cit., p. 116].

[50] A presença de Calvino em Santa Bárbara, baseada nas afirmações de Beza, é ainda hoje objeto de controvérsia, embora seja um dado adquirido que ele teve como mestre Cordier, na altura regente em Santa Bárbara.

[51] J. QUICHERAT, *Histoire de Sainte Barbe*, cit., p. 270.

Filosofia segundo a proposta de Martimbos, apesar de o recurso, que os teólogos apresentaram ao parlamento, ameaçar anulá-la. Foi nessa altura que Pierre de la Ramée publicou dois tratados contra a lógica ensinada com base no *Organon* de Aristóteles, provocando a reação geral do mundo universitário e suscitando sobretudo a indignação dos teólogos. O ataque ramista à lógica aristotélica foi interpretado como consequência da mesma cultura que levara à redução de um ano do curso de Filosofia e, em geral, hostil para com a própria universidade: assim, o decreto, que já tinha sido promulgado, ficou sem aquela dinâmica geral que o tornara possível, e a reforma de Martimbos «fut reléguée pour un demi-siècle encore au nombre des utopies dangereuses»[52]. A provocação ramista, todavia, continuou, até suscitar a atenção de Francisco I, o qual, por sugestão do bispo Duchastel, fixou a disputa já mencionada, na qual se defrontaram Ramus e António de Gouveia, auxiliados, por Jean de Bomont e Jean Quintin o primeiro, e por Pierre Dannès e por Vimercati o segundo. Tendo Ramus desistido, no terceiro dia, António de Gouveia regressou a Santa Bárbara em triunfo, saudado como o Salvador de Aristóteles e homenageado com honras e festejos custeados pela faculdade das Artes[53].

Os Gouveia foram, como vimos, uma família determinante para o destino do colégio de Santa Bárbara. A qualidade dos docentes (entre os quais merecem ser lembrados Latomus, Cordier, George Buchanan, Postel, Strebée e Fernel) e a dos estudantes foi assegurada também pelo substituto de Diogo de Gouveia o velho, o já referido André. Este último, ao contrário do tio, demonstrou uma peculiar atitude liberal e "moderna" no governo de um colégio, como se pode verificar pelo seu sucessivo desempenho em

---

[52] Ibid., p. 272.
[53] Pouco depois Gouveia publicou a sua *Antonii Goveani responsio adversus Petri Rami calumnias ad Iacobum Spifamium, gymnasii parisiensis cancellarium*, Paris, 1543.

Bordéus e em Coimbra. André substituiu *de facto* Diogo durante os primeiros anos 30, quando o tio estava mais empenhado nos aspetos diplomáticos da sua missão por conta de Dom João III[54]. Os conflitos entre os dois surgiram provavelmente nessa altura: André não partilhava a abordagem ideológica do tio, parecia-lhe que a teologia escolástica era uma herança decaída da universidade medieval. A linha mestra do seu reitorado em Santa Bárbara não está suficientemente documentada, a não ser indiretamente: pode ser detetada na qualidade e renome de estudantes e docentes nesse período, e, por analogia, nas medidas que André adotaria mais tarde, como Principal do Colégio de Guyenne[55]. Todavia, numa carta ao embaixador Rui Fernandes de Almada, datada de 11 de Julho de 1537, que tinha como finalidade descrever a sua abordagem cultural em relação ao ensino e à ordem das disciplinas que seguiria em Bordéus, ele afirma contrapor «a theologia que se aprende pella sagrada escritura & pellos doutores da igreja» àquela (é evidente a alusão a Diogo) «sua theologia sophistica que se aprende per tartarete e durando»[56].

Dispomos de um testemunho de grande relevância (que a historiografia aquitânica menciona sempre) acerca do estado do Colégio de Guyenne na época de André de Gouveia: é o de Michel de Montaigne. Nos seus *Essais*, à margem duma consideração mordaz acerca dos fracassos educativos do pai em relação a ele, lembra que este, após lhe ter ensinado com técnicas não habituais – os pedagogistas dar-lhe-iam o nome de "ativistas" – o latim e as primeiras noções de grego, «m'envoya, environ mes six ans, au College

---

[54] Cf. M. BRANDÃO, *A Inquisição e os Professores...*, cit., p. 135.

[55] Em 1534, o Parlamento de Bordéus confiou-lhe a regência da importante instituição bordalesa, que apesar da recente fundação do Principal Tartas, encontrava-se numa profunda crise.

[56] A carta encontra-se citada em M. BRANDÃO, *A Inquisição e os Professores...*, cit., p. 36.

de Guyenne, três-florissant pour lors, et le meilleur de France»[57]. A historiografia antes referida (não só a provincial) cai muitas vezes na conclusão que Montaigne, nessa altura presidente da câmara de Bordéus, glorificava a sua experiência escolar[58]. Não há dúvida que o colégio de Guyenne surgiu graças a uma migração de docentes, sobretudo de Santa Bárbara, atraídos fundamentalmente pela autoridade de Gouveia, pela amizade de Mathurin Cordier (o primeiro que Gouveia convencera) e pelos emolumentos garantidos pela rica vila aquitana. E não há dúvida, como veremos a seguir, que Gouveia elaborou um programa e um estatuto procedente das melhores práticas barbistas, mas experimentado num regime de monopólio educativo que André estabeleceu como condição aos bordaleses para a sua contratação. Deve dizer-se, todavia, que a escrita de Montaigne é sempre de dois gumes, e os elogios ao Colégio servem para confirmar a insuficiência da instituição--colégio em si.

> Mon Latin s'abastardit incontinent, duquel depuis par desacoustumance j'ay perdu tout usage. Et ne me servit cette mienne nouvelle institution que de me faire enjamber d'arrivée aux premieres classes: car, à treize ans que je sortis du college, j'avoy achevé mon cours (qu'ils appellent), et à la verité sans aucun fruit que je peusse à present mettre en compte.[59]

---

[57] Citações tiradas M. DE MONTAIGNE, *Les Essais*, Cap. XXVI, em http://www.lib.uchicago.edu/efts/ARTFL/projects/montaigne/.

[58] Não escapa a ambiguidade da escrita de Montaigne a Rui Bertrand ROMÃO, segundo o qual a relação entre Montaigne e Portugal é «étrange et singulier, en même temps proche et lointain» [ID., "Montaigne, le Portugal et les Portugais", *Journal de la Renaissance*, III (2005), pp. 247-256].

[59] MICHEL DE MONTAIGNE, cit..

Estas páginas dos *Essais* são valiosas também por enumerarem os docentes que o jovem Montaigne teve em Bordéus, e o seu juízo positivo em relação a Gouveia:

> j'ai soustenu les premiers personnages és tragedies latines de Bucanan, de Guerente et de Muret, qui se representerent en nostre college de Guienne avec dignité. En cela Andreas Goveanus, nostre principal, comme en toutes autres parties de sa charge, fut sans comparaison le plus grand principal de France: et m'en tenoit-on maistre ouvrier.[60].

Mas quais são as características *barbistas* que André repetiu em Guyenne? Quais as que ele conseguiu experimentar longe de Paris, onde a *emprise* da Universidade sobre o mundo variegado e em dura competição dos colégios conseguiu de facto impedir? Para além da historiografia de referência[61], dispomos do programa dos estudos e do Estatuto de Guyenne de André de Gouveia, reunidos e publicados por Élie Vinet em 1583 (com autorização, entre as autoridades bordalesas, do próprio Michel de Montaigne, *Regii ordinis Eques, Major*)[62].

Na introdução, Vinet lembra André de Gouveia como «homo ad juventutem recte instituendam factus», após ter contactado Mathurin Cordier, Claude Budin e, através deles, outros mestres «ejusdem rei peritissimi», organizara o seu colégio com as melhores regras «et exacta ratione docendi informaverat». Pelo programa publicado por Vinet, cinquenta anos depois do principalato de Gouveia e por isso

---

[60] Ibid.

[61] E. GAULLIEUR, *Histoire du Collège de Guyenne*, Sandoz et Fischbacher, Paris 1874; cf. G. CODINA MIR, *Aux sources...*, cit.

[62] O documento encontra-se em *Schola Aquitanica. Programme d'études du collège de Guyenne au XVIe siècle (par LOUIS MASSEBIEAU)*, in "Revue Pédagogique", fasc. n° 7, 1866. A tradução de Massebieau (com original ao lado) é todavia cheia de distorções e imprecisões.

suscetível de conter algumas inexatidões[63], ficamos a saber que o colégio de Guyenne era estruturado como um internato, que oferecia dez classes de gramática e retórica, limitava a dois anos o curso de Filosofia e dispunha de dois professores públicos, que ensinavam respetivamente grego e matemática. Gouveia abrira um colégio que previa o ensino (em grande parte em francês) dos rudimentos de gramática para os *pueri*, os quais eram os únicos a serem dispensados da obrigação de falar unicamente em latim. E em francês eram dados (até à segunda classe) os temas semanais («Sabbatho, proponitur pueris thema Gallicum ex Epistolis Ciceronis»). Confirma-o Montaigne, que antes de entrar no colégio conhecia, como ele diz, apenas o latim:

> Si, par essay, on me vouloit donner un theme, à la mode des colleges, on le donne aux autres en François; mais à moy il me le falloit donner en mauvais Latin, pour le tourner en bon[64].

Acabadas as aulas de Gramática (na primeira classe o curso abrangia a retórica), o estudante acedia aos dois anos de Filosofia, e no programa de Vinet encontramos uma interessante indicação dos textos aristotélicos que voltaremos a encontrar (com apenas uma divergência) também em Coimbra, e no *Cursus*:

> Os precetores de filosofia são dois, e recebem os rapazes que saem da primeira classe de Gramática, que parecem ter inclinação para a disciplina. Acabam o curriculum em dois anos. No primeiro ano eles e os alunos são chamados "Dialécticos" ou "Lógicos", no segundo "Físicos", pelo nome da disciplina que seguem. Começam o curso com a *Isagoge* de Porfírio. À qual se

---

[63] Sustenta-o CODINA MIR [*Aux sources...*, pp. 198-199].
[64] M. DE MONTAIGNE, cit.

acrescentam as *Categorias* de Aristóteles, a *Interpretação*, ambos os *Analíticos*, os *Tópicos*, os *Elencos sofísticos*, a *Física*, o *De Coelo*, e as outras coisas que habitualmente se estudam nas escolas de filosofia, e nada mais que Aristóteles, com exceção da introdução de Porfírio já mencionada e os preceitos da *Dialética* de Nicholas Grouchy: se alguém quiser começar o curso com o belo e douto compêndio que os antigos chamaram *Organon*, que no nosso tempo foi feito para uso dos adolescentes para o curso de filosofia[65].

Segue-se uma pormenorizada regulamentação dos exercícios: temas e disputas (que culminam com os *Ludovicalia* de 25 de Agosto) são o elemento parisiense central no sistema didático do Colégio de Guyenne, juntamente com os exames de aprovação (ou retrocesso) entre um nível e outro. São dois os aspectos da direção de Gouveia que sobressaem como traços específicos da sua personalidade: Vinet, como era previsível, sublinha o cuidado com o qual o Principal procurara os melhores mestres de França, não apenas pela doutrina mas também pelos costumes; mas sublinha também que o Principal achava necessário que todos os mestres se julgassem do mesmo nível de forma a poderem exercitar igual autoridade em todas as classes. Esta medida, com efeito, servia para pôr ordem não só no mundo

---

[65] «*Philosophiae Doctores*. Philosophiae praeceptores duo sunt, et ex prima classe Grammaticorum pueros exeuntes excipiunt, quo anno professionem suam auspicantur. Curiculum suum biennio conficiunt. Priore anno Dialectici seu Logici, posteriore Physici a disciplina, quam profitentur, ipsi et discipuli vocantur. Professionem suam ab Isagoge Porphyrii incipiunt. Cui Aristotelis categoriae, peri Ermeneias [sic, nda], Analytica utraque, Topica, Sofistikoi elegcoi [sic, nda], Physica, de Coelo, et reliqua in scholis philosophorum enarrari solita, subjiciuntur, nihil cujusquam alterius, quam Aristotelis, praeter eam, quam diximus, Porphyrii Isagogen, et Nicolai Gruchii praeceptiones Dialecticas: sicui forte videtur ab iis suum stadium incipere, compendio ad Sapientiae organum, quod antiqui vocaverunt, pulcherrimo doctissimoque, omnium, quae nostra aetate in adolescentium philosophiae studiosorum gratiam, sint edita» [*Schola Aquitanica. Programme d'études du collège de Guyenne au XVIe siécle (par LOUIS MASSEBIEAU)*, in "Revue Pédagogique", fasc. n.º 7, 1866, p. 26].

estudantil e docente, mas também entre os pedagogos que povoavam (sem controlo) os colégios parisienses, tornando árduo o exercício do pleno poder por parte do Principal. Com efeito, o Estatuto de Gouveia avisa: «Paedagogi pueros suos in officio contineant». E, mais: «Nihil praelegant, nihil discendum praescribant, nisi quod ipsis in gymnasio praelectum fuerit. Sic enim puerorum ingenia plerique misere confundunt, onerant, obruunt, et quod gravius est ferendum, quod a doctis praeceptoribus aedificatum fuerat, illi destruunt»[66].

A modernização proposta por Gouveia em Bordéus não correspondia necessariamente ao pleno respeito da tradição barbista. Ou melhor, as experimentações que Gouveia leva a cabo em Guyenne põem à experiência algumas práticas que remontam a uma cultura barbista, mas não necessariamente tradicional.

A definição de *modus parisiensis* corre o risco, em suma, de deixar na sombra as diferenças relevantes das várias gestões e dos diferentes períodos de vida de cada instituição, sobretudo no caso de Santa Bárbara. A gestão do Colégio por parte de André e de Diogo, o velho, difere nalguns pontos essenciais, entre os quais o que diz respeito à duração do curso de filosofia. Este é o indício principal das duas diferentes sensibilidades: tradicional e escolástica a de Diogo, aberta às sugestões do humanismo nórdico (Erasmo, Budé, Ramus) a de André[67]. E a duração do curso de Filosofia continua a

---

[66] «Não prelecionem, não deem coisas para aprender, a não ser as mesmas já prelecionadas no ginásio. De outra forma confundem, sobrecarregam, esmagam os engenhos da maioria dos rapazes, e o que é mais grave destroem o que fora construído por doutos precetores» [Ibid., p. 40].

[67] Segue uma orientação moral, na esteira de Quicherat, a mais recente historiografia sobre as duas figuras dos Gouveia: «Sous Diogo de Gouveia, Sainte-Barbe reste un lieu très conservateur, dans la lignée du collège de Montaigu voisin, citadelle de l'esprit ancien où la defense de la scolastique rime avec humiliation des élèves, bien loin de l'esprit nouveau, incarné par le collège du cardinal Lemoine avec Lefèvre d'Etaples. Diogo de Gouveia, qui déclenche les sarcasmes de Robert Estienne par ses critiques virulentes d'Erasme et du réformisme, contribue à ce que Sainte-Barbe devienne l'un des berceaux de la Compagnie de Jésus. [...] André de Gouveia est un adepte des idées religieuses les plus avancées et fait vite basculer

ser encurtada ou ampliada com base nas instâncias anti-dialéticas dos humanistas e das reações de entrincheiramento conservador da instituição universitária.

A evolução da relação entre sobrinho e tio não tem sido até agora esclarecida em todas as suas facetas: Diogo, empenhado na diplomacia, chamou André para o substituir, e sob o principalato deste último o Colégio cresceu, apesar de alguns acontecimentos desagradáveis do ponto de vista religioso[68]. Apesar da pormenorizada reconstrução de Mário Brandão, as razões que levaram André a mudar-se para Bordéus, se excluirmos as de carácter económico e religioso, nunca foram esclarecidas, e tão-pouco o problema de saber se Diogo desempenhou nessa matéria um papel ativo (e qual). As mesmas lacunas permanecem acerca da transferência de André de Bordéus para Coimbra, quando D. João III o chama para dirigir o novo colégio real: tê-lo-á o Rei preferido ao tio? A nomeação foi ocasião para uma crise numa relação já por si tensa? A reconstrução de Brandão baseia-se no pressuposto que a antipatia do tio para com o sobrinho, devida ao erasmismo de André que Diogo contrariava quer numa perspetiva religiosa quer numa cultural, transformou-se em verdadeiro ódio por ocasião da mudança de André para Bordéus: «A saída de André de Gouveia de Santa Bárbara acabou por transmutar a antipatia do velho Doutor pelo sobrinho em ódio inextinguível»[69]. O colégio bordalês tornar-se-ia assim num concorrente de Santa Bárbara e, com a saída dos melhores docentes

---

Sainte-Barbe du côté de la réforme humaniste» [A. PELLERIN, *Les Portugais à Paris au fil des siècles & des arrondissements,* Chandeigne, Paris, 2009, p. 47].

[68] Cf. J. QUICHERAT, *Histoire de Sainte Barbe...,* cit., pp. 255-267.

[69] M. BRANDÃO, *A Inquisição e os Professores...,* cit., p. 202. Brandão, por trás de questões ideológicas, descortina também motivações pessoais: «É bem notório o ódio, o verdadeiro rancor manifestado por Diogo de Gouveia Sénior a seu sobrinho André – sentimento gerado, como adiante demostraremos, no desacordo ideológico entre ambos sobre os grandes problemas religiosos que dilaceravam a Europa, mas agravado, também, por o teólogo se reputar espoliado pelo sobrinho» [Ibid., p. 12].

juntamente com André, o colégio de Diogo encaminhar-se-ia para uma rápida decadência. Há todavia algumas teses de Brandão que não convencem plenamente, por exemplo, atribuir o ódio do tio para com o sobrinho às diferenças culturais e ideológicas: por que motivo, perante o notório erasmismo do sobrinho, Diogo se fez substituir justamente por André no período em que se ausentou de Santa Bárbara[70]? Afinal, na sua família, tinha outras opções. O problema, claramente, não se circunscreve à história, embora interessante, de dois "directores escolares" do século XVI: dar uma resposta significaria também avançar no estudo das duas "culturas" *barbistas* que os Gouveia provavelmente representaram.

Certo é que, entre as duas culturas, D. João III optou pela de André[71] para a instituição do Colégio das Artes de Coimbra, que o rei concebeu, evidentemente espicaçado pela experiência do *Collège Royal* que Francisco I fundou sob o impulso de Guillaume Budé, para dinamizar a recente reforma da Universidade.

D. João III começou a alimentar a ideia de fundar um novo colégio de Humanidades por volta de 1543, evidentemente insatisfeito com o ensino ministrado na Universidade e no Mosteiro de Santa Cruz. André de Gouveia, Principal do Colégio de Guyenne, gozava então de boa reputação: o colégio bordalês tinha recuperado das dificuldades económicas em que fora arrastado por Jean Tartas, o anterior Principal, e um grande número de estudantes frequentava as

---

[70] Mais convincente (e mais documentada), a tese sobre dissabores entre os dois por questões financeiras, que o mesmo Brandão apresenta.

[71] Na historiografia que tende a sublinhar o "humanismo" de André de Gouveia como causa da sua nomeação como Principal do Colégio de Coimbra, não é raro encontrar como argumentação a sensibilidade outrossim "humanista" de D. João III, que se manifesta nas cartas dedicatórias que lhe foram dirigidas por Erasmo (as já citadas *Elucubrationes Chrysostomi*), Vives (*De disciplinis*), e Thournhout (*De Ecclesiasticis Scripturis et Dogmatis*). O facto de D. João III inspirar-se no *Collège Royal* (a seguir conhecido como *Collège de France*), prevalentemente composto por mestres humanistas, reforça esta teoria. Ver D. Maurício GOMES DOS SANTOS, "Buchanan e o ambiente coimbrão de século XVI", *Humanitas,* Coimbra, XV-XVI, 1963, pp. 261-327.

suas aulas. Os mestres eram de renome, embora a sua religiosidade fosse por vezes posta em dúvida ou até abertamente questionada. Nicolas de Grouchy, que Montaigne lembra como autor do célebre *De comitiis Romanorum,* mas cujo nome está ligado às traduções da obra de Aristóteles (que em larga parte corrigem as de Périon[72]); Guillaume Guerente, George Buchanan, Élie Vinet e João Gélida (que substituiria Gouveia no cargo de Principal em Guyenne) ensinavam aí com notável êxito[73]. Era *sub-principalis* João da Costa que, juntamente com Diogo de Teive e o próprio Buchanan seriam alvo de um famoso julgamento da Inquisição portuguesa. Apesar das insinuações e das suspeitas acerca da ortodoxia dos regentes de Guyenne, certamente alimentadas pelos testemunhos de Diogo de Gouveia, o velho, e de outros portugueses[74], D. João III começou a negociar com André o seu regresso à pátria. Diogo não gostou: escreveu ao rei em 3 de Fevereiro de 1544 acusando o sobrinho de ser um ladrão e um herético, e propondo em seu lugar Diogo o moço, outro sobrinho, mais de confiança, que dirigira Santa Bárbara durante um breve período. André foi por duas vezes (1543, 1546)[75] a Portugal para discutir a sua contratação e o recrutamento dos outros docentes, e depois tratou com o parlamento de Bordéus a facilitação da transferência dos seus melhores regentes. Em 21 de Janeiro de 1547 Gouveia fez

---

[72] Veremos mais à frente a história das edições e traduções de Aristóteles no século XVI.

[73] Escreve Montaigne: «Et Nicolas Grouchi, qui a escrit *de comitiis Romanorum,* Guillaume Guerente, qui a commenté Aristote, George Bucanan, ce grand poete Escossois, Marc Antoine Muret, que la France et l'Italie recognoist pour le meilleur orateur du temps, mes precepteurs domestiques, m'ont dict souvent que j'avois ce langage, si prest et si à main, qu'ils craingnoient à m'accoster ». Montaigne informa-nos depois acerca de uma obra pedagógica de Buchanan que, talvez, nunca foi publicada: «Bucanan, que je vis depuis à la suite de feu monsieur le Mareschal de Brissac, me dit qu'il estoit apres à escrire de l'institution des enfans, et qu'il prenoit l'exemplaire de la mienne: car il avoit lors en charge ce Comte de Brissac que nous avons veu depuis si valeureux et si brave.» [M. de MONTAIGNE, cit.].

[74] Ver M. BRANDÃO, *A Inquisição e os Professores...,* cit., pp. 464-480.

[75] Cf. T. BRAGA, *Historia da Universidade de Coimbra,* cit., p. 262.

a última tentativa de tirar Gélida a Guyenne, mas a resistência deste e dos bordaleses, impediu a última "contratação sonante". Em Março do mesmo ano dois grupos de docentes partiram de França rumo a Coimbra: Buchanan, Arnaldo Fabrício, Grouchy e Guérente integravam o primeiro; João da Costa, Diogo de Teive, Antonio Mendes e Vinet formavam o segundo.

Situado na cidade baixa, junto da rua de Santa Sofia, o *Real Colégio das Artes* inaugurou as aulas, em 21 de Fevereiro de 1548, com uma alocução de Arnaldo Fabrício.

Segundo Brandão e Gomes dos Santos, «havia dupla expectativa pela docência bordalesa: a fama da competência científica dos mestres e o sobressalto das suas tendências reformistas»[76]. A expectativa traduziu-se num imediato *boom* de matrículas (como veremos, o livro das matrículas foi uma característica *more italico* mantida em Coimbra); já em 30 de Abril de 1548 o *subprincipalis* João da Costa escrevia: «já passam de mil, e não se passa dia que não venham alguns novos matricular-se»[77].

Mas seriam justamente as tendências "reformistas", que diziam respeito quer a um específico método pedagógico quer a uma cultura humanista de ascendência bordalesa, que estariam na origem duma repentina crise interna entre os docentes do colégio. André de Gouveia morreu no mesmo ano da inauguração (recusando teimosamente os sacramentos, como foi dito durante o julgamento de João da Costa) e os docentes, divididos em dois grupos, começaram uma luta pelo poder entre *bordaleses* e *parisienses*[78] que culminou com a fuga dos primeiros e com o processo da Inquisição contra

---

[76] M. BRANDÃO, *A Inquisição e os Professores...*, cit., p. 521. E Domingos Maurício GOMES DOS SANTOS, "Buchanan e o ambiente coimbrão de século XVI", cit., p. 266.

[77] T. BRAGA, *Historia da Universidade...*, cit., p. 268.

[78] Segundo BRANDÃO, a divisão entre bordaleses e parisienses era, na realidade, uma divisão entre apoiantes da linha de Diogo de Gouveia o velho, e da linha de André. Cf. ID., *A inquisição e os Professores...*, cit., pp. 549-551.

João da Costa, George Buchanan e Diogo de Teive. A história dos três processos já foi escrita por M. Brandão[79], e documentada. Para o nosso objetivo, é interessante notar como não foi possível determinar os "mandantes" do processo, que Braga e outros identificam sem dúvidas com Simão Rodrigues e com os jesuítas. Todavia estes foram inocentados (pelo menos aparentemente) pelos autos do processo, nos quais as declarações dos membros da Companhia não demonstram a tese segundo a qual queriam apoderar-se do Colégio das Artes. Henriques, ao transcrever os documentos do processo, e ao colocar claramente a pergunta: «Who was the real promoter of the proceedings against Buchanan?», responde atribuindo a responsabilidade ao dominicano João Pinheiro e, sobretudo, a Diogo de Gouveia, o velho. Em apoio, Henriques apresenta os testemunhos dos arguidos.

> Pinheiro, in Costa's opinion, was but an instrument; the real enemy was Diogo de Gouveia, furious at having been dismissed from the post of Principal of the College at Coimbra, and thirsting to be revenged upon his successor. Gouveia, says Costa, was quite cunning enough to pull the strings without letting himself be seen. [...] In another part of the Records, Teive, now almost furious, again attributes everything to Diogo de Gouveia, the Elder, and to his hatred of his nephew André; adding that the aged Principal had threatened him (Teive) and Costa, that he would kill them, and had even gone to the extent of taking a sword under his gown, for that purpose, when he went to the College[80].

---

[79] M. BRANDÃO, *O Processo na Inquisição de Mestre Diogo de Teive*, Coimbra 1943; ID., *O Processo na Inquisição de Mestre João da Costa*, Coimbra 1944; ID., *A Inquisição e os Professores do Colégio das Artes*, Coimbra, 1948, 2 vol.

[80] G. J. C. HENRIQUES, *George Buchanan in the Lisbon Inquisition*, Lisboa, 1906, p. XI.

O processo, ao qual, em particular no caso de Buchanan, não faltaram garantias, acabou em 29 de Julho de 1551 com a abjuração dos três arguidos, que foram enclausurados em mosteiros e posteriormente libertados. João da Costa e Diogo de Teive voltaram ao Colégio das Artes, enquanto Buchanan retomou o caminho de França para acabar na Escócia, nos braços da Reforma[81].

Mas o que é que se entendia, nessa altura em Coimbra, por "reformismo" bordalês? Que factos ou atitudes dos regentes vindos de Guyenne desencadearam a batalha dos *parisienses* para pôr no cargo de Principal um dos velhos bolsistas de Santa Bárbara, Paio Rodrigues de Villarinho, e afirmar o seu domínio na regência do Colégio Real? Não há dúvida que, se por reformismo entendermos uma diferente ordem curricular nos estudos de gramática, retórica e artes, a cultura bordalesa tinha sido marcada pela direção de André de Gouveia, em linha com os impulsos mais progressivos da Paris do *Collège Royal*. Todavia, isto chocou com uma realidade, a conimbricense, menos disponível a questionar o sistema educativo tradicional (sempre de matriz parisiense). No dia 16 de Setembro de 1547 D. João III, enquanto os docentes faziam uma cansativa viagem através de Castela e Portugal para alcançar Coimbra, publicou o *primeiro Regimento*[82] do *Collegio das Artes*, com o qual o rei estabelecia, como diz Quicherat, «à la manière de Sainte-Barbe», que o Colégio devia funcionar como os colégios "pagantes", isto é que a estrutura devia manter-se também com as rendas previstas dos estudantes porcionistas e cameristas. O *Regimento* previa também

---

[81] Henriques interroga-se também se a acusação de heresia tinha ou não um fundamento real, para lá dos testemunhos. A sua resposta é afirmativa, como de resto a produção buchaniana das origens atesta. Os bordaleses, reunidos à volta de André de Gouveia, se não eram protestantes tinham pelo menos sentido o efeito da atmosfera erasmiana, e como se tornara ditado entre os católicos: *Dum Lutherus erasmizat, Erasmus lutherizat*.

[82] A.-J. TEIXEIRA, *Documentos para a História dos Jesuítas*, Coimbra 1899, pp. 4-11.

alunos «externos», entre os quais os jesuítas que na altura frequentavam o recém-nascido colégio de Jesus, na cidade alta. Como nos Estatutos de Guyenne preparados por Gouveia, também em Coimbra o Principal tinha plenos poderes, quer didáticos quer jurídicos, no governo do colégio. Integrado na Universidade, mas isento da sua jurisdição[83], o Principal organizava diretamente o ensino, decidia os horários e as aulas, dispunha *à son gré* dos regentes[84].

O *Regimento* previa a atribuição de oito regentes para o ensino de leitura, escrita e rudimentos da língua latina; oito regentes de Gramática, Retórica e Poesia; um regente de língua grega; um de língua hebraica; um para a matemática e três para o curso de Artes. André de Gouveia obtivera de D. João III também a cláusula do monopólio escolar, pela qual o *Regimento* proibia todas as outras escolas, com exceção dos ensinos de hebraico, matemática, grego e filosofia moral que eram lecionados pela Universidade e dos cursos que os religiosos ministravam no interior dos seus conventos para os seus estudantes.

Por seu lado, André de Gouveia publicou os Estatutos do Colégio em 1548, que, entre outras coisas, respeitavam a duração de três anos e meio do curso de Artes, sem procurar – como André fizera em Guyenne – limitá-lo a dois anos. Uma nova tentativa de limitação foi feita em 1549-50, e podemos supô-la em homenagem à memória do falecido André, mas o corte, que afetava apenas os seis meses após o terceiro ano, foi suprimido no ano seguinte. Gouveia desempenhou também em Coimbra o papel do Principal modernizador, atribuindo grande relevância aos exames, sobretudo em relação à verificação

---

[83] Assim o *Regimento*: «E quero qua a pessoa que hade ter o cargo e governança do dito Collegio se chame Principal d'elle, e que o Reitor da dita Universidade, nem outra alguma pessoa tenha superioridade sobre o dito Collegio e Principal...» [ver T. BRAGA, *Historia da Universidade de Coimbra*, cit., p. 264].

[84] *Ibidem*. Veja-se também G. CODINA MIR, *Aux sources...*, cit., p. 209; e P. GOMES, *Os Conimbricenses*, ICALP, Lisboa 1992, pp. 15 e ss.

da real e concreta *sufficientia* em língua latina. Um despacho real de 1548 impunha, para o acesso à Faculdade de Leis e Cânones, a certidão de frequência das duas primeiras classes do Colégio:

> Pessoa alguma seja d'aqui em diante recebida a ouvir Leis ou Canones, sem certidão do Principal do *collegio das Artes*, de como nelle ouviram um anno de Logica; e assim não será nenhum recebido a ouvir Theologia ou Medicina sem mostrar certidão do dito Principal, de como no dito collegio ouviu o Curso inteiro de Artes[85].

O carácter propedêutico do Colégio das Artes em relação aos cursos maiores, legitimado por uma preocupação jurídica constante até à época dos Filipes, inverteu de facto as relações entre o colégio e a universidade, tornando o primeiro no verdadeiro pilar do poder educativo em Coimbra.

Este processo enquadrava-se no plano mais geral do nascimento da escola secundária, e na progressiva autonomia que, entre Paris e Coimbra, os cursos menores desejavam em relação à Universidade. O próprio Diogo de Gouveia o velho, interpelado em 1544 por D. João III acerca dos estatutos da Universidade de Paris, escrevia ao rei: «Pollo que tenho visto me parece seria grande bem se a faculdade leis e cânones estivesse separada noutro logar, porque elles todos são de muita pompa e liberdade, e as Artes, até serem muitos, de muita subieição ...»[86]. Nesta transformação, ao longo do século XVI, não faltarão contrastes e ambiguidades, sobretudo em Coimbra. Uma vez assegurado o monopólio educativo secundário ao Colégio de *Mestre André*, e estabelecido o vínculo da certidão de frequência dos cursos aí ministrados, o Reitor da Universidade

---

[85] T. BRAGA, *Historia da Universidade de Coimbra*, cit., p. 267.
[86] T. BRAGA, *Historia da Universidade de Coimbra*, cit., p. 264.

conimbricense tinha, de facto, no corpo académico, um Principal com um poder decisivo sobre os estudantes dos cursos maiores.

Apesar do entusiasmo faccioso com que Teófilo Braga retrata a liberalidade dos oito anos de vida do colégio (antes da sua entrega aos jesuítas), o privilégio jurídico para o colégio e o gérmen da discórdia com a Universidade foram lançados nessa altura, e sucessivamente a Companhia de Jesus limitar-se-ia a tirar proveito das leis para confirmar a centralidade que André de Gouveia garantira aos cursos menores. O problema não era simplesmente didáctico: durante cinquenta anos estarão em jogo as rendas e a sustentação económica de que o Colégio necessitará constantemente para fazer frente à crescente procura formativa; e as posições de privilégio da Universidade, que dificultará com todas as suas forças as subtrações económicas que os reis, mesmo depois de D. João III, impor-lhe-ão para sustentar os cursos menores.

André foi um hábil Principal, capaz de virar a favor do colégio (cuja construção foi confiada ao arquitecto Diogo de Castilho) a estima de D. João III para com os professores bordaleses. Na morte de André (a 9 de Junho de 1549), o cargo foi confiado por um breve período a Diogo de Gouveia o moço[87], que, todavia, foi destituído poucos meses depois por não ter conseguido conciliar as partes em

---

[87] O velho, segundo P. GOMES, *Os conimbricenses,* cit., p. 15. Segundo Braga, tratava-se de Diogo o moço «sobrinho do grande pedagogo, mas criatura nulla» [*Historia...*, cit., p. 269]. Em apoio de Braga, veja-se A.-J. TEIXEIRA, *Documentos para a História dos Jesuítas,* Coimbra, 1899, e as breves biografias dos dois Diogo in D. BARBOSA MACHADO, *Bibliotheca Lusitana. Historica, Critica, e Cronologica,* Tomo I, Lisboa Occidental, 1741, pp. 656-657. Em apoio da tese, veja-se também QUICHERAT, segundo o qual entre 1549 e 1550 Diogo de Gouveia o velho era ainda Principal de Santa Bárbara (após um intervalo de dez anos), quando um conjunto de desordens levariam à sua substituição por Robert Dugast. Segundo Quicherat, Diogo o velho permaneceu em Paris até finais de 1555, e depois regressou a Portugal como cónego da catedral de Lisboa, onde morreu em 1557, no mesmo ano de D. João III. Segundo M. BRANDÃO, todavia, é improvável que Diogo tenha regressado a Portugal [ID., *A Inquisição e os Professores...,* cit., pp. 78 e 253].

conflito[88]. Sucedeu-lhe João da Costa, mas em 19 de outubro de 1549 a Inquisição portuguesa (regida pelo cardeal infante D. Henrique) começava a investigação que o acusaria de ter sustentado posições erróneas em matéria de doutrina.

A 8 de Novembro, João da Costa, pressentindo a hostilidade do Reitor e do corpo universitário em relação a uma total autonomia, obteve do Rei a incorporação do Colégio na Universidade e um novo *Regimento*[89]; a 18 de Novembro, D. João III ordenou ao reitor, Diogo de Murça, *que visitasse* o Colégio de seis em seis meses. Entretanto, a atmosfera de suspeição à volta dos regentes bordaleses deve ter-se tornado pesada, pois no mesmo ano Arnaldo Fabrício, Élie Vinet, e depois Grouchy e Guerente deixaram Coimbra para regressar a França. Ficaram João da Costa, Diogo de Teive e George Buchanan, e em 15 de Agosto de 1550 entraram nas prisões da *Torre do Tombo*.

O julgamento dos três *bordaleses* cristalizava, para lá das questões teológicas (entre as quais a condenação da vida monástica, ponto de contacto com o mundo protestante), uma rede de conflitos cuja energia foi libertada pela abjuração final: o conflito no interior do colégio, a concorrência da Companhia de Jesus, que na altura dava aulas na cidade alta, o conflito de poderes e privilégios com a Universidade representada por Diogo de Murça.

Em 2 de Maio de 1551 o cargo de Principal foi atribuído finalmente ao *parisiensis,* Payo Rodrigues de Villarinho, «homem de confiança do rei»[90] mas, sobretudo, homem de confiança de Diogo

---

[88] E por solicitação de João da Costa, que trocou cartas com o rei para defender a substituição do Principal: ao que parece, por causa deste último, o colégio encontrava-se em péssimas condições económicas e organizativas. O ativismo de João da Costa terá consequências em seu prejuízo, como veremos mais à frente.

[89] Aquele segundo o qual o curso de Artes ficava reduzido a três anos.

[90] T. BRAGA, *Historia da Universidade de Coimbra,* cit., p. 276.

de Gouveia[91] e regente do colégio, excecionalmente, desde Dezembro de 1550. Já desde Janeiro de 1551 o Rei isentara o Colégio da visita semestral do Reitor da Universidade. Sob o governo de Villarinho foi redigido um novo *Regimento,* datado de 20 de maio de 1552, que enumera as disciplinas que devem ser ensinadas no curso de Artes e os textos para comentar. Ao contrário do que afirma Braga, o documento não apresenta particulares novidades no âmbito do ensino filosófico de Aristóteles nos colégios europeus[92], mas reveste-se de notável interesse por fixar de novo a duração do curso em três anos e meio e por estabelecer umas prescrições acerca das modalidades do ensino.

> Os dictos lentes na declaração do texto seguirão principalmente as interpretações dos interpretes gregos; e todavia tratarão com diligencia as interpretações dos interpretes latinos, e os argumentos que uns e outros moverem sobre o texto; porque d'esta maneira os estudantes entenderão melhor o que ouvirem, e poder-se-hão melhor exercitar nas conferencias e disputas, que sobre as lições tiverem. [...] Os lentes do segundo e terceiro curso, ás terças e quintas ferias, ás horas da lição da tarde, começarão a ler juntamente com os outros lentes do Collegio, cada hum em sua classe, e passada uma hora o porteiro lhes dará signal com

---

[91] Ver M. BRANDÃO, *A Inquisição e os Professores...,* cit., p. 244.

[92] Seguindo a ordem da edição aldina (1495-98) do *corpus* aristotélico, no primeiro ano (dividido em trimestres) o curso previa a leitura de *De terminorum Introductione, Dialéctica* e da *Isagoge* de Porfírio; e ainda, os *Predicamenta,* o *De Interpretatione* (Peri hermeneias), os primeiros sete livros dos *Topica,* quatro libros da *Ethica;* no segundo, os *Analytica Priora,* o oitavo livro *Topica,* os *Analytica Posteriora,* o resto da *Ethica,* o *De Sophisticis Elenchis,* e os primeiros dois livros da *Fisica;* no terceiro, a continuação da *Fisica,* o *De coelo,* o *De generatione,* quatro livros do *Meteorologicum,* os primeiros dois livros do *De anima* e os primeiros dois da *Metaphysica.* No quarto ano, ou seja nos seis meses previstos para completar os estudos (as aulas acabavam em Março, como explicitamente afirmará o *Regimento* seguinte de 1565), o curso previa a leitura do terceiro livro do *De anima,* os *Parva naturalia* e o resto da *Metaphysica.*

a campana do dicto Collegio, para deixarem de ler, o que logo farão, e ajuntar-se-hão com todos os seus discipulos numa sala commua, que estará deputada para as disputas dos artistas, na qual sala disputarão, até acabada a hora de questões, na maneira seguinte: um discipulo do segundo curso proporá argumento da matéria do que houver de ser a disputa, a outro seu condiscipulo: o qual repetirá da *Logica* de Aristoteles um capitulo da mesma materia, ou dous, segundo lhe pelo mestre for ordenado, e acabada a dicta repetição, responderá ao argumento que lhe foi proposto no princípio; e ao lente do terceiro curso, e aos mestres e licenciados que quizerem argumentar, os quaes lhe argumentarão todos da mesma materia. Pela mesma maneira, ao outro dia de disputa, repetirá e responderá de *Philosofia Natural* um discipulo do terceiro curso, contra o qual tambem no principio argumentará um condiscípulo, e depois o lente do segundo curso, e os mestres e licenciados que se acharem presentes e quizerem argumentar. N'esta maneira e ordem de disputas entrará o lente do primeiro curso com seus discipulos, de Paschoa em diante, e será o primeiro que sustentará logo depois de Paschoa, e depois delle e do segundo curso, e depois o do terceiro, e assim por ordem, sustentara cada um um dia, enquanto durar o tempo das dictas disputas [...][93].

Por fim, é interessante notar a cláusula com a qual o *Regimento* de 1552 impunha aos docentes a tradução de Aristóteles escolhida pelo Principal; dado que o florescimento das edições e traduções do *Corpus*, em meados do século XVI, era ampla e muito diversificada (como veremos a seguir), a opção para uma tradução significava de facto decidir qual dos vários Aristóteles ensinar.

---

[93] T. BRAGA, *Historia da Universidade de Coimbra,* cit., p. 286.

O principalato de Villarinho teve de enfrentar o problema da diáspora dos docentes bordaleses que tinham abandonado o colégio, e dos consequentes problemas financeiros que recairíam na coroa para pagar os salários aos novos regentes. Justamente estes últimos serão uma das causas que levarão D. João III a dispor a entrega da gestão do Colégio à Companhia de Jesus; que ao contrário dos mestres leigos, oferecia o ensino gratuitamente. O fugaz principalato de Diogo de Teive, que, uma vez regressado a Coimbra após o difícil período do processo inquisitorial, substituiu Villarinho, concidiu com a última fase de vida do Colégio Real. Em 10 de Setembro de 1555 o Rei nomeava Leão Henriques, já reitor do Colégio de Jesus, como Principal do Colégio das Artes. Assim os jesuítas entravam num Colégio prestigioso, fundado numa tradição barbista que conheciam muito bem, mas com uma cultura pedagógica progressiva, a de André de Gouveia e de Guyenne, que deixara certamente vestígios indeléveis no curso de Artes.

2. PROVÍNCIA PEDAGÓGICA

Se o *Cursus* filosófico, em vez de ter o nome de um autor, tem o nome de um lugar, a razão deve ser procurada no sentido identitário que conota esse lugar, naquela determinada época. Por sentido identitário entendo, essencialmente, a consciência de um grupo à volta da sua missão no mundo, a partir duma cidade que circunscreve a sua vivência e na qual age o imaginário coletivo numa dupla direção: por um lado, a cidade é já um ícone, por ser capital cultural de um país em rápido crescimento económico e ponte para o desconhecido físico (e temporal); por outro, os grupos sociais que nela vivem agem por sua vez sobre essa mesma realidade alimentando entre eles a imagem e reforçando-a para o exterior. Em resumo, trata-se de participação e promoção de um *brand*.

Neste caso, a cidade é a Coimbra da segunda metade do século XVI, sendo os jesuítas portugueses o grupo social. O *Cursus* é antes de mais *conimbricensis*, ou seja não apenas fruto do trabalho de um corpo docente de renome do Colégio das Artes, mas também de uma cidade, de um grupo conotado por um evidente orgulho identitário, e de uma nação, a portuguesa, que nessa época sofre contínuos revezes em relação ao seu futuro como potência mundial[94]. Torna-se, então, necessário voltar a percorrer a história da

---

[94] Não é correcta, a meu ver, a apresentação habitual do *Cursus* como um produto dos docentes jesuítas de Coimbra e Évora. Embora historicamente certa, dado que autores e *ghost writer* estiveram nas duas cidades (como veremos a fundação da universidade de Évora foi pensada pelo Cardeal Infante para confiá-la aos jesuítas),

Companhia de Jesus portuguesa, e do seu colégio conimbricense, porque não se trata de história "exterior" às (supostas) insonsas urdiduras do raciocínio escolástico no *Cursus* filosófico, mas é o ineludível enredo que sustenta essas urdiduras e que delas se alimenta.

Pouco depois da sua chegada a Lisboa, em 1540, Simão Rodrigues enfrentou sozinho a difícil missão de encontrar para os jesuítas um espaço no tecido social português. Xavier partira imediatamente para a Índia com o entusiasmo do explorador, e porventura à procura de um nobre martírio. As crónicas *a partibus fidelium* transcrevem cartas (muito poucas para serem sinceras) do próprio Rodrigues nas quais este expressa ao Geral Inácio a sua frustração por ter sido obrigado, por ele e pelo rei, a permanecer em Portugal. A Companhia deve ser estabelecida, e alguém terá de se sacrificar: esta a resposta lacónica de Loyola. O mesmo dirá Inácio em 1553, mas nessa ocasião para o tirar de Portugal: Rodrigues, com efeito, executara bem demais as ordens, e em treze anos, para a *sua* Companhia (e para si) obtivera um amplo espaço de poder. Demasiado amplo, sobretudo para o Geral.

Mas vejamos por ordem. O Colégio de Santo-Antão-o-Velho foi a primeira instituição educativa criada pelos jesuítas portugueses[95].

---

a junção corre o risco de atenuar a imagem que o produto quer dar de si: as folhas de rosto de todos os volumes indicam apenas o nome de Coimbra, cujo colégio das Artes gozava de prestígio internacional bem superior ao da mais recente universidade de Évora.

[95] Os jesuítas compraram o velho mosteiro no centro do bairro mourisco, e Santo Antão tornou-se na primeira casa professa de propriedade da Ordem. Sobre a história da Companhia em Portugal (que a falta de documentação torna tarefa árdua), as obras de referência são as seguintes: B. TELES, *Chronica da Companhia de Jesu na Provincia de Portugal,* (2 vol.) Paulo Craesbeeck, Lisboa, 1645-47; F. RODRIGUES, *História da Companhia de Jesus na Assistência de Portugal,* (2 vol.), Livraria Apostolado da Imprensa, Porto, 1931-1950 e o trabalho monumental de D. ALDEN, *The Making of an Enterprise. The Society of Jesus in Portugal, Its Empire, and Beyond, 1540-1740,* Stanford University Press, Stanford, 1996. Um relato sobre os jesuítas portugueses no tempo de Mercuriano: N. DA SILVA GONÇALVES, "Jesuits

A Companhia tomou posse do colégio em 5 de Junho de 1542, mas será necessário esperar até 1552 para que o colégio, para além do internato, comece a ministrar o ensino público, quer para os futuros membros da Companhia, quer para os alunos externos[96]. Em 9 de junho de 1542, Rodrigues e mais doze jesuítas chegaram a Coimbra, a cidade para onde tinha sido definitivamente transferida a Universidade, com a incumbência de encontrar o local onde estabelecer um colégio. Ficaram hospedados no Mosteiro de Santa Cruz durante uns dias; até quando Diogo de Castilho lhes concedeu um edifício na cidade alta, no monte Ribela. A 13 de Julho foi inaugurado o *Colégio de Jesus,* destinado unicamente a jovens jesuítas, que, como lembra Gomes «constituiu como nenhum outro no mundo, a principal fonte de preparação de numerosos e ilustres missionários»[97]. Bem cedo, todavia, o espaço revelou-se exíguo, de maneira que Rodrigues viu-se obrigado a começar a construção de um novo edifício (a primeira pedra foi colocada em 15 de Abril de 1547, poucos meses antes da chegada a Coimbra dos *bordaleses* de André de Gouveia). O colégio, pelo menos inicialmente, pareceu ter ambições modestas: os residentes frequentavam as aulas na Universidade, que – escreveu Rodrigues a Inácio – era inesperadamente vivaz e de sólida cultura. Inácio, evidentemente impressionado com a *reportagem* de Simão, en-

---

in Portugal", in T. MCCOOG (ed.), *The Mercurian Project. Forming Jesuit Culture. 1573-1580,* IHSI – The Institute of Jesuit Sources, Roma – St. Louis, 2004, pp. 705-744.

[96] Em 1579, a Companhia decidiu abandonar o colégio de Santo-Antão-o-Velho, demasiado pequeno para receber um número crescente de estudantes internos e externos. Começaram as obras de construção de Santo-Antão-o-Novo, que catorze anos depois abriu as portas ao seu primeiro estudante. Os jesuítas venderam o velho colégio aos agostinianos. Existe registo da correspondência entre Rodrigues e Loyola acerca do método a adoptar nas escolas públicas portuguesas: «Na carta de 1 de Dezembro de 1552 para que Simão Rodrigues proceda à abertura de escolas em Lisboa, Évora e noutras cidades, ele recomenda, não o modelo parisiense, mas o modelo do *Colégio Romano* que a sua Companhia fundara em Roma e que, alfim, numa aliança com as determinantes parisienses, constituiria o quadro metodológico do que nominaremos de *método jesuíta»* [P. GOMES, *Os conimbricenses,* cit., p. 22].

[97] P. GOMES, *Os conimbricenses,* cit., p. 11.

viou para Coimbra alguns lovanienses, a fim de avolumar o grupo de estudantes e docentes jesuítas, mas o seu péssimo português (eram chamados com escárnio *Franchinotes*) granjeou-lhes apenas uma má fama. As crónicas jesuítas relatam os transtornos do cortejo de estudantes (pequeno no primeiro ano, mas em aumento exponencial nos anos seguintes) que desciam e subiam Coimbra para assistir às aulas da Universidade, de cujos privilégios gozaram por decreto real a partir do dia 26 de Agosto de 1544. Todavia, com o crescimento do número de residentes no colégio e o aumento progressivo das entradas na ordem, Simão Rodrigues estabeleceu um regulamento, em 1545, que instituía cursos de gramática, filosofia e também de teologia *in via Thomae*, para além da prática dos exercícios no interior do colégio: «Le Règles de Rodrigues [...] ont manifestement été conçues en tenant compte des horaires, des leçons et des exerices auxquels les jeunes jésuites étaient tenus par l'Université»[98].

O recrutamento de jesuítas foi de tal forma surpreendente que Rodrigues teve problemas de seleção[99]. «Many of its recruits were humble artisans, contrite businessmen, retired soldiers, government bureaucrats, and worn-out adventurers»[100], mas a maior visibilidade para a Companhia era assegurada pelo êxito que encontrava no

---

[98] G. CODINA MIR, *Aux sources...*, cit., p. 215. Os estudantes deviam repetir a lição das 12 e 30 às 13 e 30 e das 8 da tarde às 9. Curiosamente, mas em conformidade com o *modus parisiensis,* também no Colégio de Jesus havia disputas aos domingos durante duas horas.

[99] «In 1546, for example, Simão Rodrigues took in thirteen applicants but rejected another 40. By 1552, scarcely eleven years after Rodrigues and Xavier first reached Lisbon, the province counted 318 members. [...] By 1560, the Society's membership reached 350; within another fourteen years it had increased to 522. By 1579 there were 550 members, more than twice as many as in the German provinces, and better than three times as many as in the Austrian province» [D. ALDEN, *The Making of an Enterprise...*, cit., p. 36]. As quatros províncias espanholas, em 1587, tinham 1747 membros, mas a população era aproximadamente seis vezes superior à de Portugal.

[100] D. ALDEN, *The Making of an Enterprise...*, cit., p. 35. Nem sempre o desejo dos jovens de entrar na Companhia era favorecido pelas famílias, como testemunha uma ampla documentação guardada no ARSI.

meio dos jovens membros da aristocracia. E esta força de atração das classes elevadas era reforçada por uma relação com a Coroa que os jesuítas não tiveram em nenhuma outra corte da Europa. Foi em Portugal que a Companhia experimentou desde o princípio aquela proximidade do poder que seria seu traço característico no século XVII e razão das suas desventuras no século XVIII. A benevolência para com os jesuítas por parte de D. João III, da rainha Catarina, do cardeal infante D. Henrique e, mais tarde, de D. Sebastião I, tornou Portugal um balão de ensaio político em que os arrojados, como Rodrigues, ou os mais intriguistas, como Gonçalves da Câmara, jogariam as suas cartas, moldando a Ordem segundo as habilidades da vida de corte (as guerras de "expansão", mas também as batalhas para a simples sobrevivência). O processo de inserção no tecido político e social não seria fácil e sem oposição: em várias ocasiões os Gerais terão de intervir para pedir ao Provincial português maior prudência, abrandando a rápida ascensão da Ordem, levada a cabo muitas vezes em detrimento de outras *religiões* e, por isso mesmo, exposta a *murmurationes* ou a explícitas acusações[101]. Apesar disso, a atividade de Simão Rodrigues e dos primeiros jesuítas portugueses conseguiu confirmar no espírito de D. João III a originária condescendência para com a Ordem.

---

[101] BRAGA, com a habitual *vis* polémica, descreve o enraizamento da Companhia em Portugal como sendo acompanhado pela voracidade económica e a este respeito cita uma carta do geral Mercuriano que qualifica os seus confrades como os *rapazes de Coimbra*. «A accão dos Jesuítas em Portugal consistiu na acquisição de riquezas por meio de pleitos, doações illicitas, expoliações de abbadias e antigos mosteiros, incorporando as rendas nos Collegios, onde ministravam a instrucção *gratuita*» [*Historia da Universidade de Coimbra...*, cit., pp. 192-93]. Na época de Mercuriano, de resto, o núncio Giovanni Andrea Caligari referia a Tolomeo Galli, cardeal de Como, as acusações dirigidas aos jesuítas acerca dos *maneggi* com os quais governavam o espírito dos reinantes. O núncio concordava com as acusações, de tal forma que o cardeal – que as julgava uns exageros – sugeriu-lhe moderação no elóquio e maior prudência na análise política [ver da SILVA GONÇALVES, "Jesuits in Portugal", in T. MCCOOG, *The Mercurian Project...*, cit., p. 735].

O levantamento documental de Teixeira comprova-o: em 1542 o rei recomenda ao chanceler da Universidade de Coimbra Rodrigues e os doze jesuítas que iam frequentar os estudos; em 1544 o rei concede ao colégio de Jesus os privilégios da Universidade; até a obra principal no âmbito educativo do reino de D. João III, o Colégio Real, é entregue à Companhia num breve espaço de tempo, e favorecida com rendas de mosteiros e pagamentos por parte da Universidade. Justamente a este respeito, em 1552, D. João III, em carta escrita ao Papa para obter a união do Mosteiro de São João de Tarouca com o Colégio dos *Freires de Christo* de Coimbra, manifestava a convicção que mosteiros e conventos não podiam ser bem governados e dirigidos a não ser por religiosos *doctos e letrados*; três anos antes da entrega do colégio real aos jesuítas, o rei escrevia ter o desejo de:

> [...] edificar huum convento e collegio onde estem *freires reformados* da dicta ordem aprendendo e fazemdose letrados na cidade de Coimbra, omde ora Sua Alteza fundou, istituio e ordenou studo geral e universidade muito copiosa de muitas cadeiras e muitos lemtes, assi da sagrada scriptura e theologia, como de canones e leis, medicina, philosofia, artes e latinidade e grego, aos quais daa e ordenou grossos e gramdes selarios e fez vir a dicta Universidade lemtes famossos da Universidade de Salamanca, dos regnos de Castella e de Italia, a que daa gramdes selairos pello que he ora a dicta Universidade de Coimbra hua das boas universidades e copiosa que ha na cristandade e ha ja na dicta cidade de Coimbra muitos Collegios de religiossos de outras ordes: ha *Collegio da ordem dos frades heremitas de Sancto Agostinho*, e outro dos frades *Carmelitas*, e asi outro dos monges de *Sam Bernardo*, e asi collegio grande da ordem dos frades de *Sam Hieronimo*, e outro dos frades de *Sam Domingos*, e collegio outro de frades da ordem de *Sam Francisco da observancia*, e asi ha outros dous de clérigos seculares da ordem de *Sam Pedro*, e asi

ha um *Collegio muito grande e de muitos clérigos reformados da companhia de Jesu,* nos quais collegios estam muitos relligiossos da ordem dos quais ha ja em elles muitos e muito boos letrados que pregam e comfessam, e fazem muito fruito na cristandade e na igreija, destes regnos e senhorios de Purtugal, e van muitos destes relligiossos per ordenança de Sua Alteza as partes da Imdia e do Brasil a doctrinar e ensinar a fee...[102].

A recolha das rendas dos mosteiros em benefício dos colégios e os problemas de seleção para as numerosas e inesperadas entradas na ordem foram causas de uma das mais graves crises que afetaram a Companhia na época dos primeiros jesuítas. Entre o generalato de Inácio e o de Claudio Acquaviva, impulsos centrífugos destabilizaram a unidade da Companhia em mais do que uma ocasião, ao ponto de pôr em causa a capacidade de resistência da Ordem. As crises encontraram terreno fértil onde a Companhia estava mais bem estabelecida: em Portugal e em Espanha. Mas há uma diferença entre os problemas que enfrentaram Inácio e Acquaviva. O primeiro teve que se impor a alguns dos seus primeiros companheiros, Rodrigues e Bobadilla, que não aceitaram de bom grado a transformação da ordem numa hierarquia formalmente estruturada e politicamente centralizada[103]. Tratou-se de um choque de homens e de temperamentos. O segundo teve de enfrentar uma rede politicamente organizada, a espanhola da *vera Compagnia*, que trabalhava para uma separação dos destinos da Companhia espanhola e italiana. Foi um choque de partidos. Em ambos os casos, os Gerais ganharam, e no fim do longo generalato do italiano a Companhia tomou a forma

---

[102] T. BRAGA, *Historia da Universidade de Coimbra...*, cit., p. 192.
[103] O'MALLEY fala de passagem da originária *Gemeinschaft* para a *Gesellschaft* [*I primi gesuiti,* cit., p. 363].

definitiva de um corpo compacto e burocraticamente operante: é a história dos séculos XVII e XVIII.

O primeiro e o mais grave desses conflitos ocorreu entre Inácio de Loyola e Simão Rodrigues[104], primeiro Provincial português, e segundo T. Braga justamente por causa das rendas dos colégios. Rodrigues, ao estabelecer a companhia em Portugal, obtivera habilmente um conjunto de rendas em favor dos colégios e das casas dos jesuítas. A independência com a qual, durante os primeiros anos, governou a província não deve ter suscitado o entusiasmo de Loyola: «A prosperidade da província por número de membros e reputação deveu-se em parte ao favor do rei, mas também ao fascínio e à habilidade de Rodrigues. Desde o início Inácio recebeu dele menos cartas do que queria e começou a receber relatórios de outros sobre a incoerência e a arbitrariedade do seu governo»[105]. Rodrigues tornara-se confessor da família real, e foi o rei que, em 1545, se opôs à sua convocação a Roma por parte de Inácio. Inácio respondeu, em 1547, com uma carta aos estudantes do colégio de Coimbra, solicitando-os a se absterem do abuso daquelas práticas que podiam escandalizar (como as teatrais penitências de que se ouvia falar) e encorajando-os a estudar.

Inácio, mais tarde, convocou os Provinciais em Roma, em 1551, com vista à publicação das *Constituições*, e «desta vez Simão foi e ficou durante um mês»[106]. O Geral desejava discutir com os Provinciais o esboço das *Constituições* e parece ter manifestado a intenção de atribuir ao Geral o poder de transferir as rendas de um Colégio rico para um mais pobre, minando dessa forma a

---

[104] Acerca da queda em desgraça de Simão Rodrigues e do seu regresso a Portugal, veja-se J. VAZ DE CARVALHO, "The Rehabilitation of Simão Rodrigues", in T. MCCOOG, *The Mercurian Project...*, op. cit., pp. 421-435. Do mesmo autor, "Simão Rodrigues 1510-1579", *Archivum Historicum Societatis Iesu*, 59 (1990), pp. 295-314.

[105] J. W. O'MALLEY, *I primi gesuiti,* op. cit., p. 364.

[106] Ibid., p. 365.

obra de Rodrigues. Este último opôs-se com veemência, a fórmula de Inácio passou com algumas atenuantes (acrescentando o arbítrio do Rei e o consenso dos *sócios*), mas o resultado foi que, em finais de 1551 e com as *Constituições* prontas para a publicação, Inácio destituiu Rodrigues[107], substituindo-o por Diogo Mirão, o qual, por sua vez, entregou o reitorado do Colégio de Coimbra a Manuel Godinho[108]. A disciplina e o rigor, que ambos impuseram, desencadearam uma revolta dos padres portugueses, que exigiam o regresso de Rodrigues. Os dois escreveram ao geral denunciando a situação, e afirmando que a presença em Portugal de Rodrigues impediria qualquer reforma positiva. Inácio nomeou como visitador Miguel de Torres, que chegou à corte portuguesa com uma carta de nomeação como Provincial de Aragão (província que acabava de ser instituída) para Rodrigues. Solicitado a aceitar o encargo também por D. João III, Rodrigues não teve outra opção a não ser partir. Entretanto a visita de Torres foi levada a cabo com extrema dureza: tratava-se de aceitar a linha de Inácio (e com ela a nova forma hierárquica da Ordem) ou de abandonar a Ordem. O resultado foi o que Polanco definiu como uma «tragédia»: a estimativa dos abandonos é elevadíssima. Nadal calcula cerca de sessenta abandonos apenas no colégio de Coimbra[109]. Com a permanência na província de uma situação de conflito entre os padres e com o aumento dos abandonos da Ordem, Rodrigues, a pretexto de motivos de saúde, regressou a Lisboa (mas não lhe foi permitido, por anterior ordem

---

[107] Não sem antes sondar o terreno, e pedir pareceres a alguns membros da província, e também a D.João III e à rainha Catarina, que, segundo O'Malley, entretanto tornaram-se «menos protetores» em relação a Rodrigues.

[108] Segundo VAZ DE CARVALHO, Godinho, representante da facção "rigorista" e convicto da sua posição, foi na realidade quem governou a província ocultando-se por trás de Mirão [J. VAZ DE CARVALHO, "The Rehabilitation of Simão Rodrigues", cit., p. 424].

[109] J. W. O'MALLEY, *I primi gesuiti*, cit., p. 366. Uma estimativa realista calcula os abandonos entre 20 e 25% dos membros da Companhia.

de Loyola, ficar no colégio de Sant'Antão). Em 20 de Maio de 1553 Inácio impôs novamente a Rodrigues o abandono de Portugal e a ida a Roma. Rodrigues obedeceu, mas chegou a Roma depois de uma viagem demorada. Foi instituída uma comissão de quatro padres para julgar os seus atos, minados por acusações e por inúmeras críticas (habilmente espalhadas por Luís Gonçalves da Câmara)[110]: em resumo, o excesso indiscriminado de entradas na ordem provocara a impossibilidade de manter a disciplina; o Provincial conduzira a relação com a coroa em detrimento de muitos outros assuntos religiosos, minando a imagem da Companhia na sociedade portuguesa; Rodrigues desobedecera ao Geral. A comissão, embora reconhecesse que algumas críticas (em particular as de Gonçalves da Câmara) eram exageradas, condenou-o ao exílio perpétuo de Portugal. Rodrigues recolheu-se a Bassano e foram vãs as tentativas de Nadal para que se reconciliasse com o Geral. Voltaria a Portugal só depois da eleição de Mercuriano como quarto geral da Ordem, em 1574, e morreu poucos anos depois (1579).

Quando, em 1552, D. João III escrevia ao papa a carta anteriormente citada, os *clerigos reformados* a quem desejava entregar o colégio conimbricense travavam uma luta fratricida que opunha o fundador da província Simão Rodrigues e o conselheiro de Inácio e futuro precetor do príncipe D. Sebastião, Luís Gonçalves da Câmara. O conflito entre o Geral e o Provincial sobrepunha-se a uma dura batalha interna pelo governo e o futuro da Província (e da Assistência) portuguesa. De forma surpreendente, os conflitos, em vez de en-

---

[110] Uma carta de Cipriano Soares ao geral Mercuriano informa sobre o papel desempenhado por Gonçalves da Câmara no *affaire* Rodrigues [ARSI, *Lus.* 66, f. 54r]. «Precipitous and immoderate by temperament, he dedicated himself to denigrating the reputation of Simão Rodrigues with such extreme passion that the very sound of Rodrigues's name so infuriated him that he lost all reason. To achieve his ends, Gonçalves da Camara did not hesitate to twist facts, vilify his adversaries, and exaggerate his praise of those who deserved censure instead» [J. VAZ DE CARVALHO, "The Rehabilitation of Simão Rodrigues", cit., p. 425].

fraquecerem a coesão política e cultural desta província, acabaram por reforçar a sua identidade: na segunda metade do século XVI, a província atuaria no interior da Companhia com uma direção estratégica, que não pode ser vista como simples representação dos interesses da coroa portuguesa. Poder-se-á talvez discutir o maior ou menor peso que a província portuguesa alcançou na geografia política da ordem, onde italianos e espanhóis (gigantes no número e organização) terão sempre o domínio, mas a particular coesão com a qual os portugueses atuariam nas relações com as outras províncias, nas táticas durante as congregações gerais e, sobretudo, na relação diária com os Gerais, não é questionável.

Quando Nadal chegou a Portugal, no ano de 1553, para publicar as *Constituições*, as águas continuavam turvas. Deparou-se com vários problemas, e alguns diziam respeito ao estado do colégio de Jesus de Coimbra, em particular por causa das negociações que o Infante Luís entabulara com ele, para a gestão do Colégio das Artes. Os jesuítas, que em virtude do *Regimento* deviam seguir as aulas fora do seu Colégio, descendo pela ruas de Coimbra até à *Rua de Santa Sofia* e à Universidade ou ao Colégio Real, tinham começado desde há uns tempos a ter aulas no interior do seu Colégio, na cidade alta. Rodrigues, como vimos, vira-se obrigado a organizar, para além dos exercícios, também cursos de sintaxe, teologia tomista e até filosofia. Tudo isto podia ter um impacto negativo sobre D. João III, que sem dúvida estava insatisfeito com a gestão do Colégio Real (mal governado por todos os sucessivos Principais até à chegada de Teive), mas, por outro lado, a Companhia devia mostrar-se fiel às directivas dadas pelo Rei. Provavelmente tendo em vista a hipótese duma transferência da gestão do Colégio das Artes que o Infante Luís lhe formulara[111], Nadal (podemos supor interpretando o de-

---

[111] «O Infante D. Luís entabulou negociações com o Padre Jerónimo Nadal, as quais se prolongaram no decurso de 1554 e o que mais favorecia a intenção do

sejo de Inácio) interveio para restabelecer a prática habitual: «Los filósofos y humanistas van a oir al Colegio Real, despues que se ha empezado la filosofía, por ansí lo ordenar el P. Hierónimo Nadal»[112]. A visita de Nadal ao Colégio das Artes repetiu-se cinco anos depois: o conhecimento da realidade conimbricense e dos padres que então gravitavam em torno do Colégio de Jesus levá-lo-á a abraçar em 1561 a primeira proposta de edição impressa de um *cursus*, que Torres lhe apresentou.

Entretanto, a obra de pacificação que Nadal e Torres levaram a cabo na Província dava os resultados esperados: apesar da diáspora de um quarto dos membros, a Companhia mostrava-se suficientemente forte para herdar a gestão do Colégio Real: como vimos, em 10 de Setembro de 1555, D. João III notificou a Diogo de Teive a sua substituição pelo primeiro Principal jesuíta (a partir de então chamado *Reitor*), Leão Henriques.

Entre as razões que levaram D. João III a entregar aos jesuítas o Colégio das Artes, não deve ser menosprezado o aspeto económico[113]. Os salários dos mestres do colégio não eram pagos com as

---

Infante era a dificuldade de arranjar novos professores» [P. GOMES, *Os conimbricenses,* cit., p. 18].

[112] *Litt. Quadr.* II, 686 (16 maggio 1554). A referência encontra-se em G. CODINA MIR, *Aux sources...,* cit., p. 215. Sempre segundo Codina Mir, o incumprimento do regulamento didático por parte do Colégios das Artes estava na origem dos exercícios que tiveram lugar no Colégio de Jesus: «Le fait que certains exerices pratiqués par les jésuites dans leur propre Collège – "conclusions" des jeudis et des dimanches, par exemple – semblent doubler à partir d'un certain moment les exercices prescrits en principe au Collège des Arts, pourrait vraisemblablement indiquer que, dans ce dernier Collège, tous les exercices prévus par le règlement n'avaient réelement pas été appliqués» [*Ibidem*].

[113] Comprova-o um documento em que se refere a opinião do Rei acerca disso: «El Rey nosso senor escusa o grande gasto que co'elle tinha antes que o tivese a companhia, asi pollos grandes salarios dos mestres que S. A. mandava dar, como pollas muytas merces q' era necessario fazerlhes, tudo acusta de sua fazenda, alem do que della se despendia nas obras & fabrica, & ordenados de muitos officiaes que avia. Alem disto os dsa companhia servem muiyto o Reyno no dito collegio ensinando com muyto cuidado, deligencia & exaccao as Artes, & Letras de humanidade, aos estudantes q ali acodem de todo o Reyno que ao presente com ser principio das licoes sao mil afora dugentos & quorenta que no mesmo collegio aprendem a

rendas de Universidade, mas vinham da *Fazenda real*. D. João III, forçado a racionalizar os gastos da administração pública, entregou o colégio aos jesuítas, cujo ensino era ministrado gratuitamente. Não há dúvida, todavia, que a Companhia investiu na nova empresa muitos dos seus melhores recursos culturais: a ideia originária do Colégio Real, com os melhores docentes de França e as mais avançadas práticas educativas devia ser preservada.

Em 1 de Outubro de 1555, a oração de sapiência do valenciano Pedro Perpinhà abriu o ano académico, e no dia seguinte o Colégio das Artes começou regularmente as suas aulas. Nas dezasseis cátedras do Colégio, ressaltam os nomes ilustres de jesuítas que marcarão a formação gramatical, retórica e filosófica dos estudantes de toda a Europa: Manuel Álvares, autor da *Gramatica* que seria explicitamente indicada na *Ratio studiorum* como texto obrigatório; Cipriano Soares, autor da célebre *Ars Rhetorica*, igualmente adotada por grande número de colégios até ao século XVIII; Inácio Martíns (conhecido pela *Cartilha do Mestre Ignacio*) e Pedro da Fonseca, mais tarde autor do comentário à *Metafísica* de Aristóteles e das *Institutiones Dialecticae*. Os nomes eram todos de respeito, e D. João III acompanharia a carreira dos padres com decretos que, certamente, a corporação universitária não podia receber de bom grado[114].

---

leer & escrever. Escolhendo & ensinando o bo' dos livros, & evitando que nao ve fao o mao & nocivo, porque na idade tenra q nao tem disquericao & juizo pera se guardar, nao bebas a peconba q nelles ha. & asi se sabe manifestamente q depois que a companhia te' este collegio, fae delle todollos anos grandes artistas, & da mesma maneira nas classes de latim em breve tempo se faze muitos muy bons latinos & muito aproveitados em prosa & verso» [ARSI, *Collegia*, 1403/40/8, Coimbra, (19), "Information del studio della Comp.a di Coymbra, et del frutto che n'esce..."]. Como lembra GOMES, em relação à crise do Colégio Real durante as divisões entre *bordaleses* e *parisienses* «a côrte preocupava-se principalmente com a existência de um corpo docente» [*Os conimbricenses,* cit., p. 18].

[114] Em 1556 um decreto do Rei impunha ao reitor a incorporação dos padres do Colégio na Universidade de Coimbra, com o grau de mestres, sem a obrigação – sancionada nos Estatutos – do rito dos graus: «Por alguns justos respeitos, que me a isto movem, e pela boa informação qe tenho das letras e sufficiencia dos padres, Marcos Jorge, Pero da Fonseca, Sebastião Moraes, Pero Gomes, Jorge Serrão,

As relações entre os dois colégios, de Jesus e das Artes (posteriormente unificados pela Companhia num novo edifício na cidade alta), e a Universidade seriam marcados por conflitos contínuos[115]: a Universidade tentaria sempre resistir ao desequilíbrio de poderes que se criara em Coimbra, em favor dos cursos menores. D. João III, todavia, propendeu sempre a beneficiar o ensino dos Jesuítas, mesmo em detrimento dos privilégios que ele próprio concedera à Universidade, quando a reformara, antes de proceder ao estabelecimento de uma educação secundária em Coimbra. A Universidade tinha sido transferida definitivamente de Lisboa em 1537, D. João III interviera na sua organização em 1544, dando vida a novos Estatutos e ao mesmo tempo começando uma campanha para obter a transferência para Coimbra dos principais juristas italianos (Alciato, Socino, Giulio Radino) ou de docentes de Salamanca e Alcalá. Os Estatutos de 1544 foram uma substancial racionalização das normas que regulavam a vida universitária[116].

Domingos Cardoso, e Ignacio Martins, do collegio da companhia de Jesus, dessa cidade, hei por bem e me praz, que sejam admittidos nessa Universidade, ao grau de mestres em Artes, e lhes seja nella dado o dicto grau, sem fazerem auto algum dos que mandam os estatutos» [A.-J. TEIXEIRA, *Documentos...*, cit., p. 217]. Seguiu um *alvará* do mesmo teor em 30 de Janeiro de 1557 [Ibid., p. 199].

[115] Particularmente rica em documentos a literatura sobre a Universidade de Coimbra no século XVI: ver sobretudo M. BRANDÃO, *A Universidade de Coimbra. Esbôço da sua história*, Imprensa da Universidade, Coimbra, 1937; ID., *Documentos de D. João III*, 4 vol., Imprensa da Universidade, Coimbra, 1937-1941; M. BRANDÃO – L. CRUZ (ed.), *Actas dos Conselhos da Universidade de 1537 a 1557*, Arquivo da Universidade, Coimbra, 1941-1976; AA.VV., *Historia da Universidade em Portgual*, Fundacão Calouste Gulbenkian, Coimbra, 1997.

[116] O modo como foram redigidos decalca o processo com o qual foram ordenados os Estatutos do Colégio de Artes e Línguas em 1565 pelo Cardeal D.Henrique: «E porque algumas das provisões e regimentos que o dito Collegio das Artes tinha meus e del Rey meu Sõr e avô que santa gloria aja; vaõ reduzidos, e inserta nestes Estatutos a sustancia delles que podia servir para o governo do dito Collegio foraõ rotos ao assinar desta; etc...». Da mesma forma o *Regimento dos Lentes e Estudantes* de 1537 e os *Vinte Capitulos sobre o modo de dar os graos* de 1538, com todas as provisões especiais desde esse ano até 1544 foram uniformadas e ordenadas nos Estatutos em 1544. O decalque dos costumes parisienses é particularmente evidente na prática, pelo que concerne os exames da faculdade de Artes, segundo o estilo do bachelarato parisiense, da já mencionada *prise de la pierre* ("tomada da pedra"),

O século XVI assistiu a uma extraordinária corrida às reformas dos estatutos universitários (Salamanca, para dar um exemplo, foi reformada em 1538, 1548, 1561, 1587, 1594, 1604, 1625), e o mesmo aconteceu em Coimbra, cujos Reitores eram quase sempre chamados também *Reformadores*. Em 11 de Outubro de 1555 Balthazar de Faria foi encarregado de visitar e reformar Coimbra, e promulgou novos estatutos em 1559. O Cardeal D. Henrique, quando era regente na menoridade de D. Sebastião, nomeou reitor de Coimbra Martim de Gonçalves da Câmara, irmão de Luís, com um *motu proprio* em 16 de Junho de 1563, sem prévia indicação da Universidade. Em 1564 foi nomeado visitador e reformador de Coimbra o bispo de Miranda, o humanista António Pinheiro, que procedeu a uma nova reforma em 1565 (acolhendo os ditames do Concílio de Trento)[117].

A Universidade, não tendo tido a possibilidade de intervir na redação dos novos estatutos, reuniu-se *in claustro* e, ao declará-los *rigorosos*, escreveu ao cardeal pedindo a sua suspensão para que fosse possível alterá-los. D. Henrique respondeu que por enquanto os respeitassem. Em 15 de Dezembro de 1576 o reitor nomeado por D. Henrique voltou de Lisboa a Coimbra com um caderno de emen-

---

que será ulteriormente codificada nos *Statutos do Collegio das Artes e Linguas* de 1565 (a prática será confirmada nos estatutos da Universidade de 1591 e depois de 1653).

[117] Os ditames do Concílio de Trento levaram à alteração da organização universitária conimbricense. Foi imposta a *Professio Fidei* e o juramento de obediência ao Concílio tridentino em cada 1.º de Outubro, no começo das aulas. O docente que não tivesse jurado não podia lecionar ou *vencer ordenado*. Em 4 de setembro de 1564, sob a regência do cardeal infante D. Henrique, o Reformador-visitador de Coimbra, o bispo de Miranda, António Pinheiro, enviara uma carta à Universidade para impor o juramento. Comenta BRAGA: «A submissão da Universidade a esta corrente de retrogradação manifestava-se na visita do bispo de Miranda, que levava uns novos Estatutos, redigidos sem conhecimento d'aquella corporação docente; e o predominio jesuitico, que se preparava a empolgar a Universidade, é evidente na repugnancia invencivel de D. Sebastião em prestar o juramento de Protector, que, segundo vimos conforme o espirito da Edade média, obrigava o Poder temporal dos reis a defendel-a contra as invasões da auctoridade ecclesiastica. Sem o protectorado real, a Universidade ficava exposta a todas as tropelias» [*Historia da Universidade de Coimbra*, cit., p. 57].

das aos estatutos de 1565. Os jesuítas conseguiram a publicação de um *alvará* de D. Sebastião, em 1572, com o qual o Colégio das Artes ficava dispensado das reformas universitárias dos vários visitadores. A série de visitadores continuaria com Filipe II: os estatutos de 1583 favoreciam os jesuítas (o visitador foi Manuel de Quadros), enquanto os de 1592 (António Vaz Cabaço) prejudicavam algumas isenções: por isso solicitaram alterações que foram aprovadas em 1597[118]. As reformas continuaram por causa da publicação da *Ratio studiorum*, e o novo visitador de Coimbra (Francisco de Bragança, 1604) propôs *Additamentos* aos estatutos que foram aprovados em 1611 pelo *claustro* (reitor Francisco de Castro) e confirmados em 1612.

Quando Inácio morreu (1556), os padres portugueses reuniram-se em Almeirim, e elegeram Luís Gonçalves da Câmara e Gonçalo Vaz de Mello como acompanhantes do Provincial Miguel de Torres à congregação geral, e com eles o procurador da província portuguesa Manuel Godinho e das províncias de Brasil e Índia Jorge Serrão. D. João III custeou a viagem, e este foi o seu último ato em favor dos jesuítas. O rei morreu em 17 de Junho de 1557, e o trono passou para o filho Sebastião: dada a sua jovem idade, a regência foi confiada à rainha-mãe Catarina, que, observa Braga, «*era serva submissa dos Jesuítas*»[119]. Em cumprimento da última vontade de D. João III,

---

[118] Testemunho da irritação com a qual os jesuítas receberam os estatutos filipinos é a carta que Pedro Fonseca enviou a Acquaviva em 11 de Julho de 1592, pedindo-lhe para se opor e recusar a submissão do colégio das Artes aos visitadores da Coroa e da universidade (externos à Companhia). Fonseca, como seu hábito nas suas cartas mais animadas, enumera pelo menos sete boas razões para não aceitar os estatutos, sublinhando com veemência as que julga mais fortes. Fonseca considera que o problema principal continua a ser o do «contraste entre colégio e universidade, que os estatutos não anulam» [Ver ARSI, *Lus.*, 71, f. 179r e v.].

[119] Após a morte de D. João III (1557), a rainha Catarina manteve a regência até 1562, quando renunciou em favor do Cardeal Infante Henrique. O Cardeal Infante manteve a regência até ao ano de 1568, quando renunciou em favor de Sebastião, então com catorze anos. Sebastião tivera como mestre o padre Amador Rebello S.I., e como confessor Gaspar Mauricio S.I., e como *director absoluto do seu espirito* Luiz Gonçalves da Câmara S.I.. O irmão deste último, Martim Gonçalves da Câmara S.I., desempenharia, de facto, as funções de ministro com plenos poderes. Esta situação

Catarina mandou chamar de Roma o padre Luiz Gonçalves[120] para lhe confiar a educação de Sebastião. A política joanina em relação à Companhia, e em particular ao Colégio, foi continuada pela rainha. Já em 26 de Agosto, Catarina, informada da presença em Coimbra de estudantes não matriculados na Universidade e, sobretudo, sem a certidão passada pelo Colégio das Artes (como estabelecera D. João III), promulgou um *alvará* com o qual impunha a *reitor, lentes, deputados e conselheiros* da Universidade e do Colégio um controlo rigoroso sobre a prática e a frequência das aulas[121]. No ano seguinte, a rainha estabeleceu que «os exames dos bachareis e licenciados em Artes se façam sempre daqui em deante no collegio das Artes [...] e os graus se darão nas escholas maiores, onde se até agora costumaram dar»[122]. Em 1559, ano da publicação dos Estatutos

---

de sujeição do rei perante os conselheiros jesuítas não escapou à rainha Catarina, que escreveria uma carta (19 de Março de 1571) ao geral Borgia, para o avisar acerca das ingerências dos jesuítas na governação do Rei: «Todo o mundo sabe que os males, com que este reino está afflicto, tem por auctores alguns dos vossos Padres, que tiveram a maldade de aconselhar a El-rei meu neto, que me fizesse levar e tirar fóra dos seus estados – O Padre Luiz Gonçalves he o principal auctor de todos os males de que eu me queixo» [Ibid., p. 223].

[120] O embaixador de Veneza, Tiepolo, assim descreve, num relatório para o seu governo, o precetor: «*É de edade de 50 anos,* di brutta presenza, *sem um olho, e semi-gago, instruido em theologia, e de vida mui devota. É odiado de todo o reino*» [ver T. BRAGA, *Historia da Universidade de Coimbra.*, cit., p. 42]. Tal ódio foi alimentado pela influência exclusiva exercitada pelo precetor sobre o espírito de Sebastião.

[121] Acerca da população estudantil de Coimbra ver F. TAVEIRA DA FONSECA, "The Social and Cultural Roles of the University of Coimbra (1537-1820). Some considerations", *e-JPH,* 5, 1, 2007, pp.1-21. Para uma comparação com a realidade universitária ibérica R. L. KAGAN, *Students and Society in Early Modern Spain,* The John Hopkins Univerity Press, Baltimore 1974.

[122] O *alvará* é de 1 de Fevereiro de 1558 e será confirmado por Filipe I, em 1591, e por Filippe III, em 1634. O decreto estabelece também a composição dos júris de exame: «Os examinadores dos bachareis em Artes sejam sempre tres: a saber, dous da companhia de Jesus, quaes o reitor do dicto collegio das Artes ordenar, e um do corpo da Universidade, qual para isso for elegido conforme aos estatutos della, e que os examinadores dos licenciados em Artes sejam sempre cinco: a saber, tres da dicta companhia, quaes para isso der o reitor do dicto collegio, e os dous da Universidade, que forem elegidos da dicta maneira» [cf. A.-J. TEIXEIRA, *Documentos...,* cit., p. 403]. Foi a gota que fez transbordar o vaso. Ao decreto, a Universidade respondeu enviando uma carta à rainha, na qual contestava o desequilíbrio em favor dos jesuítas. Na resposta, (13 de Maio de 1558) Catarina confirmou todos os privi-

da Universidade, Catarina promulgou um *alvará* com o qual dispensava o Colégio das Artes do cumprimento das normas relativas ao governo e à administração nelas contidas[123]; sucessivamente em 1560, em duas ocasiões, voltou a confirmar a dispensa para os jesuítas de receberem graus na Universidade de Coimbra:

> «Todos os religiosos da companhia de Jesus, que forem agraduados em Artes fora da Universidade da cidade de Coimbra pelos privilegios que a dicta companhia tem da sé apostolica, ou receberem o dicto grau de mestres em Artes em qualquer outra Universidade, ainda que seja fora de meus reinos possam ler, examinar, presidir, dar graus, e exercitar quaesquer outros autos e ministerios pertencentes á dicta faculdade no collegio das Artes da dicta cidade e na dicta Universidade»[124].

Apesar de ter tomado a gestão do Colégio das Artes sem encargos para a coroa, a Companhia pediu à rainha, pouco depois da morte de D. João III, uma dotação de 400.000 réis, análoga àquela anteriormente concedida ao colégio real, que desta vez não devia vir da *Fazenda Real*, mas sim da Universidade. A Universidade foi obrigada a pagar todos os anos a quantia de 200.000 réis (que os jesuítas exigiam pelo ensino gratuito do Colégio das Artes). A atitude dos jesuítas para com a Universidade foi dúplice: por um lado a Companhia lutou para a integração do Colégio das Artes na Universidade (o que aconteceu em 5 de Setembro de 1561); por outro reivindicou sempre autonomia e independência em matéria de governo (isenção da autoridade de Reitores ou Visitadores etc.). Em relação ao primeiro aspeto, os

---

légios concedidos aos docentes da Companhia por parte de D. João III: dispensa da obrigação de juramento, isenção do pagamento da quarta parte das despesas exigidas pelo rito dos graus.

[123] Ver A.-J. TEIXEIRA, *Documentos...*, cit., p. 410.

[124] [Ibid., p. 412].

jesuítas obtiveram em 2 de Janeiro de 1560 que os examinados no Colégio das Artes fossem admitidos aos graus na Universidade gratuitamente e sem obrigação de juramento; e que todos os padres da Companhia que tivessem obtido os graus noutras Universidades fossem considerados graduados de Coimbra. A rainha regente, em 13 de Agosto de 1561, estabeleceu que nenhum estudante sem certidão do *Colégio das Artes* podia frequentar Cânones ou Leis na Universidade de Coimbra. Um *alvará* de 24 de Setembro de 1561, consequência da integração do colégio na Universidade (5 de Setembro), estabelece que *o Conservador da Universidade o fosse tambem do Collegio das Artes*. Sob a regência do cardeal Infante, cuja proteção permitirá aos jesuítas fundar a segunda Universidade portuguesa em Évora[125], a Companhia continuou a gozar do favor da Coroa.

O Colégio das Artes teve novos estatutos, em 1565, que previam uma classe de alfabetização, dez classes de latim e retórica, para além de um curso público de grego e da introdução de um curso de hebraico[126]. Confirmavam-se quatro regentes de Artes, cujos cursos correspondiam a cada ano previsto pelo curriculum total. Ao colégio continuava a ser garantido o monopólio educativo sobre o ensino secundário, enquanto na cidade podiam ser abertas outras escolas de leitura e de escrita. Os estatutos prestavam muita atenção aos exames e aos graus, confirmando a originária preocupação do

---

[125] Foi o cardeal Henrique quem convidou Simão Rodrigues e outros confradres a deslocarem-se de Coimbra para Evora para fundar um colégio. O colégio do Espírito Santo foi instituido em finais de 1551 e três anos depois contava já com 300 estudantes. Em 1558 o cardeal Henrique pediu ao papa Paulo IV que aprovasse a nova instituição educativa como universidade e que a deixasse sob a supervisão da Companhia. Com o consentimento do papa, os jesuítas tomaram posse formalmente da universidade em 1 de Novembro de 1559 [ver D. ALDEN, *The Making of an Enterprise...*, cit., p. 33].

[126] Oito anos mais tarde Jorge Serrano escrevia de Coimbra uma carta (datada de 2 de maio de 1573) ao geral Acquaviva acerca da situação do colégio, na qual confirmava a estrutura do curso, dividido em «onze classes de latim, quatro cursos de regentes de teologia, um de casos, um de grego e de hebraico» [ARSI, *Lus.*, 65, f. 191r].

fundador Gouveia, e ao estilo jesuíta: «Nenhum estudante poderá estar em alguma classe do collegio nem mudar-se para outra, sem ser examinado, e ter licença para isso do reitor do collegio, ou do prefeito dos estudos delle»[127]. Confirmavam-se também os *alvarás* anteriores relativos ao carácter propedêutico de exames e certidões do Colégio das Artes para o acesso dos estudantes aos cursos maiores, e nenhum estudante podia seguir as aulas de Leis e Cânones sem ter demonstrado bom conhecimento da língua latina ou ter frequentado pelo menos um ano de Artes.

A duração de três anos e meio do curso de Artes foi explicitamente confirmada[128]; e o programa previa o ensino da dialética no primeiro ano; lógica, física e ética no segundo; a metafísica no terceiro, juntamente com os *Parva Naturalia*; e nos seis meses do quarto ano o *De Anima*. O Reitor mantinha sempre plenos poderes sobre a orientação que devia ser dada à interpretação de Aristóteles, mas tinha sido acrescentada uma apostila específica relativa à Companhia: «Os lentes [...] na declaração do texto de Aristoteles, seguirão os autores, e commentarios que melhor parecer ao reitor do collegio, *conforme a ordem da companhia de Jesus* [i.n]». No acréscimo sente-se evidentemente o efeito da publicação das *Constituições* inacianas, e da quarta parte na qual fora sancionada a viragem educativa e pedagógica dos ministérios jesuítas. A liberdade do Reitor, tão fortemente desejada por André de Gouveia, era confirmada em relação à administração do colégio, mas contida pelas diretivas previstas pela Companhia em geral. As *Constituições*, com efeito, diziam:

> Na lógica, e na filosofia natural e moral, e na metafisica, deve ser seguida a doutrina de Aristóteles; e em relação às outras artes

---

[127] *Estatutos de D. Sebastião para o Collegio das Artes*, in A.-J. TEIXEIRA, *Documentos...*, p. 420.

[128] «E os tres annos se lerá pela manha, e a tarde; e nos seis mezes do 4º anno se lerá sómente duas horas á tarde» [Ibid., p. 421].

e aos comentários dos autores e dos de Humanidades, feita a sua escolha, indiquem-se quais os discípulos devem ouvir, e quais os docentes devem seguir na matéria que ensinam. O Reitor, em tudo o que determinar, procederá em conformidade com o que em toda a Companhia se julgar mais condizente com a glória de Deus[129].

O Aristóteles e o São Tomás das *Constituições* começavam a penetrar, com a ambiguidade e as nuances com que a norma fora concebida e redigida, na geografia educativa da Ordem, criando uma tensão típica dos jesuítas: por um lado, a obrigação de seguir as doutrinas mais seguras, e os nomes mais cristãos (Aristóteles!); por outro, as doutrinas e estes nomes representavam caixas vazias, nada mais do que códigos linguísticos, aos quais cada colégio podia dar um perfil "local".

Nos estatutos de 1565 a disputa mantinha a sua centralidade no quadro didático do curso de Artes: uma densa regulamentação de modalidades e calendário, aliada à relativa aos exames de bacharelato e graus, renovava os institutos fundamentais do *modus parisiensis*. *Modus* que também a ordem acolhera, com a diferença que em relação aos tradicionais encargos para os estudantes que se preparavam para os graus, a Companhia insistia na gratuitidade do exame:

> Em relação aos graus, tanto de Artes quanto de Teologia, cumpram-se três coisas: Primeiro, que ninguém, seja ele da Companhia ou externo, seja aprovado, se não for examinado cuidadosa e publicamente por encarregados, que desempenhem bem

---

[129] *Quarta Pars, cap. XIV, art. 3.* Cf. M. BARBERA, *La Ratio Studiorum e la Parte Quarta delle Costituzioni della Compagnia di Gesù*, CEDAM, Padova, 1942, p. 107. As *Constituições* respeitavam a duração de três anos e meio dos cursos de Artes: «No estudo das Artes deverão organizar-se os cursos nos quais se ensine filosofia natural (para estes não chegarão três anos); para além dos quais haverá ainda meio ano para que os que devem ser graduados possam repetir, disputar e obter os graus».

a sua tarefa, e seja reconhecido apto para ensinar a respectiva disciplina. Segundo, que se feche a porta à ambição [...] Terceiro, que a Companhia, assim como ensina gratuitamente, também aprove gratuitamente; e não se permitam aos externos mais do que leves despesas, mesmo se voluntárias, para que o hábito não chegue a ter força de lei, e se acabe por exagerar nisso. O reitor tenha o cuidado de não permitir aos Mestres, nem a outra pessoa da Companhia, receber para si ou para o Colégio, dinheiro ou prendas de quem quer que seja, para qualquer coisa feita em sua vantagem[130].

Sob a regência do cardeal D. Henrique, houve o primeiro motivo de antagonismo entre os jesuítas e Filipe II: o casamento de D. Sebastião. Filipe II enviara três propostas de casamento a D. Sebastião, mas este (ao que parece aconselhado por Luís Gonçalves da Câmara) não respondera. Só à quarta proposta, o rei português respondeu, declarando aceitar qualquer proposta vinda de Filipe II. Este último, em carta ao rei português, aconselhava-o a afastar Gonçalves da Câmara das negociações, por achá-lo *por extremo suspeito*[131]. Certo é que o falhado casamento com Margarida de Valois, *irmã* de Carlos IX, está na origem da noite de São Bartolomeu. Quando o consentimento de Sebastião chegou à corte de França, Margarida já desposara Henrique de Bourbon,

---

[130] Cf. Ibid., pp. 108-109.

[131] «The most serious accusation leveled against Gonçalves da Camara was his alleged responsibility for Sebastian's failure to marry. According to his detractors, he had prevented the King's marriage so that he could retain his own influence at court. [...] But as Rodrigues demonstrated, the Jesuit not only did not oppose the marriage but strongly urged that it should take place without delay. He was, in fact, one of the strongest proponents of a royal marriage. In spite of the urgency, the royal wedding was repeatedly postponed for different reasons, among them the intrigues and negligence in diplomatic and political negotiations and the presence of a supposed "secret desease"» [N. da SILVA GONÇALVES, "Jesuits in Portugal", in T. MCCOOG, *The Mercurian Project...*, cit., p. 733].

e o apressado casamento é considerado como o estratagema do futuro Henrique IV para atrair a Paris todos os chefes huguenotes e mandá-los degolar.

Um ano depois da noite de São Bartolomeu, cinco jesuítas portugueses partiram para Roma por ocasião da terceira congregação geral, convocada para substituir o falecido Francisco Borja. A Assistência portuguesa elegera uma delegação formada essencialmente por eminentes professores do colégio conimbricense: Pedro da Fonseca, Inácio Martins (procurador das missões da Índia e do Brasil), Miguel de Torres, e Leão Henriques. A Congregação elegeria Everardo Mercuriano novo prepósito geral, e a nomeação de um flamengo como sucessor de Inácio de Loyola deve-se também à intervenção do papa Gregório XIII, que pedira explicitamente à Companhia para evitar a eleição de um «cristão-novo» como geral da ordem. A esta pressão, formulada durante a Congregação pelo Cardeal de Como[132], a Companhia, num primeiro momento, reagiu reivindicando as suas prerrogativas e a liberdade de influências externas (mesmo vindas do Pontífice), mas a escolha final de Mercuriano, preferido ao candidato *in pectore* e *cristão-novo* Juan de Polanco, satisfez a vontade do Papa e o desejo do rei português D. Sebastião, que escrevera a Gregório XIII apoiando o seu aviso. A delegação portuguesa, que segundo a historiografia não teve muito peso, empenhou-se contra a hipótese de um Geral *cristão-novo*, embora seja legítimo suspeitar que a posição anti-Polanco fosse ditada, na realidade, por uma hostilidade em relação aos espanhóis, em cujas fileiras militavam e continuariam a militar figuras de primeiro plano com *pedigree* "manchado" (célebre o caso de Lainez, que muitas vezes foi usado como exemplo por quem se opunha à

---

[132] Veja-se a crónica da Congregação redigida por Antonio Possevino, eleito Secretário da Congregação (o documento manuscrito, encontra-se em ARSI, OO. NN., 333).

proibição)[133]. A questão da *limpieza de sangre* continuaria a atormentar a Companhia de Jesus durante muito tempo: a quinta congregação de 1592, a primeira da história da Companhia convocada sem ter na ordem do dia a eleição de um novo geral, orientar-se-á substancialmente para uma resolução definitiva da questão, proibindo a entrada na ordem a quem descendesse de judeus. A província de Portugal alimentou sempre uma intransigência que mereceria um estudo aprofundado: para os delegados portugueses a eleição de Mercuriano foi uma vitória política que se apressaram a comunicar à sua província[134].

A década de 70 foi para a província portuguesa um período de redefinição das relações de poder depois do exílio de Simão Rodrigues. A memória do primeiro Provincial nunca foi apagada totalmente nos colégios e nas casas professas, sobretudo pela atitude "permissiva" de Rodrigues em relação à disciplina no interior da

---

[133] N. da SILVA GONÇALVES trata da política da província portuguesa em relação aos estrangeiros e aos cristãos-novos no mesmo capítulo, sem avançar conexões. Todavia, a prevalência de espanhóis em Portugal e os conflitos desencadeados entre estes e os padres portugueses dificilmente pode ser considerada de todo alheia à política restritiva que a província conduziu sempre em relação aos cristãos-novos. «Antonio Possevino, Mercurian's secretary, deplored the enmity and disunity between Portuguese and Castilians. The former could not easily accept the latter in positions of authority. Similarly, the Portuguese did not want too many foreigners, especially Spaniards, working in their missions» [ID., "Jesuits in Portugal", in T. MCCOOG, *The Mercurian Project...*, cit., p. 720]. Segundo ALDEN, «Evidence of ill feelings between Spanish and Portuguese Jesuits in the kingdom is suggested by the complaint of the former in 1584 that their colleagues were deliberately seeking to remove them form the province because of their national origins. Five years later Aquaviva directed a provincial inspector [...] to punish any Jesuits in Portugal who affected nationalistic sentiments» [D. ALDEN, *The Making of an Enterprise...*, cit., p. 92]. Sobre a atitude dos jesuítas portugueses para com os *cristãos-novos*, v.di Ibid., pp. 256-257.

[134] Cf. N. da SILVA GONÇALVES, "Jesuits in Portugal", in T. MCCOOG, *The Mercurian Project...*, cit., p. 710. O autor refere também a satisfação do rei pela eleição de Mercuriano: «For his own part, King Sebastian, in a letter sent from Évora on June 11, 1573, congratulated the new general and renewed his commitment to support the Society: "Your election to the office that the Lord wanted you to occupy was the source of tremendous personal joy. [...] You can rest well assured that, due to the exceptional devotion I have for the Society and for you as its general, I will be most pleased to assist it in everything and to demonstrate my goodwill towards you in whatever may arise" [Ibid., pp. 710-711].

ordem. Foi esta de resto uma das acusações que o levaram perante a comissão romana: a falta de rigor na disciplina dos comportamentos e na seleção das entradas na Ordem tinham enfraquecido as fileiras e minado a inatingibilidade moral da Companhia.

Como vimos, o comissariamento da província provocara uma hemorragia de padres, e uma cisão interna entre duas escolas de pensamento que, com a ausência forçada de Rodrigues (sob o duro provincialato de Henriques e Serrão, ou seja de 1565 a 1574), se obstinaram em alternar rigor e governo brando dos espíritos. Integravam a primeira escola os opositores da linha de Rodrigues, e entre eles Luís Gonçalves da Câmara, os conimbricenses Martins, Pedro Fonseca e Manuel Álvares[135]. Da segunda, fiel ao primeiro Provincial, ficou Manuel Rodrigues, que atribuía à mão demasiado pesada de Henriques e Serrão (e à proibição de 1572 de aceitar na ordem noviços com menos de dezoito anos[136]) a contínua diminuição de vocações. O estilo de governação da província constituiu também a primeira ocasião de conflito entre Pedro Fonseca e Luís Molina (espanhol e docente primeiro em Coimbra, e depois em Évora), que

---

[135] A fação rigorista portuguesa, aliás, julgava que a atitude permissiva fosse uma chaga também fora dos confins da Província. Uma carta para o padre provincial do vice-reitor do colégio de Santo Antão refere um dito de Fonseca que parece ter sido *muy celebrado* entre os padres da Companhia, em particular por ocasião da Congregação de 1573 em Roma: «Que las cosas de la Companhia se querian llevadas por blandura». O autor, apesar de concordar com Fonseca sobre a necessidade de um maior rigor na Companhia, queixa-se do facto de Fonseca expressar com palavras tão explícitas um juízo crítico acerca da permissividade dos confrades romanos [ARSI, *Lus*, 65, f. 185]. Para as consequências escolares destas posições ver J. W. O'MALLEY, *I primi gesuiti*, cit., p. 244.

[136] A proibição foi discutida nas congregações provinciais. Em luta contra a medida restritiva, de que Luís Gonçalves da Câmara era tenaz apoiante, surgirá também Luís Molina, docente em Évora e, sucessivamente, em Coimbra. Ao comentar a visita do padre Mirón na província portuguesa, em 23 de Março de 1573 Molina escrevia a Acquaviva defendendo, com peculiar intensidade, uma mudança na gestão da província. O documento encontra-se em ARSI, *Lus.*, 65, ff. 167-170. A carta é antecedida e seguida por numerosas outras missivas, de outros padres, que se queixam da direção de Serrão. O qual, por sua vez, escreve várias vezes ao geral acerca da visita de Mirón [Ibid., ff. 136/37 191/92, 210/11 266/68].

mais tarde voltaremos a encontrar na disputa acerca da paternidade da invenção da "ciência média" em teologia e da responsabilidade da redação do *Cursus conimbricensis*.

A eleição de Mercuriano, embora saudada com entusiasmo pela delegação portuguesa (composta na sua maior parte por expoentes da linha Gonçalves da Câmara), não correspondeu às expectativas dos rigoristas da província portuguesa: o novo Geral permitiu o regresso de Simão Rodrigues após anos de "cativeiro", regresso que aconteceu em 24 de Setembro de 1573, ao colégio de Coimbra. Homenageado por todos os maiores da província, inclusive por Gonçalves da Câmara que na realidade queria sondar as suas capacidades de ter ainda influência sobre a política local[137], Simão Rodrigues recebera evidentemente mandato por parte de Mercuriano para verificar o estado de saúde da Companhia e sugerir soluções a Roma para que acabassem as divisões internas e, com elas, os abandonos. O velho Provincial demonstrou ser ainda capaz de discernir: escreveu ao Geral que, na escolha de um novo Provincial, era necessário evitar nomear um estrangeiro e quem integrava a fação rigorista; Manuel Rodrigues, então reitor do Colégio de Coimbra, parecia-lhe ser o homem indicado[138]. Era o que pensava também Mercuriano, pois deu a Rodrigues o cargo de novo Provincial de Portugal.

Rodrigues teve de ocupar-se também doutro assunto, o do empenho dos jesuítas nas atividades educativas da ordem: vinte e quatro professores apenas no colégio de Coimbra (contados em 1579) para

---

[137] Os rigoristas, sublinha Vaz de Carvalho, receavam as repercussões desse regresso. «The most disturbed was Gonçalves da Camara, who, according to Serrão, was "melancholic and worried at the return of Fr. Master Simon". [ARSI, *Lus.* 66, f. 294v] Despite everything, he and his partisans charitably and skillfully dissimulated their displeasure and frustration» [J. VAZ DE CARVALHO, "The Rehabilitation of Simão Rodrigues", cit., p. 430].

[138] Simão Rodrigues a Mercuriano, Braga, 30 junho 1574, em MHSI, *Bröet*, pp. 769--771 [citado em N. da Silva Gonçalves, "Jesuits in Portugal"..., cit., p. 717 n34].

aproximadamente 1500 estudantes representavam um esforço notável que, aliado às restantes instituições educativas existentes na Província, elevava a cerca de cinco mil o número de estudantes aos quais os jesuítas davam aulas.

A questão tornou-se relevante e Rodrigues escreveu a Mercuriano para encontrar soluções, também porque a fação rigorista desde sempre pressionava para que houvesse um menor envolvimento neste ministério. Mercuriano, todavia, encorajou a missão educativa da Ordem, e, talvez, também esta necessidade de racionalizar o esforço educativo tenha sido uma das causas da edição de um *cursus* impresso.

Com efeito, sentia-se a falta de um manual de filosofia, ou seja de um comentário impresso sobre a obra de Aristóteles que obviasse os problemas de tempo na economia didática do curso de Artes e que igualasse, por utilidade e valor, os outros produtos da cultura conimbricense. O curso, como vimos, já tinha sido solicitado por altura da segunda visita a Portugal de Nadal, quando surgiu a hipótese de publicar os apontamentos de um professor de filosofia (provavelmente, Pedro Fonseca) e Nadal respondera encorajando a sua publicação. Como veremos no capítulo seguinte, a obra foi mais vezes adiada e Pedro Fonseca, que deveria orientar o projeto apoiado por Nadal, na realidade desviara-se da incumbência e, na época de Mercuriano, publicara um *seu* comentário à *Metafísica* de Aristóteles: obra de grande valor e subtileza, que todavia pareceu inutilizável aos docentes de Coimbra por causa do nível de competência que a sua leitura exigia. Os estudantes de uma escola secundária não podiam tirar proveito da obra. Mercuriano, interpelado a propósito disso pela Província, deu o seu consentimento à publicação de um curso, e o mesmo deve ter feito Acquaviva em 1580. O *Cursus* seria publicado apenas vinte anos mais tarde, assinado por todos os conimbricenses embora fosse obra de um homem só, Manuel de Góis (ou de Sebastião do Couto, no caso da *Dialectica*).

Com a eleição de Manuel Rodrigues como Provincial, pode considerar-se concluída a primeira fase da Companhia portuguesa: o regresso a Portugal de Simão Rodrigues, em 1573, não passou de uma honra concedida a um velho pai da Pátria, enquanto em 15 de Março de 1575 falecia outra figura proeminente da Ordem, Luís Gonçalves da Câmara. Tendo abandonado, a seu pedido, o cargo na corte, foi substituído por Maurício Serpe, em 1574. Gonçalves da Câmara abandonava também o seu contestado duplo papel de eminência parda no governo do Estado e da Companhia. Atribuía-se a Gonçalves da Câmara a responsabilidade do conflito entre a rainha Catarina e o cardeal Henrique, o falhado casamento do rei D. Sebastião, e até a culpa *post-mortem* do desastre de Alcácer-Quibir, em 1578, onde D. Sebastião levou à morte a Coroa e a aristocracia portuguesa. Na realidade, Gonçalves da Câmara tentou em vão dissuadir o rei da preparação duma primeira expedição africana (1574), que era ditada pelo simples ímpeto juvenil de Sebastião. O velho confessor morreu, e o novo, Maurício Serpe, acompanharia o rei a África, onde faleceu a 4 de Agosto de 1578[139].

A sucessão de D. Sebastião seria uma segunda causa de incompreensão entre Filipe II e os jesuítas portugueses, que, de facto, foram sempre hostis à anexação de Portugal por parte de Espanha, embora adequassem a sua política ao andamento geral. Braga lembra que Filipe II costumava dizer deles: «De todas as ordens religiosas a dos Jesuítas é a unica que não posso comprehender»[140]. Portugal seria anexado à Espanha sob o reinado de Filipe II em 1580. Desaparecido D. Sebastião, e não tendo recebido o cardeal

---

[139] «On 4 August 1578, the forces led by a determined but inexperienced and reckless young monarch, Sebastian, suffered what one historian has termed "the most disastrous battle in Portuguese history", a battle that cost the nation its king and its independence» [D. ALDEN, *The Making of an Enterprise...*, cit., p. 81]. Juntamente com Serpe, partiram Inácio Martíns e mais treze jesuítas. Seis deles foram capturados.

[140] T. BRAGA, *Historia da Universidade...*, cit., p. 72.

D. Henrique a dispensa para a procriação, ficaram tres partidos a disputarem o reino: Filipe II, que em Espanha submetera a Companhia à Inquisição[141]; o ilegítimo António, o *Prior do Crato*, apoiado pelo rei de França; a Casa de Bragança, que promovia as pretensões da duquesa Catarina. Os jesuítas, num primeiro momento, apoiaram os Bragança (aproximando de Filipe II o cardeal Infante ofendido pela política ingrata dos jesuítas), depois da morte do cardeal, em 1580, alteraram a sua política limitando-se a opor-se ao Prior do Crato e por isso fazendo o jogo de Filipe II[142]. Entre os apoiantes do Prior do Crato encontrava-se a maior parte dos docentes *legistas* de Coimbra, que alimentavam a hostilidade de D. António para com a Companhia:

> O grande partido que o Prior encontrou a favor das suas pretenções entre os lentes da Universidade de Coimbra deve em grande parte attibuir-se á reacção d'aquella corporação docente contra os Jesuítas, que a submetteram, sob a regencia

---

[141] As relações de força entre as Ordens na corte espanhola eram o oposto do que acontecia em Portugal: os dominicanos tinham mais fácil acesso a ela do que os jesuítas. «Philip's attitude toward the Jesuits, which was consistently one of hostility toward their activities in Europe but supportive of their efforts overseas» [D. ALDEN, *The Making of an Enterprise...*, cit., pp. 91-92]. Melchior Cano e outros dominicanos alimentaram a desconfiança de Filipe II em relação à Companhia portuguesa (com maiores motivos a partir do momento em que se descobriu que apoiava a causa dos Bragança na sucessão a D. Sebastião), e assim conseguiram as mesmas relações de prioridade entre as ordens espanholas também no Portugal do período dos Filipes (1580-1640). «Because the three Philips were served by Dominican rather than Jesuit confessors, Portuguese Jesuits did not have access to the same quality of confidential information at court by their predecessors, nor were they in positions to influence royal policies» [D. ALDEN, *The Making of an Enterprise...*, cit., p. 91].

[142] A manifesta oposição ao Prior do Crato foi o único ponto que os jesuítas não alteraram durante toda a campanha da sucessão: «António was even more angry with the Jesuits and, indeed, with greater cause. Members of the Society never supported his succession, not only because they rejected his claim but also because they believed that he lacked the necessary qualities and, perhaps, because of his evident antipathy towards them. Among other accusations, António blamed the Jesuits for Cardinal Henry's annulment of his legitimacy, complaining to Pope Gregory XIII that Henry made this decision as a result of Jesuit pressure» [N. da SILVA GONÇALVES, "Jesuits in Portugal", in T. MCCOOG, *The Mercurian Project...*, cit., p. 737].

de D. Catherina e Cardeal infante, e reinado de D. Sebastião, apoderando-se de todos os seus privilegios[143].

Entre os estudantes de Coimbra prevalecia a simpatia para com o Prior do Crato, pela analogia simbólica do filho natural do infante D. Luís com o bastardo Mestre de Aviz, associados pelo mesmo destino de salvadores da nação no momento de extinção duma dinastia. D. António, aliás, regressara do cativeiro africano *aureolado com os soffrimentos da terrivel derrota de Alcacer-kibir*, o que suscitava a simpatia do povo. Os jesuítas, bem cedo, abandonaram os Bragança e começaram uma campanha difamatória em relação a D. António, atribuindo-lhe uma origem judia, pois, segundo eles, era filho duma cristã-nova, Violante Gomes, uma *Pelicana* (palavra que evocava a memória da matança de 1506).

Depois da morte do cardeal D. Henrique, as cortes reuniram-se em Almeirim, para tratar da sucessão do reino. Foi enviado a Coimbra o doutor João Nogueira, por ordem dos governadores do reino, para solicitar o parecer dos docentes acerca do direito das cortes na causa de sucessão. Os *legistas* reuniram-se no *claustro* em 29 de Fevereiro de 1580 e recusaram falar com o procurador, afirmando ter já dado a sua opinião. O Prior do Crato foi proclamado rei de Portugal em Santarém e escreveu em 20 de Junho à Universidade para comunicar a sua proclamação. A Universidade reuniu-se imediatamente *in claustro* para ler a carta trazida pelo procurador João Rodrigues de Vasconcelos e seguiu-se o cerimonial que reconheceu D. António como rei de Portugal. Foi incumbido o reitor Nuno de Noronha de se deslocar a Santarém para homenagear o novo rei, e impetrar que este se declarasse *Protector* da Universidade. Os acontecimentos dos meses sucessivos obrigaram o reitor a voltar ao *claustro* em 23 de Dezembro de 1580, para declarar, com mágoa, que Filipe II tinha

---

[143] T. BRAGA, *Historia da Universidade*..., cit., pp. 80-81.

sido proclamado rei. Não havia outra coisa a fazer senão eleger de novo Nuno para a mesma embaixada da *Protectoria,* mas desta vez dirigida a Filipe.

Como era previsível, seguiu-se um período de saneamentos na Universidade, que visavam quem apoiara causas diferentes da de Filipe II. Todavia, o destino dos que apoiaram os Bragança foi melhor do que os que apoiaram D. António. Pedro de Alpoim, colegial de São Pedro e lente de *Codigo,* foi decapitado; Luís de Souto Mayor, da ordem dos Pregadores, foi demitido da catédra de Sagradas Escrituras (posteriormente foi reintegrado); Agostinho da Trindade, agostiniano, demitido da cátedra de *Escoto* (emigrou para França, onde ensinou teologia em Tolosa). João Rodrigues de Vasconcelos, que levara a carta de D. António, morreu na prisão.

Para a Companhia portuguesa, o generalato de Mercuriano coincidiu com um período de progressivo apagamento das tensões internas, originadas pela oposição entre Gonçalves da Câmara e os apoiantes da linha ditada por Simão Rodrigues. O Geral flamengo faleceu em 1 de Agosto de 1580 e a Companhia entrava no longo (e decisivo) generalato de Claudio Acquaviva, então muito novo. Acquaviva transformaria a Ordem, dando-lhe a estrutura definitiva e contribuindo para fixar a imagem da Companhia de Jesus que passaria para o imaginário coletivo: um corpo coeso e unido, obediente e eficiente, fiel até ao fim ao Geral e ao Papa. Esta obra de transformação *ab imo* da Companhia foi levada a cabo com frieza por Acquaviva, que, para usar as palavras de Maquiavel, teve de *abbassare* os barões demasiado expostos no palco: os *barões* que, entre os primeiros jesuítas, constituíram de facto o motor do crescimento da ordem e das vocações. Barões de segunda geração, que substituiram os Rodrigues, Bobadilla e Lainez, mas que mantinham o desassossego e a rebeldia dos fundadores em relação ao governo central. Acquaviva conseguiria derrotar essa rebeldia graças a alguns pilares duma política que conduziu com grande habilidade, no meio de tentativas de *promoveatur ut amoveatur,* protestos, ameaças de secessão e assim por diante. Entre estes pilares, encontra-se, naturalmente, a publicação da *Ratio studiorum* que, numa Ordem que se tornara missionária e educadora em todo o mundo, queria representar o primeiro verdadeiro certificado da *diferença* jesuíta.

A quarta congregação geral, que em 1581 elegeu Acquaviva prepósito geral, nomeou também uma comissão de doze padres *ad conficiendam formulam studiorum.* Entre os doze representantes das várias províncias encontravam-se dois teólogos portugueses, Gaspar Gonçalves e Pedro da Fonseca. Eram as primeiras diligências para a redação da *Ratio Studiorum.* Anteriormente, as regras seguidas nos colégios da Companhia tinham confluído parcialmente em esboços ou embriões de projetos que mantinham a inspiração inaciana da quarta parte das Constituições, mas que não conseguiram tornar-se numa norma universal para a educação jesuíta no mundo. O projeto ficou concluído em 1599 sob o generalato de Claudio Acquaviva, e tornou-se no programa que, na sua complexidade, estabelecia o paradigma educativo dos jesuítas e das universidades que administravam (embora estas representassem uma pequena percentagem das escolas nas mãos da Ordem), mas a versão definitiva foi o resultado de uma contínua reelaboração que empenhou a Companhia durante quase vinte anos.

A comissão dos doze não avançou, também pela ambiguidade com a qual ainda se olhava para a *Ratio:* devia ser um conjunto de regras de gestão e didáticas uniformes para todos os colégios ou deveria abranger também a homogeneidade das doutrinas professadas nas classes de Artes e Teologia? A discussão encalhou nesta primeira distinção, a consulta dos doze padres pariu um regulamento minguado (apenas seis normas) para orientar a interpretação da doutrina de São Tomás, ícone teológico, como vimos, da quarta parte das Constituições de Inácio.

A improdutividade da obra levou Acquaviva à decisão de renovar a comissão, e de lhe conferir uma orientação mais definida: a *Ratio* devia prever duas partes, distinguindo e separando as vias da doutrina e da prática didática. Estávamos em 1583,

> de Províncias longínquas foram chamados a Roma alguns dos nossos: de Espanha Giovanni Azor, de Portugal Gaspar Gonçalves, de França Giacomo Tirio que era escocês, da Austria Pietro Buseo, da superior Alemanha Antonio Guisano, em Roma vivia Stefano Tuccio, todos eles com longa experiência no governo dos estudos e das escolas, peritos em quase todas as disciplinas, igualmente experientes nas coisas que a isso dizem respeito nas suas Províncias, para que ouvidos e conferidos os costumes e os estudos, se determinasse com parecer comum o que em todos os lugares ou Colégios nossos, na medida do possível, se proporcionasse. Quando estes se encontravam juntos em Roma, foram apresentados por Claudio Acquaviva nosso geral a Gregório Décimo Terceiro, para que recebessem de Deus a bênção pelas mãos do seu Vicário; Sua Santidade, tendo elogiado uma tão útil e grande empresa, encorajando-os a valerem-se de toda a diligência para a levar a cabo, estabeleceu com plena bênção o começo de um propósito tão edificante[144].

Ficou claro desde o princípio que o *Delectus opinionum*, ou seja a parte especulativa da Ratio relativa às doutrinas oficiais da Companhia, teria vida difícil[145]. A comissão redigiu um conjunto de

---

[144] A. POSSEVINO, *Coltura degl'ingegni...*, cit., pp. 200-201. Servimo-nos mais uma vez do testemunho de Possevino, cujo capítulo XXXVIII ("Diligenza, che si usò nello stabilire il modo de' studi de' Collegi della Compagnia di Gesù") é de facto a primeira história da *Ratio Studiorum*.

[145] «Este trabalho foi dividido em duas partes. Numa tratou-se da escolha e da apreciação das opiniões mais seguras. Noutra expôs-se a ordem e as práticas das escolas, e a instituição de todos os exercícios, com os quais a juventude pode

597 proposições tiradas da *Summa*, seguido de um comentário que devia orientar a leitura da seleção. Com o esboço da parte prática, foi entregue em 1584 ao Geral. Segundo a prática instituída por Acquaviva, depois do exame dos professores do Colégio Romano (que chumbaram o *Delectus*)[146], todo o trabalho foi submetido às províncias em 1586, e começaram a chover observações. A província portuguesa nomeou uma comissão para o efeito, composta por Pedro da Fonseca, Serrão, Ferrer, Luís Molina, Alvar Lobo e Manuel de Góis, ou seja todos os protagonistas da história da redação do *Cursus conimbricensis*. Ao contrário dos padres do Colégio Romano, que, expondo as razões contra o *Delectus*, julgavam também que: «Tam multae huiusmodi propositiones perpetuam litium et dissensionum materiam subministrabunt, tam inter ipsos professores, quam inter eos et praefectos studiorum ac superiores»[147], os padres portugueses julgaram que o esboço precisava apenas de umas emendas. Todavia, algumas regras contidas no *Delectus*, entre as quais a advertência

---

adiantar-se na sabedoria, e nas boas artes e disciplinas. E no exame das opiniões Teológicas, um dos Padres, que presidia a congregação, apresentava por ordem uma questão após outra segundo a ordem das partes, das questões, e dos artigos de São Tomás: cada um expressava a sua opinião: se os sufrágios eram conformes, facilmente o assunto ficava resolvido; mas se não chegavam a acordo, começava a disputa a tornar-se mais viva. Dividia-se a questão nas suas partes: separavam-se as coisas certas das duvidosas: as instáveis e obscuras das firmes e definidas: assim, indagado cada ponto da controvérsia, avaliavam-se os aspetos discordantes dos argumentos: diligentemente transcreviam-se, examinavam-se com longas disputas de dois, e por vezes três dias, até que os que tinham uma opinião diferente aceitassem espontaneamente a opinião da maioria » [Ibid., p. 201].

[146] «O "Delectus opinionum", que tinha sido operação extremamente laboriosa, deparou-se com uma crítica demolidora. Não só o excesso de definições era julgado inútil, mas também contraproducente: não servia para a doutrina teológica, nem contribuía para criar a almejada harmonia entre os docentes; além de mais era impraticável. Era necessário simplificar o que parecia uma desorganizada e confusa congérie» [M. ZANARDI, "La Ratio atque institutio studiorum Societatis Iesu: tappe e vicende della sua progressiva formazione (1541-1616)", *Annali dell'educazione e delle istituzioni scolastiche*, 5 (1998), p. 151].

[147] «Muitas destas proposições causaram perpetuos litígios e dissensos, quer entre os professores, quer entre estes últimos e os prefeitos aos estudos, e os superiores» [MP VI, p. 31].

para não seguir novas opiniões, a não ser com o consentimento do Provincial, colocavam aos portugueses uma questão decisiva: «ambiguum est, quas opiniones *novas* appellet». E interrogavam-se: «São porventura aquelas, que justamente agora se ensinam naquela província; ou porventura as que contrariam as sentenças transmitidas pelos mestres que ensinaram no mesmo liceu?» A conclusão dos padres revelava bom senso: «Como quer que se entenda, não é o caso de meter em semelhante labirinto os professores de Teologia»[148].

O problema, com efeito, aos olhos dos portugueses, não era tanto o da *auctoritas* de São Tomás, quanto a dos que o tinham interpretado a seguir. Como estabelecer uma graduação de mérito? Por que razão negar aos mestres atuais a capacidade de penetrar com maior agudeza na doutrina da *Summa*? «Por que é que os outros deveriam ser obrigados a seguir as pegadas dos que antes deles abraçaram esta ou aqueloutra opinião?»[149]. E mais:

> Acontece que nos vários colégios da mesma província, como no eborense e no conimbricense, ou em diferentes províncias, como na romana e portuguesa, os nossos mestres ensinaram por vezes doutrinas contrastantes entre si. Qual dos seus juízos teremos de aceitar? E qual opinião seguirão os vindouros[150]?

O problema da interpretação de São Tomás não era só questão de autoridade do hermeneuta, cujo sentimento com certeza não faltava em homens como Fonseca e Molina. Colocava-se também uma questão estritamente filológica, sobre a qual nos detemos por-

---

[148] «Utcunque regula haec intelligatur, non videntur theologiae professores in eas angustias coercendi» [*Ibidem*].

[149] *Ibidem*.

[150] «Accedit, quod in diversis eiusdem provinciae collegiis, ut in eborensi et conimbricensi, vel in diversis provinciis, ut in romana et lusitana, nonnunquam praeceptores nostri contraria docuerunt. Quorum ergo iudicio standum erit? Aut quam sententiae ducem posteriores sequentur?» [MP VI, p. 82].

que é outro elemento que irá voltar, transferido da teologia para as doutrinas filosóficas, no problema do *Cursus*. A quinta regra do *Delectus* prescrevia «ut nostri D. Thomae doctrinam *paucis exceptis* defendant, non nihil ambiguitatis continet». Mas a pergunta dos portugueses era esta: «Podemos, então, perguntar: de todas as coisas que Tomás nos ensinou, quais devem ser consideradas verdadeiras e quais não?». Molina discutiu com os restantes membros da comissão, mas percebe-se pelas *observationes* que, nas discussões que se seguiram, o espanhol não gozou de larga maioria. De facto, quando analisaram a parte do *Delectus* que contém as opiniões *liberae et definitae*, pareceu necessário, a todos com exceção de Molina e Manuel de Góis, que as passagens obscuras e as proposições difíceis fossem esclarecidas e acompanhadas pelo breve e claro comentário que Acquaviva anexara ao *Delectus*: «A todos, exceto ao padre Molina e ao padre Manuel de Góis, pareceu oportuno propor que, se for um meio para facilitar a doutrina, os nossos redigissem um pequeno comentário separado sobre os fundamentos principais das opiniões, no qual fossem especificamente indicadas quais devem ser evitadas ou seguidas; sobretudo as que são mais recônditas e complicadas»[151].

As observações vindas da província portuguesa acrescentavam-se a um largo rol que acabou por fazer fracassar definitivamente o projeto do *Delectus*. Tuccio foi incumbido por Acquaviva em 1588 de rever o esboço, com a tarefa de encontrar uma síntese na vastidão das alterações propostas e das dúvidas levantadas por toda a Companhia. A revisão de Tuccio deparou, mais uma vez, com as severas censuras do Colégio romano, antes de ser liquidada pelo

---

[151] «Omnibus, excepto patre Ludovico Molina et patre Emmanuele Goes, visum est proponere ut, si expedire videtur, ad maiorem doctrinae facilitatem, separato aliquo commentariolo nostris conscripta tradantur praecipua fundamenta opinionum, quae ipsis fugiendae vel sequendae particulatim designatur; earum praesertim, quae magis reconditae et implicatae sunt» [MP VI, p. 84].

Santo Ofício, que em 1590 exprimiu-se desta forma: «Nullam esse necessitatem imprimendi hunc libellum». Com a quinta congregação geral, a Companhia abandonaria a parte especulativa da *Ratio*, deixando inalterado o princípio inaciano de seguir a doutrina de São Tomás, mas sem especificar qual: como se expressou o Santo Ofício, «non concisam, non mutilatam, sed integram». Desta forma, ratificava-se o princípio segundo o qual São Tomás não podia ser transformado num manual, nem resumido de forma definitiva (e sob o patrocínio duma inteira Ordem). Não se estabelecia, deste modo, o *verdadeiro* São Tomás, ou seja o São Tomás da Companhia de Jesus: a operação corria demasiados perigos e, sobretudo, não seguia o verdadeiro espírito especulativo dos jesuítas. Teófilo Braga faz uma observação acertada, quando afirma que, com Acquaviva, a Companhia dava na realidade o passo definitivo para o abandono do Aquinate, embora seja necessário corrigir a afirmação, e dizer que São Tomás (assim como Aristóteles) era nessa altura mais um código línguístico, do que um conjunto coerente de doutrinas.

O abandono do *Delectus* é a renúncia a uma estrutura metafísica definida e oficial, à qual, de resto, a Companhia com as suas especificidades de adaptação, acomodação, inculturação e probabilismo (categorias que codificaria mais tarde, mas já presentes na cultura dos primeiros jesuítas) não podia entregar-se. As razões que motivaram o abandono do *Delectus* serão as mesmas que produzirão o *Cursus conimbricensis*. Necessidade de síntese, autoria de um grupo: Aristóteles podia ser resumido para fins didáticos, podia existir um Aristóteles de Coimbra.

A parte prática da *Ratio* de 1586 foi objeto de numerosas observações por parte das províncias, mas neste caso tratou-se prevalentemente de questões de pormenor[152]. A indicação da gramática de

---

[152] Um interessante documento guardado no ARSI, não datado mas verosimilmente de 1586, refere nove pontos de observações ao esboço da *Ratio studiorum*,

Álvares encontrou o favor geral[153], também entre os portugueses; estes últimos questionaram apenas algumas regras, como a oportunidade de dar trabalhos de casa («in gymnasio potius, quam domi scribenda esse, et ratio et experientia docent»), a composição do júri de exame («in examine tres esse examinatores non possunt, ubi tantus est discipulorum numerus quantus Conimbricae...»), as *vacationes* e o período de exercícios de retórica[154], os horários e assim por diante. A comissão portuguesa debruçou-se demoradamente sobre a ordem dos estudos filosóficos, levantanto dúvidas acerca de assuntos como a duração do curso, a prática do ditado e a organização das disputas. Segundo a tradição conimbricense[155], que como vimos acolhia uma prática humanista francesa, a duração dos estudos filosóficos devia ser comprimida o mais possível. Entre as razões que aconselhavam a compressão, a Comissão indicava o maior respeito do espírito da quarta parte das Constituições e a possibilidade de manter um maior número de academias; mas a hipótese de um curso filosófico quadrienal era inoportuna

> Porque de tal forma haverá muitos alunos de filosofia, que se assustarão ao ouvir falar de quadriénio [...]; porque, reduzida a filosofia em três anos, os teólogos chegarão mais rapidamente

---

em que o redator enumera as práticas do colégio de Coimbra que não coincidem com o texto chegado de Roma. Entre estas, por exemplo: «Nec item observantur id [...] quod studiosis philosophiae et Theologiae in memoriam reducetur quod cum ad domos venerint, studijs absolutis, in omnibus facultatibus, quibus operam dederint, sunt examinandi» [ARSI, *Lus.*, 69, f. 56r].

[153] MP VI, pp. 319-332.

[154] «Duobus extremis anni mensibus ita languent studia in hac provincia, tum propter aestivos calores, tum simul ob auditorum in patrias abeuntium paucitatem, ut incommodum atque inutile omnino sit eo tempore rhetoricae praecepta discipulis tradere; ideoque compendium rhetoricae ex Cypriano in classibus humanitatis a principio martii explicari solet» [MP VI, p. 385].

[155] «Nec conimbricense nec eborense collegium philosophiae cursum triennio absolvit; hoc enim transacto, adhuc philosophi semestri spatio unam audiunt philosophiae lectionem per duas horas a prandio» [MP VI, p. 270].

ao fim do seu curso, e serão por isso em maior número; porque tudo o que se explica em três anos e meio, pode ser explicado também em três anos, com o acrescento de uma prelecção de matemática, cortadas muitas questões de lógica sobre as quais os nossos mestres perdem tempo; e sobretudo eliminada a prática do ditado, *depois de virem a luz os comentários que os nossos vão elaborando nesta Província* [i.n.][156].

Os comissários associavam a possibilidade de reduzir a duração do curso à abolição da prática do ditado, que vimos ser assunto debatido demoradamente nos colégios parisienses. Para os portugueses, o ditado no curso de filosofia não era um mal por si só (como era nos cursos de teologia), mas era uma obrigação que podia ser eliminada só mediante a publicação de um curso oficial, que, em 1586, se diz estar em vias de publicação:

> Alguns gostariam de eliminar nesta província a prática do ditado na teologia. [...] Em filosofia não deve ser eliminada, no momento presente, ou seja até quando sairem os comentários a Aristóteles, que nesta província por ordem do Rev. Padre Geral serão redigidos; dos quais os nossos possam tirar proveito em lugar dos comentários comuns que até agora são ditados [...] Entretando nada deve ser mudado em relação à prática do ditado em filosofia, nesta província; de outra forma, há que recear seriamente que não seja um mal para a filosofia, porque o trabalho e a

---

[156] «[...] quia hac ratione plures habebit philosophia auditores, quos quadriennii nomen deterret, et ab eloquentiae gymnasio ad iuris prudentiam trasmittit [...] – quia redacta ad triennium philosophia, citius theologi sui cursus metam attingent, eritque proinde etiam maior numerus. – quia omnia quae nunc tribus annis et dimidio explincatur, triennio absolvi poterunt, addita praelectione matemathicae; resectis multis logicae quaestionibus, quibus nostrates magistri tempus terunt; ac praesertim amota dictatione, postquam commentaria, quae nostri in hac provincia moliuntur, in lucem prodierint» [*Ibidem*].

dificuldade de perceber sem ditado as coisas que são leccionadas pelos preceptores assustariam os estudiosos[157].

A comissão debateu também o perfil filológico que devia ser dado a Aristóteles, e qual a versão ou a tradução que podiam ser apontadas para as escolas jesuítas, chegando a conclusão que «ex variis versionibus una aliqua seligeretur, veluti Aldi, Basileae aliaeve eiusmodi, quae collatiis iis, quae Romae in Vaticano, Florentiae, Parisiis et alibi habentur, si quid opus esset, corrigeretur». Nas *observationes,* portanto, encontram-se todos os elementos que levarão a partir deste momento até 1592, à publicação da primeira parte do *Cursus,* obra de um dos encarregados menos conhecidos, Manuel de Góis, mas que será apresentada como fruto de todo o colégio de Coimbra.

A extraordinária quantidade de observações vinda das Províncias acerca da *Ratio* chegaria a Roma em 1587, e Acquaviva incumbiu imediatamente Tuccio e os outros para que se chegasse a uma nova versão do documento que alterava muitos aspectos da redação original (também da versão bis de 1586), tomando contudo uma forma quase definitiva. O novo trabalho foi submetido em 1591 a um triénio de experimentação, mas os colégios não reagiram com entusiasmo[158]. Acquaviva, no fim do triénio, nomeou mais uma comissão para a revisão definitiva da *Ratio,* formada unicamente por italianos: Tuccio, Gerolamo Brunelli e Orazio Torsellini que cuidou, entre outras coisas, de substituir a edição portuguesa do *De institutione*

---

[157] «Interim nihil, quod ad dictandi morem in philosophia spectat, immutandum videtur in hac provincia; alioqui vehementer timendum est, ne in ea magnam faciat philosophia iacturam, et labor difficultasque excipiendi sine dictatione, quae a praeceptoribus praeleguntur, studiosos deterreat» [Ibid., p. 272].

[158] «Os hábitos enraizados, a tendência para especular em vez de experimentar, a abstrata denúncia de que era impossível generalizar uma prática didática obstaculizavam a sua aplicação ou o mesmo esforço para a aplicar» [M. ZANARDI, "La Ratio atque institutio studiorum Societatis Iesu: tappe e vicende della sua progressiva formazione (1541-1616)", cit., p.156].

grammatica de Álvares com a edição «romana» de sua autoria[159]. Em 1599 foi publicada a *Ratio studiorum* na sua versão definitiva e o texto, com a exceção das poucas alterações feitas em 1616, não sofreu variações até 1773.

Em paralelo com a última fase de elaboração da ordem dos estudos da Companhia, a província portuguesa assistia à progressiva publicação do *Cursus conimbricensis*, começado em 1592 mas concluído apenas em 1606, com o último volume sobre a *Dialéctica*, obra de Sebastião do Couto. A obra respondeu a um dos propósitos da própria *Ratio Studiorum*, ou seja a utilização de um dos instrumentos didácticos mais eficazes para melhorar uma prática educativa que se queria uniforme em toda a Ordem e extraordinariamente eficiente: o manual[160].

Como vimos, o *cursus* filosófico completava a oferta disciplinar dos estudos secundários aliando-se aos livros de Álvares e de Soares: todos os manuais surgiram em Coimbra e foram, apesar das vicissitudes das respetivas redações, um produto necessário da cultura

---

[159] «No texto de 1599 da *Ratio* permitia-se substituir a primeira edição de Álvares com a denominada "Romana", impressa em 1584, organizada por Orazio Torsellini, então professor no Colégio Romano, cuja segunda parte, concernente à sintaxe, tinha sido reformulada segundo a tradição gramatical em vigor nas escolas italianas» [A. BIANCHI, "Introduzione" a *Ratio atque Institutio Studiorum Societatis Iesu. Ordinamento degli studi della Compagnia di Gesù*, RCS, Milano 2002, p. 51].

[160] O alargamento do uso do manual à filosofia coincidiu, então, com a passagem da disciplina para o ensino secundário; embora na *Ratio* seja considerado entre os cursos maiores (juntamente com a Teologia e as Sagradas Escrituras), o curso filosófico tornava-se objeto dos manuais para estudantes que não tinham capacidades para enfrentar textos complexos. O que no século XVI acontecera com a gramática e a retórica, verificou-se (sobretudo na segunda metade do século) também com a filosofia: «Desde os primeiros anos da atividade de ensino, na Companhia de Jesus desenvolveu-se, a par e passo com o processo de elaboração e experimentação da *Ratio studiorum*, um forte empenho na redação de manuais, textos escolares, epítomes e antologias de textos, que substituíssem os que na altura eram mais difundidos, frequentemente criticados pelos mesmos professores que os adotavam, em virtude da abordagem julgada antiquada ou da ineficácia do desenvolvimento, e tornassem possível uma maior uniformidade no ensino» [A. BIANCHI, "Introduzione" a *Ratio atque Institutio Studiorum Societatis Iesu. Ordinamento degli studi della Compagnia di Gesù*, RCS, Milano 2002, p. 49].

pedagógica conimbricense. O colégio limitou-se a seguir a prática instituída pela *Ratio* e a adotar os seus próprios manuais durante séculos, até ao período iluminista pombalino que pôs termo ao Colégio das Artes e à história do seu *Cursus*.

3. CURSUS

O *Cursus conimbricensis* pretendia ser um conjunto orgânico de manuais. É constituído pela publicação em série de oito volumes que contêm os comentários sobre os *opera omnia* de Aristóteles, com excepção da *Metafísica*. Os conimbricenses publicaram os livros entre 1592 e 1606, apresentando-os como obra coletiva sem indicação do autor. Tratava-se de manuais, para os colégios de Artes: a finalidade deve ser sublinhada porque nela residem todas as dificuldades que a sua redação encontraria ao longo de trinta/quarenta anos de gestação.

Antes de mais, por quê Aristóteles? Porque Aristóteles, apesar de já não ser, desde o século XV, o Filósofo, continuava a ser a Filosofia. Filosofia de classes, de colégios e universidades, poder-se-á objetar: mas sempre estrutura, cenário e *toolbox* para aqueles "cientistas", psicólogos, linguistas e assim por diante, que continuaram a frequentar as salas de aula de Pádua-Paris-Alcalá, muito para lá da revolução (?) galilaica. Aristóteles é o curso de filosofia, é disciplina, antes de ser ciência: o programa que os estudantes de Artes devem enfrentar durante três anos e meio é marcado pela leitura dos seus textos.

O século XVI, que se iniciara sob o signo de um ofuscamento na cultura do aristotelismo, abalada pela cultura bancário-cortesã dos platónicos do tempo dos Médicis (fantásticos dias nas colinas de Fiesole, para Marsilio e Landino, a traduzir e moldar um Platão que terá grande êxito), dará à luz um novo Aristóteles, grego e neolatino (infelizmente ciceroniano, por vezes), justamente graças ao êxito do retorno humanista *ad fontes*. Assim, edições e comentários, novas traduções e habilidosas 'cópia e cola' conseguirão reavivar as chamas quase apagadas do Estagirita medieval, que todavia continuarão acesas nas universidades, alimentando debates, e dando origem a intermináveis discussões. Veremos a seguir onde se coloca o *Cursus* nesta história, que desde há muito se deixou de julgar decadente ou decaída, até à invenção (importação!) da luneta. Por agora é suficiente dizer que não é *de* Aristóteles que se fala no *Cursus*, mas *com* Aristóteles.

E este Aristóteles deve ser adequado aos estudantes do liceu (*lege*, Colégio de Artes). Ou seja, o "*modus parisiensis*" de *lectio*, *repetitio*, exercícios e disputa, de eficiência didática e prática pedagógica, chega a Coimbra de vento ramista em popa: a filosofia é propedêutica, deve ser mais fácil. Adequada ao nível de competências, como diriam os docimólogos de hoje. Por isso, um *Cursus*. Não é possível perder tempo com ditados, é necessário abreviar a duração de Artes, é preciso que a atenção dos estudantes se concentre no momento da elaboração e não no da assimilação. Todo o sistema pedagógico de S. Tomás (sejam quais forem as ideias que se possam retirar dele) fica em estilhaços. O tempo escolar é tempo da elaboração: *themata* nas aulas para os retóricos da Primeira, disputas e *quaestiones* também nos dias de festa para os filósofos de todos os anos, até aos graus. O texto e a glosa de explicação já não podem ocupar o palco. O centro da lição é a especulação, que segue a leitura, e dela se afasta.

Seria errado, todavia, julgar que a insistência na disputa tivesse sido pensada pelos conimbricenses em detrimento da filologia: o reforço do exercício escolar aliou-se, pelo contrário, a uma preocupação plenamente humanista com a restituição do "verdadeiro" texto de Aristóteles. E, juntamente com a palavra, o *Cursus* devia responder à exigência católica de afirmar, espremendo-o, um Aristóteles solidamente cristão contra (ou com, depende) as interpretações dos primeiros grandes comentadores gregos cujos textos voltaram à Europa de Bizâncio via Florença, e que Manuzio e Froben, desde há quase cinquenta anos, iam imprimindo e distribuindo em todas as universidades. Veremos mais à frente (com base no testemunho de um aluno notável, Descartes) se esta operação levou a uma ativação da *vis* especulativa dos estudantes, ou pelo contrário à sua mortificação, e se o objetivo de uma unidade doutrinal cristã em Aristóteles foi alcançado. Certo é que estas são as exigências didáticas mais sentidas que levaram à elaboração de um projeto como o *Cursus*. António Manuel Martins, ao referir-se à carta com a qual Nadal dava início à edição dos comentários, afirma:

> It was intended in this way that the two principal strategic goals would be reached: 1) to significantly alter the teaching and learning process by putting the emphasis on assimilation of contents through the more active methods of interpretation and the discussion of themes; 2) to guarantee with more efficacy the doctrinal unity in the sense of excluding preliminarly that which was judged incompatible with church doctrine[161].

Dispomos de um primeiro testemunho acerca da génese do *Cursus* numa carta que o provincial Miguel de Torres escreveu a Roma em 9 de Fevereiro de 1560. Na carta, o provincial afirma que um professor do Colégio das Artes já tinha preparado uma boa parte dos seus ditados para uma possível publicação[162]. Que o anónimo professor fosse na realidade Pedro da Fonseca, atesta-o a convergência de objetivos entre a successiva carta de Nadal, de 1561, e o prefácio às

---

[161] A. M. MARTINS, "The Conimbricenses. Introductory note to the *Commentarii Collegii Conimbricensis Societatis Iesu*", descarregado do site http://saavedrafajardo.um.es/ WEB/archivos/Conimbricenses_Presentacion.pdf il 20.03.2011, p. 2.

[162] Refere-o P. GOMES, em *Os conimbricenses,* cit., p. 31.

Institutiones Dialecticae, publicadas em 1564 pelo próprio Fonseca. Ao referir-se à pratica do ditado, Fonseca escreve:

> Na verdade este modo de ensinar, embora fosse muito melhor e mais útil do que se empregava antes, todavia, por causa do contínuo escrever, implicava incrível moléstia e dificuldade para o estudante (para não falar dos docentes). Com efeito, o tempo, que poderia ser mais utilmente empregue em ensinar e disputar, não sem grande incómodo perdia-se ditando[163].

A introdução de Fonseca dá eco à carta de Nadal, na qual o visitador da província portuguesa escrevia:

> Para se evitar o trabalho de escrever-se tanto como se escreve, se procure que um curso de escritos se imprima e nisto se ocupe o Padre Afonseca principalmente[164].

Nadal pôs ao lado de Fonseca uma comissão formada por três membros: Marcos Jorge, Cipriano Soares e Pedro Gomes[165]. «Impresso este curso, não escrevam os estudantes senão quando o mestre quiser notar alguma coisa num lugar dificil, ou alguma coisa notável,

---

[163] «Verum haec docendi ratio, etsi longe melior, & utilior, quam illa superior habebatur, tamen ob assiduum scribendi laborem, incredibilem discipulis (ut de praeceptoribus taceam) molestiam, difficultatemque afferebat. Tempus etiam, quod in docendo ac disputando utilius poni potuisset, non sine magno incommodo in dictando consumebatur». Cito de *Institutionum Dialecticarum Libri Octo, auctore Petro Afonseca ex Societate Iesu,* apud Maternum Cholinum, Coloniae MDLXVII.

[164] [MHSI, I, p. 600].

[165] Pedro Gomes lecionou no Colégio de Coimbra dois cursos completos de filosofia, de 1555 a 1563. Uma sua carta ao Geral Bórgia de 1569 revela que ainda está envolvido na redação do *Cursus*. Em 1579 partiu para o Japão, onde morreu em 1600. Marcos Jorge ministrou um curso completo em Coimbra de 1556 a 1559, e depois teologia em Évora e em Lisboa; morreu em Évora em 1571. Cf. A. M. MARTINS, "The Conimbricenses...", cit., p. 5-6; e J. PEREIRA GOMES, "Os Professores de Filosofia do Colégio das Artes", *Revista Portuguesa de Filosofia,* XI, II, (1955), fasc. 3-4, p. 525.

e brevemente; e assim poderá ler então o mestre desta maneira»[166]. Fonseca era incumbido de uma tarefa para a qual, na realidade, já estava a trabalhar desde há uns tempos, e, ao contrário do que geralmente se afirma, aceitou a responsabilidade com o entusiasmo de quem deve orientar uma equipa de investigação[167]. O problema era mais uma vez o tempo: Fonseca estava ocupado na redação das *Institutiones dialecticae,* que viriam a lume em 1564; enquanto Soares, o nome mais importante do grupo, publicaria a sua *Rhetorica* em 1562. Em 14 de Janeiro do mesmo ano, Fonseca escreveu a Nadal para relatar o estado dos trabalhos: reunida a comissão para discutir como proceder, Fonseca tinha feito notar imediatamente a escassez de textos e de literatura recente sobre Aristóteles que tinham à disposição. Propusera, então, aos outros membros que, enquanto aguardavam a chegada dos livros adquiridos em Veneza pelo Padre Adorno, a comissão começasse um estudo preliminar sobre os problemas a tratar, com a colaboração de alguns mestres e teólogos aos quais pedir-se-iam sugestões acerca do trabalho. A abordagem do trabalho de investigação, essencialmente orientada para o aprofundamento de questões e possíveis disputas mais do que para o estudo do texto (deste pensava provavelmente ocupar-se o coordenador), revela desde o início o carácter prático do plano da obra. Fonseca explica desta forma ao Padre Gonzaga o mandato recebido: «E que entretanto se ventilariam mais as matérias, excitariam dúvidas, e tornariam mais claras todas as coisas: e que eu lhe desse uma memória para encomendar aos mestres e a alguns teólogos, que entretanto fizesse por anotar cada um no seu cartapácio as dúvidas e tudo o mais que no processo dos seus estudos

---

[166] [*Ibidem*].
[167] Diferente a opinião de Gomes: «Fonseca, então professor de um curso procurou recusar o mandato, em que a sua capacidade era posta à prova» [P. GOMES, *Os conimbricenses,* cit., p. 32].

lhe occorresse»[168]. A carta testemunha também o grande cuidado com o qual Fonseca organizara os tempos de trabalho e dividira as tarefas: Fonseca dedicaria ao trabalho duas horas por dia, Soares uma, Marcos Jorge meia hora, em proporção das responsabilidades e das outras ocupações de cada um[169]. Soares deveria dedicar-se aos aspetos matemáticos presentes em Aristóteles, procurando exemplos de geometria e demonstrações, passos relativos a disciplinas como a cosmografia, astrologia, e perspetiva: o que implicava uma leitura específica de *De coelo,* dos *Meteorológicos,* e do quarto capítulo da *Esfera* de Sacrobosco, mas também o *De origine fontium* de Plínio e uma rápida leitura dos textos filosóficos de Cícero. Marcos Jorge, por seu lado, trataria de selecionar algumas questões levantadas por Duns Escoto, e outras questões naturais de Séneca e Alexandre de Afrodisia, Fonseca *«ja que V.R. [Nadal] me dava a parte maior no assunto»* dedicava-se à colação da literatura aristotélica.

Ao contrário do que julga Martins, para quem a ausência de S. Tomás na lista dos intérpretes não é significativa, a escolha dos intérpretes revela as doutrinas mais presentes nos comentários: o escotismo, por exemplo, é a cifra com a qual os mais atentos estudiosos atuais do *De signis* conimbricense leem a dialéctica do *Cursus.* De resto, a metodologia adotada por Fonseca no desempenho da sua tarefa não deixa dúvidas: ler todo o Aristoteles *«apontando as dúvidas e as boas exposições com dois ou três graves intérpretes como por cifras* [i.n.]*».*

A Marcos Jorge era deixada uma substancial liberdade de escolha no vasto panorama das questões naturais; e, todavia, os três *graves interpretes* (Escoto, Séneca e Alexandre de Afrodisia), que Fonseca lhe indica, representam leituras que em muito divergem da

---

[168] [ARSI, *Lus.,* 61, f. 72r e v. P. GOMES reproduz a carta em *Os conimbricenses,* cit., p. 34].

[169] Na carta não se mencionam tarefas para Gomes.

de S.Tomás. É suficiente lembrar que a *via Scoti* tinha sido considerada uma alternativa tão radical em relação à tomista ao ponto de levar a Universidade de Pádua a criar catédras separadas. E enquanto Séneca constituía de alguma forma o espelho de Plínio para o trabalho de Soares (mas pense-se nos reflexos do estoicismo romano na psicologia da época), Alexandre de Afrodisia representava a *nouvelle vague* de Pádua de inícios do século, quando Pomponazzi questionara de forma radical a imortalidade da alma com aquele seu alexandrino *"odorat immortalitatis"*. Autores, por isso, também problemáticos, para um trabalho filosófico concebido para ser difundido nos colégios de uma Companhia inteira: sem dúvida, sugeridos por Fonseca e, evidentemente, ligados às suas preferências.

Fonseca acreditou na divisão do trabalho que propusera à comissão, e foi até demasiado optimista quando escreveu a Nadal que «Ao cabo de dois ou três anos, caso procedamos como digo, e os outros mestres e teólogos ajudarem no que disse, estará a matéria tão disposta, que muito em breve se conclua todo o curso, e com a ocupação de quase não mais do que uma pessoa»[170]. O *Cursus*, na realidade, publicar-se ia muitos anos depois, quando ele já abandonara o projecto, graças à obra de outro docente de Coimbra, Manuel de Góis.

Ao cabo de dois anos Fonseca concluiu as suas *Institutiones dialecticae,* em cuja introdução relatou – satisfeito mas de consciência pesada – a situação que implicou a sua tarefa:

> Devia por isso necessariamente acontecer que não se concluíssem todos os livros previstos pelo curriculum de Filosofia, nem que fosse tão frequente e diário como desejávamos o exercício da disputa. E então para prover ao trabalho dos discípulos, e obviar o prejuízo causado aos estudos de Filosofia, os Prepósitos da

---

[170] [*Ibidem*].

Nossa Companhia, aos quais fora entregue desde há nove anos por parte do Rei Cristianissimo João III este Colégio Real das artes liberais, decidiram que eu dedicasse alguns anos a uma Filosofia, por meio da qual pudesse expor com brevidade e perspicácia os livros de Aristóteles que costumavam ser explicados aos estudantes de Filosofia.[171]

Fonseca, portanto, apresentava as suas *Institutiones* como o primeiro produto de um trabalho que, pelos vistos, ultrapassava os limites temporais que ele próprio fixara:

> Julgavam que desta forma, e com a minha diligência e com a obra dos tipógrafos, não apenas diminuiría o trabalho dos estudantes, mas que a estes estudos viria disso alguma luz e utilidade. Na verdade, não ignorando a fraqueza do meu engenho, tanto quanto me sentia obrigado a obedecer a tal incumbência, que sentia superior às minhas forças, fui obrigado a recusá-la. Todavia aqueles na voz dos quais reconheço Cristo, movidos mais pelo desejo de serem úteis do que pela minha inteligência (ou melhor dizendo fraqueza), quiseram fazer uma tentativa, para que eu não descurasse nenhuma ocasião para cumprir com a minha obrigação. Dado que não posso recusar o ónus que me confiaram, trabalherei com a maior diligência a fim de que, pelo que me diz respeito, se não satisfizer os desejos alheios, pelo menos

---

[171] «Unde illud evenire necesse erat, ut nec libri omnes, qui in curriculo Philosophiae numerantur, omnino absolverentur, nec tam frequens esset, tamque diuturna, quam optabamus, disputandi exercitatio. Ut ergo & labori discipulorum consulerentur, & iactura qualiscunque erat, studiorum Philosophiae resarciretur, statuerunt Praepositi societatis nostrae, cui Regium hoc liberalium artium Gymnasium, nono ab hinc anno a Christianissimo Rege Ioanne tertio traditum est, ut ego, quod in profitenda Philosophia aliquot annos posuissem, qua possem brevitate & perspicuitate eos libros Aristotelis exponerem, qui auditoribus Philosophiae explicari consueverunt» [*Institutionum Dialecticarum Libri Octo, auctore Petro Afonseca...*, cit., "Praefatio"].

não faltarei à chamada daqueles aos quais confiei a minha vida. Entretanto, todavia, enquanto escrevo os comentários a Aristóteles e à Isagoge de Porfirio, ofereço estas *Instituições Dialécticas* como penhor do nosso acordo, e por serem necessárias para quem quer ser admitido nos umbrais da Filosofia.[172]

O projeto do *Cursus* continuou a avançar lentamente, depois da publicação da obra de Fonseca, também pelo facto de se terem intercalado encargos de docência noutras sedes (Fonseca lecionou Teologia em Évora de 1564 a 1566) ou de Reitorado em Coimbra, e pelo escasso empenho dos outros comissários nas tarefas que lhe tinham sido confiadas (como confessa Gomes ao Geral Bórgia em 1569). Isto não significa que já nessa altura não existissem esboços e materiais disponíveis para uma eventual publicação, que, aliás, Roma começava a solicitar. O que faltava, paradoxalmente, era uma clara linha de coordenação, faltando a Fonseca evidentemente a constância na coordenação, ou, mais provavelmente, uma real vontade de concluir a tarefa[173]. Testemunha disso é o facto que, desde a publicação da sua *Dialéctica,* o contributo de Fonseca para a redação do curso assemelha-se a uma voz cada vez mais longínqua, apesar

---

[172] «Fore enim existimabant, ut hac ratione, & mea diligentia, & typographorum opera, non modo discendi labor minueretur, sed aliquid etiam ad haec studia lucis & utilitatis accederet. Ego vero cum mei tenuitatem ingenij non prorsus ignorarem, quantum obedienti fas fuit, hoc onus, quo meis humeris impar esse sentiebam, recusare conatus sum. Verum illi, in quorum ego voce Christum agnosco, studio iuvandi alios commoti, meae potius facultatis, seu (ut verius loquar) imbecillitatis periculum facere, quam ullam officij occasionem preaetermittere voluerunt. Quia igitur impositum mihi onus reijcere non possum, dabo quam diligentissime operam, ut, quod in me est, si non aliorum votis satisfecero, certe eorum, quibus meae vitae rationem commisi, iussu non desim. Interim tamen dum commentarios in Aristotelem, Porphyrijque Isagogen conscribo, has Dialecticas institutiones, cum ut fidei nostre pignus, tum vero ut necessarias ijs offero, qui intra limina Philosophiae recipi cupiunt» [*Ibidem*].

[173] Segundo GOMES, que propende para a primeira hipótese, a causa estava no carácter de Fonseca, «de feitio vagoroso, por meticulosidade, Fonseca não consegue avançar no trabalho comum» [ID., *Os conimbricenses,* cit., p. 37].

das pressões por parte dos Provinciais e dos Gerais para que se acabasse a obra. Com este objetivo, Fonseca foi aliviado do cargo de Reitor, e pôde dedicar-se a juntar o material (que entretanto se avolumara), comentando-o escrupulosamente. O trabalho desenvolveu-se com alguns percalços, dado que, como vimos, justamente em 1573 Fonseca partira com a delegação portuguesa para a congregação geral que elegeu Mercuriano Prepósito geral. A demora deve ter feito perder a paciência ao provincial Jorge Serrão, que solicitou o regresso de Fonseca, para completar, pelo menos, a que considerava uma *tranche* do *Cursus* à qual o docente se dedicava desde há uns tempos: o comentário à *Metafísica*. Fonseca, com efeito, iniciara curiosamente esta parte da obra, mas com um objetivo pessoal que escapava ao Provincial: o primeiro volume dos *Commentarii in livros Metaphysicorum Aristotelis* imprimir-se-ia em 1577, não como obra coletiva conimbricense, mas sim como obra de Fonseca. A operação fora habilmente anunciada pelo próprio autor, quando, tendo concebido a ideia antes de partir para Roma, pedira ao provincial Luís Gonçalves da Câmara a autorização para mudar a ordem dos volumes, começando justamente com a *Metafísica*.

A proposta alterava a ordem tradicional da exposição aristotélica[174], que os cursos de Artes seguiam, pela qual a metafísica devia ser colocada no fim; apesar disso, Fonseca obtivera a licença do provincial. O sucessor de Gonçalves da Câmara, Jorge Serrão, pressionado por Roma, valera-se da *Metafísica* para responder que o primeiro volume sairia em breve, mas ao mesmo tempo manifestava preocupação quanto à continuação dos trabalhos. O resultado foi, ao mesmo tempo, exaltante e dececionante: quem viu antecipadamente as glosas foi Manuel Rodrigues que tinha sido nomeado provincial de Portugal pelo recém-eleito Mercuriano, justamente em oposição ao movimento rigorista que juntara Gonçalves da Câmara a Fonseca

---

[174] A. M. MARTÍNS, "The conimbricenses...", cit., p. 6.

e Inácio Martíns. Ele achou o comentário de grande doutrina, mas desadequado para os estudantes de Artes. A crítica provavelmente difundiu-se e chegou aos ouvidos de Fonseca, pois este sentiu-se na obrigação de voltar sobre o assunto no prefácio da segunda edição das suas *Institutiones dialecticae* (1574):

> Dado que não exixte algum tipo de estudante de Filosofia para o qual os livros da Filosofia primeira, a que chamam *Metafisica*, não devam ser familiares, pois são amiúde citados pelos precetores; e ao qual muitas vezes é negado um exame cuidadoso das mais comuns dificuldades que surgem nos outros livros da Filosofia: julguei ser um caminho mais fácil, para mim, escrever, e para os estudantes de Filosofia entender, se antes expusesse aqueles assuntos que contêm todos os princípios e como que os fundamentos da Filosofia. Uma vez apresentados e estabelecidos estes últimos, as outras coisas serão mais facilmente compreendidas [...] e por mim explicadas mais clara e brevemente, como é evidente para todos.[175]

O problema da dificuldade de compreensão do comentário à *Metafisica* (que, aliás, estará na origem da fama de Fonseca como intelectual), cristaliza as duas tensões fundamentais na relação entre Fonseca e o *Cursus*: por um lado, o professor à procura da fama

---

[175] «Etenim cum nullum sit genus auditorum Philosophiae, quibus primae Philosophiae libri quos Metaphysicae vocant, familiares esse non debeant, ut qui passim a Praeceptoribus citentur; & ad quos accuratior tractatio communium difficultatum, quae in caeteris Philosophiae libris incidunt, saepissime reijciatur: hanc ego mihi ad scribendum, & Philosophiae auditoribus ad intelligendum facillimam viam esse iudicavi, si ea ante exponerem, quibus totius Philosophiae principia, & quasi fundamenta continentur. His enim positis ac stabilitis, caetera & ab eis facilius intelligi [...] & a me expeditus & brevius explicari posse, nemo est, qui non videat». Cito da *Institutionum Dialecticarum Libri Octo auctore Petro Fonseca Doctore Theologo Societatis Iesu*, Apud Gosuinum Cholinum, Coloniae MDXCIV, "Auctor in Secundam Editionem".

que se dedica a textos para a comunidade dos doutos; por outro, o manual que deve tornar mais fácil e breve o caminho do estudante para o conhecimento de um Aristóteles-base, sobre o qual exercitar as suas capacidades didáticas. Por isso, a *Dialectica* e *Metafísica* de Fonseca, de alguma forma início e conclusão de um Curso ideal, não correspondem às finalidades da escola real: o *Cursus* eliminará ambas do projeto de edição, considerando-as já redigidas pelo coordenador, mas tratando-as sempre como corpos estranhos, incomunicantes, a ele alheias[176]. O primeiro volume dos *Commentarii Petri Fonsecae d. theologi Societatis Iesu in libros methaphysicorum Aristotelis Stagiritae* saiu em 1577, e Fonseca esclareceu logo:

> Na explicação daqueles livros que contêm as disciplinas inferiores [as *Institutiones Dialecticae* e o comentário ao *Isagoge* de Porfírio], e que são como textos escolares [à letra: *classicos*], que é hábito explicar nas aulas durante um tempo determinado e definido, abstivemo-nos de discutir aquelas dificuldades, que são próprias do primeiro filósofo, e que precisariam de uma maior inteligência dos estudantes e de uma disputa mais longa: não poucas dessas no nosso tempo, e até na propedêutica à filosofia, são tratadas por muitos, com grande prejuízo para os jovens. Quando for necessário tratar delas noutro lugar (o que não acontece raramente), é bom remeter para este livro, no qual julgamos explicá-las mais cuidadosamente[177].

---

[176] O último volume do *Cursus,* dedicado à Dialética, na realidade, tornou-se necessário por causa da publicação na Alemanha de uma Lógica falsamente atribuída pelo editor aos *conimbricenses*. O volume de 1606, obra de Sebastião do Couto, será com efeito muito conciso e remeterá, para as questões mais relevantes, para a obra de Fonseca.

[177] «In explanatione eorum librorum, quibus inferiores disciplinas continentur, quod sint quasi classici, & certo ac definito temporis spatio in scholis explicari soleant, ab ijs difficultatibus discutiendis abstineremus, quae proprie essent Primi Philosophi, aut maiori auditorum intelligentia longiorive disputatione indigerent; quarum multas cernimus aetate nostra, vel in ipso Philosophiae aditu, non sine magno

A *Metafísica* de Fonseca era, portanto, de escassa utilidade numa perspetiva escolar, e a província portuguesa voltou a instar com o Prepósito Geral para que solicitasse uma vez por todas a redação do *Cursus*, provavelmente com a esperança que Fonseca fosse afastado do cargo[178]. Mercuriano satisfez o pedido, mas faleceu no mesmo ano, e foi o novo Geral Acquaviva que teve de encarar o problema da substituição de Fonseca.

Nessa altura entra em cena Luis de Molina, então docente em Évora e Lisboa, para renovar a tradição portuguesa de duplas de jesuítas em conflito por uma primazia, quer fosse de poder quer de cultura. Acquaviva escreve à província portuguesa ordenando a revisão dos materiais disponíveis para uma publicação que exigia iminente. Segundo o Geral, portanto, a realização da obra não se circunscreve às fronteiras portuguesas e torna-se um problema para toda a Companhia. A carta de Acquaviva desorienta os portugueses órfãos de Fonseca, líder até há pouco tempo do projeto: não existem materiais prontos para a edição. Molina, pouco mais jovem que Fonseca e ainda por cima espanhol em terras de Portugal, dá o primeiro de muitos passos que irritariam o ex-titular do *Cursus:* escreve diretamente a Acquaviva para lhe apresentar a ideia de publicar os ditados do curso de Artes lecionado entre 1563 e 1567,

---

iuventutis detrimento a plerisque tractari. Eas enim cum alibi attingere opus esset (quod non raro usu venit) in hoc opus reijciendas, & in eo accurate explicandas esse iudicabimus». Cito da *Commentariorum Petri Fonsecae d. theologi Societatis Iesu in libros methaphysicorum Aristotelis Stagiritae Tomus Primus...*, Apud Franciscus Zanettum, Romae MDLXXVII, "Admonitio".

[178] A atitude de Fonseca para com o *Cursus* permanece um mistério para os historiadores. Segundo MARTÍNS: «The reasons for Fonseca's lack of success in co-ordinating the work leading up to the materialization of the 1561 project remain to be suitably clarified. We don't even know for sure exactly when he gave up the writing of the text on metaphysics for the Curse» [ID., "The conimbricenses...", cit., p. 6]. GOMES apresenta três hipótetse para a desafeição de Fonseca em relação ao projeto: «O ser vagaroso, o achar-se por demais ocupado, e o ter um plano pessoal que não coincidia com o esquema colegial proposto no início» [P. GOMES, *Os conimbricenses*, cit., p. 39].

isto é o curso que ele mesmo ministrara[179]. Começa com esta auto-candidatura, que o avisado Acquaviva não acolhe, a longa *querelle* entre Fonseca e Molina, os quais durante vinte anos terão ocasião de se confrontar em torno do *Cursus*, acerca de uma brilhante ideia teológica (mas de grande projeção), e da redação da *Ratio studiorum*. Apesar de ter sido afastado do cargo, Fonseca nunca deixará de orientar os trabalhos, com uma extrema dedicação que todavia não desencorajará as boas intenções de Manuel de Góis que o substituiria na tarefa.

Molina descrevia-se ao Geral como sendo referência para muitos padres portugueses para solucionar dúvidas em matéria de filosofia e de teologia[180]: o seu nome era bem conhecido e, a seu ver, sob esse nome podia ser impresso o curso de Coimbra. Como escreve Gomes: «Era a luta por uma autoria nominal, contra o projeto colegial. Repetia-se com Molina o que em parte determinara Pedro da Fonseca – a predominância do nominal afrontando o comum»[181]. Acquaviva, evidentemente em sintonia com a província portuguesa, que com o *Cursus* tinha a esperança de fazer crescer a sua fama nos colégios da Companhia na Europa e no mundo, decidiu confiar a incumbência a um dos professores regentes de filosofia na altura: Manuel de Góis, docente desde 1574. Foi ele o eleito por Acquaviva. A escolha não agradou a Molina, que aproveitou a ocasião para descarregar as suas frustações sobre o Geral: os portugueses tratavam-no como um estrangeiro e alimentavam um ciúme nacionalista acerca da autoria do projeto *Cursus*. Molina, espanhol e com claras ambições, era

---

[179] A carta, datada de 29 de Agosto de 1582, é publicada em F. RODRIGUES, *História da Companhia...*, II-II, cit., p. 112-113. Cf. F. STEGMÜLLER, *Geschichte des Molinismus*, I, Aschendorff, Münster 1935, pp. 548-550.

[180] Cf. ARSI, *Epp. NN.* 86, ff.281-282. Nesta carta, em cuja maior parte Molina queixa-se de verdadeiros ou presumidos vexames por parte de Fonseca, há lugar para a reivindicação do valor da sua obra: «todos conocen [...] las glosas que he hecho en artes y theologia [...] quanto mas estimadas [...] son de todos».

[181] P. GOMES, *Os conimbricenses*, cit., p. 40.

criticado pela qualidade do seu latim e constantemente obstaculizado na redação do seu pessoal *cursus:* o inspirador das calúnias devia ser certamente Fonseca, dado que «muchos años ha que siento en el Padre Afonseca aversion, y disfavor a mis cosas...».

A hostilidade entre os dois não deve admirar: vimos que, para além do problema da nacionalidade, Molina e Fonseca encontravam-se em posições opostas em relação ao modo de governar a província: o primeiro era próximo de Manuel Rodrigues, o segundo da linha de Gonçalves da Câmara. A divisão era, por isso, política e muito séria, justamente numa altura em que Mercuriano teve de pôr ordem na governação interna da província e os jesuítas portugueses lidavam com os problemas relacionados com a derrota de Alcácer Quibir. Mas é evidente que a corrida para a autoria dos comentários conimbricenses coincidia com uma corrida pela primazia intelectual na Companhia portuguesa. Os dois trocaram entre si, desde muito cedo, acusações de plágio: Molina sentiu-se espoliado das suas glosas, que acabaram no meio de materiais que – com a nomeação de Manuel de Góis – não teriam o seu nome. Por outro lado, Fonseca sentiria a mesma deceção por causa do êxito internacional que Molina alcançaria com a publicação em 1588 do seu celebérrimo *Concordia liberi arbitrii cum gratiae donis.*

O episódio é conhecido. Os anos em que Molina batalhava para impor os seus ditados ao *Cursus* são os mesmos em que vai escrevendo o livro que o tornará famoso na história da Igreja. Em 1586, o provincial Sebastião de Morais, provavelmente cansado das pressões firmes de Molina, pede a Acquaviva o consentimento para a publicação do *cursus* dele. Morais não queria dar o flanco às críticas de Molina, que sem esse gesto – como ele próprio testemunha – considerá-lo-ia um seu opositor da mesma maneira que uns não identificados *outros*. Pouco depois, todavia, Morais volta a escrever a Acquaviva pedindo o afastamento de Molina, que «dá-nos cá bastante incómodo, e ele só nos embaraça muito com suas coisas e opiniões»[182]. Acquaviva acolherá o pedido de Morais em 1591, ordenando a Molina o regresso a Espanha, e libertando finalmente o *Cursus* (que entretanto tinha sido provavelmente preparado por Manuel de Góis, mas permanecia parado em virtude das críticas de Molina desde 1584) para uma solução final[183].

Em 1588 Molina, ao editar em Lisboa a *Concordia*, dera início a uma das mais célebres e duras polémicas entre ordens religiosas depois do Concílio de Trento, a disputa *de auxiliis*[184]. E não deixara de dar uma alfinetada a Coimbra: no cabeçalho, Molina apresentava-se como eborense, e a esta universidade faz referência quando, na carta dedicatória ao Cardeal Alberto d'Áustria, vice-rei de Portugal por conta do tio Filipe, escreve:

> Accipe igitur, Princeps Serenissime, placido hilarique vultu laboris nostri primitias, *non intempestivos* [i.n.] Academiae Eborensis fructus [...][185].

---

[182] Ibid., p. 42.

[183] Evidentemente, a polémica entre Molina e a província portuguesa não estava destinada a acalmar em pouco tempo, o provincial João Álvares, ao relatar a Acquaviva a situação em Portugal, testemunha ainda em 1593 os incómodos dados aos padres portugueses por Molina, que justamente nesse ano estava a imprimir o seu *De iustitia et iure*. Cf. ARSI, *Lus.*, 72, ff. 82r e v.

[184] Sobre a questão *de auxiliis* existe uma ampla literatura. Para além da história de STEGMÜLLER, texto de referência, dispomos de relatos da época, a partibus fidelium, dos jesuítas POUSSIN (cópias manuscritas encontram-se no ARSI, "Historica Societatis", nn. 143-146) e DE MEYER (alias Theodoro Eleutherio, *Historia controversiarum de divinae gratiae sub summis pontificibus Sisto V, Clemente VIII et Paulo V,* Antverpiae 1705); e do dominicano H. SERRY (v. *La storia* de auxiliis *del Ch. P. Giacinto Serry dell'ordine de' predicatori tradotta e compendiata da RAMBALDO NORIMENE,* Brescia 1771; o original foi impresso em Lovaina em 1700). Merecem ser assinaladas as obras de T. DE RÉGNON, *Bannes et Molina,* Houdin, Paris 1889 e *Bannesianisme et Molinisme,* Paris 1890. Em edições modernas temos DOMINGO BAÑEZ, *Apología de los hermanos dominicos contra la Concordia de Luis de Molina,* Traducción, Introducción y Apéndice por J. A. HEVIA ECHEVARRÍA, Oviedo, 2002, e LUÍS DE MOLINA, *Concordia del libre arbitrio con los dones de la gracia y con la presciencia, providencia, predestinación y reprobación divinas,* Traducción y Introducción por J. A. HEVIA ECHEVARRÍA, Oviedo, 2007.

[185] Citações tiradas de *LIBERI ARBITRII cum Gratiae donis, Divina Praescentia, Providentia, Praedestinatione et Reprobatione, CONCORDIA,* [...] *D. LUDOVICO*

Não deveremos ler no *non intempestivos*, para lá da reverência habitual, uma alusão aos frutos ainda imaturos do *Cursus* de Coimbra, onde o Colégio e eminentes professores tinham o resultado ao seu alcance e recusaram-no? A alfinetada, porém, não teria sido notada se a *Concordia* não apresentasse uma solução teológica *nova* para a questão da relação entre livre arbítrio do homem e omnipotência divina, que acabaria por transformá-la num caso editorial em toda a Europa.

A questão, colocada pela *sola fide* luterana e pela predestinação inerente, tinha sido o centro do debate teológico durante a primeira fase do Concílio de Trento (1545-47); a Igreja saíra dessa fase com um conjunto de cânones e decretos que, se tiveram a intenção de garantir um mérito às obras, não esclareceram definitivamente os contornos das relações entre o poder do homem e o saber de Deus. Neste espaço de ambiguidade, ao mesmo tempo cultural e jurídica, proliferara a partir de então uma vasta literatura da parte católica, que extravasava das aulas de Teologia para chegar até às representações teatrais. Fiéis ao ditado de Latrão V[186], os intelectuais católicos mergulharam a desenredar uma meada inextricável, na definição da graça, onde as diferenças entre as soluções apresentadas deviam ser mais de tom do que de substância, mas que cedo se transformaram em lutas fratricidas com golpes de excomunhões: uns eram apelidados de erasmianos, luteranos, calvinistas impenitentes; outros de heréticos pelagianos. A geografia teológica da Igreja foi traçada muitas vezes a partir de relações de poder e de fronteiras políticas

---

MOLINA, *Primario quondam in Eborensi Academia Theologiae Professore e Societate Jesu, Auctore,* Ex Officina Typ. Joachimi Trognaesii, Antverpiae, MDXC V, "Epistola Dedicatoria".

[186] A bula de Leão X *Apostolici Regiminis*, no fim da oitava sessão do Lateranense de 1513, admoestava os doutos católicos a defender com argumentos racionais a imortalidade da alma (referindo-se ao decreto sobre a alma como forma do corpo do concílio de Vienne de 1312) contra a doutrina da dupla verdade.

já existentes entre ordens e famílias. A questão *de auxiliis*, que opôs dominicanos e jesuítas, foi disso o exemplo mais marcante.

Os primeiros sinais da diatribe deram-se em Espanha, onde o dominicano Domingo Bañez desde 1567 se empenhava em atos públicos para contrariar as opiniões do jesuíta Prudencio Montemayor e do frade Luís de León: tratava-se de estabelecer se o mérito de Cristo tinha sido acrescido, ou não, por ter cumprido a obrigação divina de morrer na cruz de boa vontade. Por trás do problema estava a discussão à volta da liberdade "humana" de Cristo, e, em virtude da sua causalidade exemplar, da possibilidade do homem de cooperar com a providência divina. O ponto em discussão abria um abismo entre a defesa de uma doutrina teológica de matriz racionalista, com indícios de pelagianismo, e uma reedição da teologia voluntarista (curiosamente apoiada pela ordem de São Tomás), herdeira da tradição pré-albertina e, no século XVI, não distante do escandaloso Lutero. Na Espanha da Inquisição dominicana, Prudencio de Montemayor e frei Luís de León não tiveram sorte: o Santo Ofício pronunciou a condenação em 1582, e os dois foram obrigados a abandonar o ensino da teologia.

Quando saiu a *Concordia*, em 1588, a água ainda fervia, embora Molina tivesse uma vantagem: as ideias avançadas tinham sido condenadas em Espanha, mas não em Portugal. A obra apresentava-se como a primeira sistematização das ideias já apoiadas por Montemayor, e, definitivamente, como o primeiro trabalho de aprofundamento teológico. Os dominicanos denunciaram logo as semelhanças com as teses já condenadas em Espanha, mas desta vez a Companhia reagiu, apelando a Roma, para evitar que uma segunda condenação caísse sobre um seu membro, o que poderia envolver toda a Ordem.

Clemente VIII avocou para si a causa impondo o silêncio às partes, embora, perante a insistência de Filipe II que julgava ser a Inquisição espanhola a sede mais oportuna para dirimir a controvérsia, aceitasse que as censuras acerca da *Concordia* fossem redigidas em Espanha. Domingo Bañez encarregou-se de redigir a mais articulada recolha de críticas a Molina, a *Apologia fratrum praedicatorum [...] adversus novas quasdam assertiones cuiusdam doctoris Ludovici Molinae nuncupati*, e enviou-a para Roma em 1598 juntamente com outros materiais censórios.

Clemente VIII, renitente em condenar as teses molinistas, impôs a dominicanos e jesuítas discutir a questão em privado, proibindo recíprocas condenações públicas, mas o tom da polémica subiu de tal forma que foi obrigado a criar um novo dicastério na cúria romana (1602), a *Sacra Congregatio de Auxiliis*, e a presidir às suas sessões. O papa Aldobrandini morreu em 1605, vítima de um ataque cardíaco durante uma das sessões, e a polémica continuou durante mais dois anos, até quando, em 1607, Paulo V decidiu interromper a atividade da Congregação, estabelecendo que ambas as doutrinas, a dominicana e a jesuíta, deviam ser julgadas ortodoxas. Como lembra Echevarría: «Los jesuitas, exultantes ante el fallo, aclamaron a Molina *victor* y lo celebraron con festejos públicos, que incluyeron fuegos artificiales, músicas y corridas de toros»[187].

As homenagens dedicadas a Molina realçam a importância política da teologia proposta pela *Concordia*. Mas qual era a novidade que Molina introduzia na teologia? A *Concordia* queria defender o livre arbítrio do homem em relação à sua salvação: dada a heresia do pelagianismo, que julgava conceber a possibilidade para o homem justo de se salvar sem o concurso da graça divina, Molina queria defender o mais possível o espaço do livre agir do homem e dos seus méritos perante Deus. À graça justificante de matriz luterana, que salvava o homem sem méritos e antes de todos os tempos, Molina contrapunha um amplo leque de graças, cada vez mais mati-

---

[187] J. A. HEVIA ECHEVARRÍA, "La polémica de auxiliis y la Apología de Bañez", *El Catoblepas*, 13 (2003), p. 1 [http://www.nodulo.org/ec/2003/n013p01.htm il 30.07.2007].

zadas em relação à potência fulgurante de Deus, das quais a "graça suficiente" era a extrema e quase diáfana tonalidade: aquela que nenhum homem pode dizer não possuir. A garantia de uma graça suficiente que concorria para a contrição (o ato de dobrar-se sobre si mesmo que permite dispor-se para a intervenção sobrenatural de Deus) ou mesmo para os mais leves estímulos da atrição, abria ao homem o espaço do libre arbítrio, e por conseguinte também a obrigação das boas obras para obter o paraíso. Tratava-se, todavia, de descrever um Deus prevalentemente racional, e a razão prevalentemente humana: o juiz devia ser semelhante a quem era julgado. Soberba que Lutero, fiel intérprete da *Carta aos Romanos,* excluíra como horrendo pecado. Mas o perfil dos atributos de Deus, que até então oscilara entre racionalismo tomista e voluntarismo agostiniano, não era o único nó que a *Concordia* devia desatar. O livre arbítrio, livre também daquela premonição física defendida por Bañez que "obrigava" de algum modo o homem à sua autodeterminação, abria uma brecha na omnisciência divina, que nele parecia encontrar um limite inultrapassável. S. Tomás tentara revolver o problema ao distinguir, no conhecimento divino, duas ciências: a ciência *de essências*, anterior ao ato divino de vontade e a ciência *de visão*, sucessiva. Com a primeira Deus conhece o necessário e todos os possíveis, tratando-se de ciência de simples inteligência, e que diz respeito a todas as coisas abstraindo da sua existência. A ciência de visão é, por seu lado, ciência de existências, e por isso diz respeito a tudo o que acontece no tempo, em consequência do ato divino de vontade: Deus conhece, de todos os possíveis, os que se realizarão. Com a ciência de visão, Deus não pode saber o oposto do que com ela conhece. Neste sistema, Molina introduz o conceito de *ciência média,* que diz respeito aos chamados futuros contingentes, nem absolutos nem meramente possíveis. Através dela, Deus vê na sua essência como agirá qualquer ente dotado de livre arbítrio em cada uma das infinitas ordens de coisas e circunstâncias em que a divina vontade o coloque[188]. Uma ciência deste tipo é *media*, no sentido em que não só se coloca entre a ciência de simples inteligência e a ciência de visão, mas também porque participa (e, por outro lado, distingue-se) quer dos atributos da ciência natural (que antecede o ato divino de vontade e que não pode autocontradizer-se) quer da ciência livre (que acompanha o ato divino e, ao decidir uma cadeia de circunstâncias, decide de facto também do livre arbítrio). Segundo Molina, então, Deus não obriga o homem a agir de uma forma determinada, mas «es el hombre quien determina el influjo divino, que siempre es necesario para que una potencia se actualice»[189]. Por isso o ato humano é sempre fruto de uma dupla causalidade, ou concausalidade simultânea, em que concorrem Deus e o homem no mesmo plano e no mesmo momento. É justamente esta simultaneidade que Bañez não aceitava. De resto, fizeram pouco do conceito de graça suficiente, verdadeira trave-mestra da teologia molinista, quer o dominicano (a graça suficiente era na realidade graça insuficiente, pois precisava do concurso de outrem para poder ser posta em acto) quer todos os que, nos séculos seguintes, olhariam com desconfiança para o molinismo. Entre estes, o Pascal das *Provinciais,* que, cinquenta anos mais tarde, contraporia o agostinismo de Port-Royal ao *très réverend père* Annat, e à moral dos jesuítas vinda de Molina.

---

[188] *Ibidem*.

[189] *Ibidem*. A resposta que Molina deu ao problema do ato de predestinação do homem por parte de Deus, ou seja o conceito de predestinação *post praevisa merita*, não teve o consentimento de todos os teólogos da Companhia. Entre os menos convencidos, o Cardeal Bellarmino, que se esforçou para que os jesuítas adotassem uma variação adequada da doutrina da ciência média, ou seja a ideia que o ato de predestinação acontecia *ante praevisa merita*. A doutrina tomou o nome de "congruismo" e foi adotada oficialmente com uma declaração do Geral Acquaviva em 1613. A levar a Companhia em direção ao congruismo contribuiu também Francisco Suarez, que em 1599 publicara os seus *Varia opuscula theologica*, todos sobre o assunto *de auxiliis* e que convergiam com as ideias de Bellarmino.

Graças à *Concordia,* Molina, tornar-se-ia, ao longo da história, no símbolo teológico (teológico-moral) dos jesuítas. O probabilismo, o laxismo, o regicídio, etc., doutrinas, estilos ou atitudes morais atribuídas à Companhia, teriam, na boca dos acusadores dos jesuítas, o nome de Molina. Em relação à ciência média, até os vestígios que podem ser encontrados nas teses apresentadas por Prudencio de Montemayor ou por Luís de León seriam sempre definidos "pré--molinistas". Pode entender-se, também a partir disso, qual seria o grau de tensão entre o mais jovem teólogo espanhol e Fonseca, o «Aristóteles portugués»[190], que julgava a *Concordia* um plágio das doutrinas que ele ensinara em Coimbra.

Os dois travaram uma luta a golpes de introduções e prefácios com os quais cada um procurava convencer o leitor ter sido ele o primeiro a falar de ciência média, e durante muito tempo a datação foi um problema entusiasmante para os historiadores que abordaram o assunto.

Fonseca, no terceiro volume (Évora, 1604) dos seus Comentários à *Metafísica* escreve:

> Trinta anos antes desta obra (escrevemos, com efeito, no ano do Senhor de 1596), quando penetrámos no tema da providência divina e da predestinação em lições públicas, e nos deparámos com muitas e grandes dificuldades, que nela ocorrem, julgámos não existir via e modo mais fácil de as explicar, do que estabelecer aquela distinção, que apresentámos acima, do dúplice estado daqueles contingentes que são os futuros absolutos e

---

[190] Sobre a vida de Fonseca veja-se S. TAVARES, "Pedro da Fonseca. Sua vida e obra", *Revista Portuguesa de Filosofia,* 9 (1953), pp. 344-353; M. DOS SANTOS ALVES, "Pedro Fonseca e o «Cursus conimbricensis»", *Revista Portuguesa de Filosofia,* 11 (1955), pp. 479-489. Remetemos para o próximo capítulo as indicações sobre a bibliografia secundária acerca do pensamento de Fonseca, limitando-nos aqui a assinalar a cuidadosa "Bibliografia de e sobre Pedro da Fonseca" de J. MADEIRA, *Revista Filosófica de Coimbra,* 29 (2006), pp 195-208.

condicionados, e afirmar a certeza do conhecimento divino acerca deles, em ambos os estados: antes no condicionado, depois no absoluto [...]. *Não havia nenhum outro que conciliasse desta forma a liberdade do nosso arbítrio com a presciência e providência divina, claramente, e (como se costuma dizer) nos termos* [i.n.][191].

Por seu lado, Molina escreve na *Concordia:*

> Estive nesta disputa mais do que queria, e receio que repetir certas coisas enfastie o leitor. Todavia, sendo coisa de grande relevância e muito instável, e dado que ninguém, ao que parece, propôs este nosso modo de conciliar a liberdade do arbítrio com a divina predestinação, convenci-me a explicar a questão um pouco mais difusamente[192].

É este um dos raros casos em que o pedantismo do historiógrafo não ultrapassa o objeto do seu estudo: Fonseca e Molina acusavam-se mutua e continuadamente[193]. Durante muito tempo

---

[191] «Ante annos triginta quam haec scriberemus (scribimus autem anno Domini nonagesimo sexto supra millesimum et quingentesimum), cum materiam de providentia divina, et praedestinatione in publicis lectionibus essemus ingressi; multaeque, ac graves difficultates, quae in ea occurrunt se nobis obiicerent, nulla faciliori via, et ratione putabamus explicari omnes posse, quam constituenda distinctione, quam paulo ante fecimus duplicis status eorum contigentium, quae re vera futura sunt, absoluti ec. et conditionati, asserendaque certitudine divinae cognitionis circa illa in utroque statu; prius quidem in condicionato, deinde vero in absoluto [...] Neque enim quisquam erat, qui hoc pacto libertatem arbitrii nostri cum divina praescentia, aut providentia aperte, et (ut dicitur) in terminis conciliasset». [*Commentariorum Petri Fonsecae Lusitani [...] In libros Metaphysicorum Aristotelis Stagiritae,* Tomus III, Eborae, 1604, p. 138].

[192] «Longior fui in hac disputatione quam optarem, vereorque ne aliquarum rerum repetitio lectori molestiam attulerit. Quia tamen res est magni momenti ac valde lubrica et haec nostra ratio conciliandi libertatem arbitrii cum divina praedestinatione a nemine quem viderim huiusque tradita, ideo satius haec duxi paulo fusius explicare» [*LIBERI ARBITRII cum Gratiae donis... CONCORDIA,* op. cit,. q. 23, a. 4 e 5, disp. I.].

[193] Como atesta uma carta do provincial Morais para Acquaviva de 14 de outubro de 1585, Fonseca será também um dos revisores encarregados da obra de Molina: com grande irritação, naturalmente, deste último. [ARSI, *Lus.,* 69, f. 164r].

julgou-se que a razão estivesse do lado do mais idoso, dado que Molina fora estudante de Filosofia no colégio de Coimbra nos anos em que Fonseca lecionava. Mas, como foi demonstrado[194], Molina não frequentou os cursos de Fonseca e por isso, excetuando os testemunhos diretos dos autores que retrodatam o seu encontro com o tema do conhecimento divino, não existem provas em apoio de nenhum deles[195].

Da luta de titãs da segunda Escolástica saiu um menos conhecido professor de filosofia, Manuel de Góis, que foi incumbido de tomar conta do projeto e levá-lo a cabo. Lecionara em Coimbra dois cursos completos, de 1574 a 1582, e provavelmente já tinha preparado boa parte do material sobre a *Física* e o *De Coelo* quando recebeu o encargo, o que explica a impaciência que, em 1585, Manuel de Góis manifestou ao provincial em relação à proibição de publicar partes separadas antes que o *Cursus* tivesse sido acabado e revisto[196]. O general Acquaviva, com a intenção de coordenar a edição do *Cursus* com os tempos da *Ratio studiorum*, revogara a licença concedida por Mercuriano para a publicação de partes do curso,

---

[194] Ver I. RABENECK, "De Ludovici de Molina studiorum philosophiae curriculo", *Archivum Historicum Societatis Jesu*, 6 (1937), pp. 291-302. E S. TAVARES, "Fonseca e a Ciência Média", *Revista Portuguesa de Filosofia*, 9 (1953), pp. 418-429. Aceita esta interpretação também J. A. HEVIA ECHEVARRÍA, na Introdução ao já mencionado LUÍS DE MOLINA, *Concordia del libre arbitrio con los dones de la gracia y con la presciencia, providencia, predestinación y reprobación divinas*, Oviedo 2007.

[195] Diferente a posição de TAVARES, segundo o qual foi Fonseca quem concebeu a doutrina e Molina o seu hábil (mas agudo) divulgador: «Fonseca foi o primeiro a encontrar e a ensinar a Ciência Média; Molina o primeiro que sobre ela escreveu, dando-lhe o nome que ainda hoje guarda, sistematizando-a e desenvolvendo-a mais» [Ibid., p. 429]. Sobre a controvérsia, vejam-se os numerosos artigos de J. D'O. DIAS, "Ainda a Controvertida Paternidade da chamada Ciência Media", *Verbum*, 18 (1951), pp. 367-382; ID., "Em torno do Duelo Fonseca-Molina, uma Argumentação Sucinta", *Verbum*, 21 (1954), pp. 37-63; ID., "Fonseca e Molina. Os últimos Ecos dum Litígio Plurissecular", *Revista Portuguesa de Filosofia*, 11 (1955), pp. 64-77; e ID., "Liquidação Final de uma Controvérsia", *Verbum*, 22 (1955), pp. 207-228.

[196] Cf. ARSI, *Lus.*, f. 65r. Na carta, Sebastião de Morais defende a opção de imprimir o *Cursus* em partes separadas, de maneira a permitir a utilização dos trabalhos já preparados por Góis, Na mesma carta, aliás, Morais afirma não poder esperar pela conclusão do trabalho do padre Fonseca, que não se sabe se e quando acabará.

e Sebastião de Morais, provincial português, tinha-lhe escrito em 9 de Julho de 1585 para garantir uma rigorosa vigilância acerca disso[197]. A 14 de outubro do mesmo ano, todavia, Morais pediu ao Geral que suspendesse a proibição, cedendo às pressões do zeloso Manuel de Góis, que entretanto estava prestes a acabar também o comentário ao *De generatione* (*De ortu et interitu*)[198]. Ao silêncio de Acquaviva, Morais respondeu com outra carta, datada de 16 de fevereiro de 1586, na qual transparecem todas as dificuldades do provincial para conter a insistência do autor do *Cursus*: «Tambien el p. Manuel de Goes desea mucho y a qua se desea tambien que se empiecen a imprimir los physicos; y per que V.P. me escrevio ultimamente que primero acabase todo el Curso *le disce que escreviese a V. P. las razones que se le offrecen para hazerl* [i.n.]»[199].

Por fim Acquaviva cedeu: o *Cursus* podia ser impresso em volumes separados, desde que os materiais para cada publicação estivessem cuidadosamente revistos e limados. Segundo Dinis, a mudança de opinião do Geral deveu-se aos conselhos de Pedro da Fonseca[200], que entre 1589 e 1592 tinha sido nomeado Visitador da Província Lusitana e que em 1593 participaria na Quinta Congregação geral. E foi justamente Pedro da Fonseca quem redigiu por conta de

---

[197] «Hasersea lo que V.P. ordena, no se imprimira nada de la obra del P. Manuel de Goes hasta tener escrito sobre todo el Curso de Artes» [ARSI, *Lus.* 69, f. 112v.] Ver A. DINIS, "Tradição e Transição no *Curso Conimbricense*", *Revista Portuguesa de Filosofia*, 47 (1991), pp. 561-581.

[198] ARSI, *Lus.* 69, f. 163v. Na carta Morais sublinhava a importância de uma edição rápida do *Cursus* com base em vários argumentos. Entre os quais, por exemplo, a excessiva liberdade de matéria e de opinião que podiam tomar os mestre de Artes ao ditar os seus apontamentos. Ao ponto que «[Coimbra] se ha perdido algo de la reputacción que se tenia de los nosotros».

[199] ARSI, *Lus.* 69, f. 213. «Indications were coming from Rome suggesting that he [Manuel de Góis] proceed with greater care in the revision of the texts. From extant correspondence in the historical archive of the Society of Jesus, we know that Manuel de Góis lamented over the plodding pace of the entire process and over the obstacles to its swift realization» [ID., "The Conimbricenses...", cit., p. 7].

[200] A. DINIS, "Tradição e Transição no *Curso Conimbricense*", *Revista Portuguesa de Filosofia*, 47 (1991), p. 539.

Acquaviva (súbtil e pérfido, como sempre nestes casos) o *imprimatur* ao primeiro volume do *Cursus,* a *Física,* que veio a lume em Coimbra em 1592. A *Facultas Generalis* é um resumo da história editorial da obra, que durou trinta anos, e quem melhor do que Fonseca conhecia a génese, as interrupções, as demoras e os desenvolvimentos?

> O que desde há tempo muitos desejavam, que os comuns comentários de Filosofia manuscritos, que eram ditados, com labor diário de quem devia escrevê-los, no Colégio conimbricense de Artes confiado à nossa Companhia, fossem revistos, e aumentados e enriquecidos fossem impressos; justamente isto, há alguns anos estabelecera o nosso Padre General Claudio Acquaviva. Mas dado que a obra ia-se alongando mais do que o devido, foi-nos confiada para que honrássemos a província em seu nome; e julgámos que um tal alívio para estudantes e docentes não devia ser protelado.[201]

Após o que parece ser uma confissão, Fonseca aborda também o assunto da ordem dos volumes, no qual cabia obviamente também a questão da Dialética:

> Com efeito não tinha havido grande preocupação que aquela parte [do *Cursus*] na qual se expõem os livros da *Física*, estivesse pronta para a publicação, com a obra, o trabalho, o exame e a correção do brilhante engenho dos Mestres, e que fossem completados os outros comentários: dado que se aguardavam os que

---

[201] «Quod iam pridem optabant multi, ut communes Philosophiae commentarij manuscripti, qui in Conimbricensi liberalium artium Academia Societati nostrae commissa quotidiano excipientium labore dictabantur, reconoscerentur, auctique & locupletati mandarentur typis; id ut fieret, aliquot ante annos a Reverendo admodum Patre Nostro Generali Claudio Acquaviva constitutum erat. Sed cum res longius protraheretur, eius cura nobis demandata, cum provinciam eius nomine lustraremus, non iudicavimus tantum scholasticorum levamen diutius esse differendum».

dizem respeito à dialética, para que a edição impressa de todo o curriculum de Filosofia começasse com eles; e assim só depois da sua redação, estes seriam emendados e acabados.[202]

Em nome do Prepósito Geral, Fonseca concedia o *imprimatur*. Estávamos em 10 de Novembro de 1591, Fonseca escrevia da Casa professa de São Roque, em Lisboa. Saíram no começo de 1591, editados pela tipografia universitária de Antonio Mariz, os *Commentarii Collegii Conimbricensis Societatis Iesu, In octo libros Physicorum Aristotelis Stagiritae*. Manuel de Góis, evidentemente entusiasmado com o primeiro resultado do seu trabalho (embora não tivesse o seu nome na folha de rosto), informou imediatamente Acquaviva que o manual fora adotado, para o ano académico em curso, pelo Colégio das Artes e por outros Colégios de outras ordens, e que até a Universidade de Alcalá manifestara a intenção de utilizá-lo[203]. Tratava-se agora de agilizar as práticas para a parte restante do Curso, dado que Góis afirmava ter acabado e preparado todos os materiais para os outros volumes, de maneira que as edições seguissem com continuidade, mas que os empecilhos da máquina (*lege*, os "revisores de provas", entre os quais o temível Fonseca) ameaçavam arrastar a edição da obra completa por mais de dez anos[204].

---

[202] «Itaque maiori diligentia adhibita, cum pars ea, qua libri de naturali auscultatione exponuntur, opera & industria, examine etiam & correctione praestanti ingenio Magistrorum parata esset ad praelum, & reliqui deinceps commentarij diligentius perficerentur, non fuit, cur expectarentur ij, qui ad Dialecticam pertinent, ut ab eis typographica editio totius Philosophiae curriculi initium sumeret: dum enim illi excuduntur, hi recognoscentur, complementumque accipient».

[203] Como atesta uma carta de Góis para Acquaviva. Veja-se ARSI, *Lus.*, 71, f. 67. Os Comentários à *Física* começaram a circular nos colégios portugueses ainda antes da edição impressa, em versão manuscrita, provavelmente con fins experimentais. Cf. P. GOMES, *Os conimbricenses*, cit., p. 46.

[204] ARSI, *Lus.* 71, f. 67: «De Alcalá informam-nos que aquela universidade pedia poder utilizar (*professar*) estes livros ». A lentidão do processo de revisão irritava o eficiente Góis: «Parece fatal que nesta Província este trabalho não possa chegar a bom porto. Se V. P. não intervir com maior veemência, nada será feito».

Os historiadores têm muitas vezes contraposto o ativismo de Manuel de Góis aos entraves colocados no caminho do *Cursus* por parte de Fonseca, o qual, embora tivesse perdido a primazia sobre o projeto continuou a vigiar atentamente os êxitos de Góis: deduziu-se, por vezes, que a demora na conclusão da edição (catorze anos depois da publicação da *Física*) deveu-se a uma luta interna entre Fonseca e Góis, mais uma vez para ter o seu próprio nome na folha de rosto dos volumes. Foi de resto Fonseca a alimentar de novo os boatos: «este padre [Góis] todo su sentimiento es no salir esta obra en su nombre, y sin isto ninguna cosa lo contentará, y siempre hará por mostrarse em todas occasiones autor della»[205]. Se, todavia, é muito improvável que o nome de Góis não circulasse nos meios académicos onde o *Cursus* foi adotado, e que o próprio Góis ocultasse a verdadeira identidade do autor da *Física*, é outrossim provável que Góis tivesse aceitado a 'marca' do Colégio de Coimbra sem julgar que se tratasse de um vexame; antes, pelo contrário, como se fosse uma espécie de resguardo que protegeria a sua docência e a sua fama, entregue à difusão oral do seu nome entre as élites universitárias da península ibérica[206].

No mesmo ano da publicação da *Física* (28 de Março de 1592)[207], concluiu-se a revisão e censura de outros comentários conimbricen-

---

[205] ARSI, *Lus.* 71, f. 56. A carta é dirigida ao provincial João Álvares e tem data de 25 de Janeiro de 1592.

[206] De opinião diferente MARTÍNS e GOMES nas obras citadas. Em particular, Gomes associa a controvérsia entre Góis e Fonseca ao problema da colegialidade do *Cursus*. Interroga-se se os comentários deviam ser considerados de facto uma obra coletiva ou se deviam ser atribuídos apenas ao engenho de Góis, para concluir que Góis foi quem deu corpo a uma obra que outros tinham esboçado e da qual sentia-se culturalmente parte integrante [ID., *Os conimbricenses*, cit., pp. 44-46]. MARTÍNS, por seu lado, realça a preocupação obsessiva de Fonseca com a revisão dos textos, atribuindo-lhe toda a responsabilidade pelos atrasos editoriais dos outros comentários, e sublinha a antipatia entre Fonseca e Góis, apresentando hipóteses não conclusivas (Fonseca nunca é mencionado nos textos publicados por Góis) em apoio da sua tese. [ID., "The Conimbricenses...", cit., p. 8].

[207] Assim, na carta de Góis de 4 de Abril para Acquaviva [ARSI, *Lus*, 71, f. 105r].

ses, que viriam a lume em 1593, editados por Simão Lopes em Lisboa. Tratava-se dos comentários a *De coelo, Meteororum, Parva Naturalia,* que saíram ao mesmo tempo[208] e que, como vimos, constituíam de facto os materiais já preparados por Góis durante os primeiros três anos em que fora incumbido do *Cursus*. A comissão inquisitorial, constituída por Bartholomeu Ferreira, Nicolau Pimenta (Reitor do Colégio de Coimbra), Luís de Soto Maior e Rodrigo Góis, não só reconheceu a oportunidade, mas também o dever de publicar os volumes, *ob eximiam utilitatem & fructum, quem bonarum artium studiosis ubique allaturi sunt*[209].

Sempre em 1593 começava a publicação dos comentários à *Ética* e ao *De generatione,* mas os volumes tiveram destino diferente: o primeiro foi publicado no mesmo ano, juntamente com os outros comentários, na tipografia de Lopes; o segundo recebeu o *excudatur* apenas em 1595, e foi impresso em Coimbra pela tipografia universitária de Mariz (que editara os comentários sobre a *Física*) em 1597. Facto curioso, os comentários *in Libros Ethicorum Aristotelis ad Nichomachum* são os únicos da série a não ter na folha de rosto o nome do colégio, apesar de haver referência ao Curso conimbricense (o título continua com *aliquot Conimbricensis Cursus Disputationes in quibus Praecipua quaedam Ethicae Discipline capita Continentur*). Mariz imprimiria, em 1598, o comentário ao *De anima,* redigido por Manuel de Góis, ao qual todavia foram anexados dois breves tratados, o *Tractatus de anima separata* e a *Tractatio aliquot problematum, ad quinque sensum spectantium,* que podem ser atribuídos respetivamente a Baltazar Álvares e a Cosme de Magalhães (que colaborou ativamente na redação do volume inteiro). O primeiro regia o curso

---

[208] Na realidade, uma carta de Góis a Acquaviva informa que o projeto abrangia «os livros de caelo, Meteora, Parva naturalia, Ethica» [ARSI, *Lus.*, 71, f. 105r].

[209] *Commentarii Collegii Conimbricensis Societatis Iesu In quatuor Libros de Coelo Aristotelis Stagiritae,* Lisboa, 1593, "Iudicium eorum, qui ad hos commentarios ex officio Sanctae inquisitionis recognoscendos constituti fuerunt".

de Filosofia em Coimbra durante os anos de publicação do *Cursus* (1594-98), o segundo ensinava teologia e humanidades no colégio de Santo Antão em Lisboa.

Com a edição do *De anima*, o trabalho de Manuel de Góis parecia ter chegado ao fim: a enorme obra do *Cursus* declarava-se concluída no fim do volume: «Só resta ao Colégio Conimbricense da Companhia de JESUS, que empreendeu, graças ao trabalho comum, a edição de todo o curriculum da filosofia, agradecer a Deus, que o inspirou no princípio, e o levou ao almejado fim»[210].

Na realidade, a ninguém (muito menos aos provinciais) escapava o inacabamento da obra: faltavam ainda a *Lógica*, com a qual, aliás, o *Cursus* deveria ter começado, seguindo o percurso tradicional, e a *Metafísica*. Faltavam, em suma, as áreas disciplinares vigiadas e guardadas ciosamente por Pedro da Fonseca, que, embora reconhecesse a dificuldade da sua especulação para o uso escolar que devia ser feita dela, tinha dificuldades em deixar o campo a outros; muito menos a Góis, que apesar de tudo conseguira levar a cabo o trabalho.

Os provinciais já tinham manifestado a intenção de continuar o *Cursus*, e em 1592 pensou-se em pedir a Fonseca que redigisse um compêndio simplificado da sua *Metafísica*. O provincial Francisco de Gouveia[211], todavia, escreveu a Acquaviva apresentando os problemas e a oportunidade em confiar o encargo a Fonseca ou a Góis. Parece que este último se tinha oferecido para acabar a obra, embora tivesse ainda que cuidar da publicação dos outros volumes, e, para defender a sua causa, manifestava a intenção de expor opiniões

---

[210] «Illud superest, ut quem laborem communium studiorum gratia, Societatis IESU Conimbricense Collegium posuit universae philosophiae edito curriculo, gratum sibi esse velit Deus, qui & coeptis aspiravit, & ad optatum exitum promovit» [*Commentarii Collegii Conimbricensis Societatis Iesu, In tres libros De Anima, Aristotelis Stagiritae*, Coimbra, 1598, p. 558].

[211] ARSI, *Lus.* 79, f. 396.

comuns, ao contrário das posições pessoais (e portanto discutíveis) que Fonseca tomaria, em linha com os comentários à *Metafísica* da qual, entretanto, continuava a preparar a edição. O ano de 1598 coincidiu com a morte de Manuel de Góis, e a *Metafísica* perdeu, desta forma, o seu único autor possível [212].

Decidiu-se confiar a outro docente de Coimbra, Sebastião do Couto [213], regente de filosofia entre 1597 e 1601, a composição do volume da *Lógica*, e provavelmente depois de 1598 foi incumbido de preparar também os materiais para a *Metafísica*. Apesar da morte de Pedro da Fonseca, acontecida em 1599 em Lisboa durante a Congregação Provincial, a *Metafísica* foi definitivamente abandonada e a *Lógica* teria o mesmo destino se não surgisse uma exigência editorial que punha em causa diretamente o bom nome do Colégio de Coimbra. Em 1604 apareceram, com saída contemporânea em Frankfurt, Hamburgo, Colónia, Basileia e Veneza os *Collegii*

---

[212] A edição do *De anima*, aliás, pode ser considerada póstuma: foi Cosme de Magalhães quem tomou conta dela e, provavelmente, foi este o motivo para a inserção no volume do seu tratado e do de Álvares [cf. J. DOYLE, *The Conimbricenses. Some Questions on Signs*, Marquette University Press, Milwaukee 2001, p. 16].

[213] Sebastião do Couto, natural de Olivença (Badajoz), então em território português, fora estudante em Évora. Em Évora estudara filosofia, e começara os estudos teológicos que todavia interrompeu em 1592 para ir a Lisboa chamado por Pedro da Fonseca para colaborar com ele. Regressado a Évora, obteve os graus de Filosofia em 16 de Janeiro de 1596 e ali ensinou durante um ano, antes de lhe ser confiada a regência de filosofia em Coimbra e a incumbência de escrever a *Dialectica*. Couto, cuja produção se limitou à *Dialectica* e à escrita de Sermões, seria protagonista de dois episódios relevantes para a Universidade eborense e para a história de Portugal. A sua nomeação, em 1609, como vice-reitor do Colégio da Purificação desencadeou uma revolta estudantil que exigiu a intervenção das autoridades civis e eclesiásticas, enquanto, em finais do período dos Filipes, ele foi um dos responsáveis dos motins de Évora (1637), contra o domínio espanhol, nos quais a multidão aclamou João, duque de Bragança, novo rei de Portugal. Três anos mais tarde, favorecido também pela política externa de Richelieu, Portugal reconquistou a independência da Espanha e os Bragança começaram a terceira (e última) dinastia de reis portugueses com D. João IV. Ver J. F. MEDEIROS, "O oliventino Sebastião do Couto, mestre insigne da Universidade de Évora e alma das alterações de 1637", *Anais da Academia portuguesa da História* 18 (1969), pp. 17-32; D. ALDEN, *The Making of an Enterprise...*, cit., pp. 97-100; J. VAZ DE CARVALHO, "Jesuítas portugueses com obras filosóficas impressas nos séculos XVI-XVIII", *Revista Portuguesa de Filosofia*, 47 (1991), pp. 651-659.

Conimbricensis Societatis Iesu commentarii doctissimi In universam logicam Aristotelis, nunc primúm editi edição de Froben: uma vasta operação comercial que, evidentemente, aproveitava a 'marca' Coimbra, mas que na realidade era uma contrafação editorial que se baseava na colação das lições eborenses de Gaspar Coelho[214]. A que foi chamada *Lógica Furtiva*, obrigou o Colégio conimbricense a reagir, e Sebastião do Couto teve de preparar os *Commentarii [...] in universam Dialecticam* em breve tempo[215]. O último volume do *Cursus* veio a lume, na tipografia universitária de Coimbra (então dirigida por Diogo Gomes Loureiro) em 1606, e foi – mais uma vez – ocasião para pedir desculpa pelo atraso:

> Ocorreu o perigo deste furto no período de tempo que antecedeu esta edição da VERDADEIRA LÓGICA CONIMBRICENSE, que adiámos na expectativa de todos: para que o tempo, mestre de todas as coisas, e as contínuas discussões de muitas opiniões, das quais neste livro tornaremos claros os assertores, discernissem

---

[214] A tese é apoiada por F. STEGMÜLLER, *Filosofia e teologia nas Universidades de Coimbra e Évora no Século XVI*, [Trad. por Alexandre Morujão]. Instituto de Estudos Filosóficos, Coimbra 1959, p. 98. Uma reconstrução pormenorizada da história encontra-se em P. GOMES, *Os Conimbricenses*, cit., pp. 52-55. Os textos editados nas cinco cidades, apesar de pertencer a uma única operação editorial, apresentam diferenças nos textos.

[215] Assim o aviso *Ad lectorem* da Dialética de COUTO: «Antequam Logicae in publicum evulgandae fidem multis promissionibus obligatam absolveremus, illam pro nobis mala fide bibliopolae quidam liberarunt: qui, ut cum sui oppidi nomine congruerent, Franco Furti, furtiva Dialecticae glossemata Cursus nostri Commentariis supposuerunt: scripta quidem ante annos triginta caliginoso adhuc seculo, ab uno ex veteribus magistris, verum non communi consilio, sed privata industria, ut suis auditoribus in Schola traderet, cum de typis nec somnians cogitaret». Trabalho não colegial mas individual e afastamento temporal das lições de Coelho, constituem os elementos negativos com os quais Couto sintetiza a operação frobeniana, elementos que contrastam com o verdadeiro espírito conimbricense. «Para os comentar, e como era usança, Couto teve que sobretudo compilar, afeiçoando à sua maneira, os cursos manuscritos preexistentes que circulavam entre Évora e Coimbra» [M. SANTIAGO DE CARVALHO, Introdução a *Comentários a Aristóteles do Curso Jesuíta Conimbricense (1592-1606). Antologia de textos,* Altera, Coimbra 2011, p. 6].

mais em profundidade a verdade, que a imensa fecundidade dos nossos tempos assaltou com tal multidão de homens e livros[216].

Com a *Lógica* chegava ao fim o *Cursus* do Colégio das Artes, ou seja acabava com o texto com o qual devia ter começado. Entretanto nas classes de Dialética, em Coimbra, com toda a probabilidade leram-se as *Institutiones* de Fonseca, apesar do enorme número de questões que dificilmente podiam ser abordadas ao longo do ano escolar e de uma abordagem metodológica que nem todos os lógicos jesuítas partilhavam[217]. A autoridade institucional de Fonseca atuara em profundidade no tecido cultural da Companhia, e a sua obra permaneceu como texto oficialmente recomendado pela *Ratio studiorum*. O próprio Couto, ao apresentar a Dialética conimbricense, remetia os que quisessem embrenhar-se nos meandros dos *Topica* e *Elenchorum* para a obra do *Aristóteles português*: «Para não enredar o leitor nos labirintos dos Tópicos e dos Elencos, decidimos compôr uma suma à maneira de compêndio, e remeter os curiosos caçadores de tais subtilezas para a Introdução de P. Pedro Fonseca na nossa Companhia, cuja doutrina, o primeiro leite da Dialética, esta Academia instila nos seus estudantes»[218].

---

[216] «Huius furti periculum fuit in illa temporis intercapedine, quae ad hanc VERAE LOGICAE CONIMBRICENSIS editionem intercessit, quam communi expectatione longius protraximus, ut tempus rerum omnium magister, & diuturnae concertationes multarum opinionum, quarum nos hoc in libro assertores profitemur, veritatem altius discuterent, in tanta doctorum Hominum, & librorum multitudine, quam immensa temporum nostrorum faecunditas invexit» [*Ibidem*].

[217] «We have certain indications that there were those who did not appreciate *Dialectical Institutions* as an introductory text for students of the College of Arts. This was not, in fact, the common way of presenting Logic outside circles influenced by Petrus Ramus [...] and by the humanist critique of scholastic Logic. The program of Arts aimed for an approach to Logic that would follow close upon the texts of the Organon, attempting a compromise between the exigencies of the more recent Aristotelianism and the scholastic lines of Parisian inspiration» [A.M. MARTINS, "The Conimbricenses..", cit., pp. 8-9].

[218] «Ne in Topicorum, & Elenchorum labyrinthos Lectorem induceremus summam compendiose texere constituimus, & curiosos earum fabricarum aucupes mittere ad

No amplo panorama da literatura aristotélica do século XVI, o *Cursus* apresenta-se como um produto exemplar. Antes de mais, pela variedade da sua composição: todos os volumes, com exceção da *Ética*, são comentários para o curso de Artes, mas nem todos propõem o texto aristotélico completo; as edições estrangeiras (maioritariamente impressas em Lyon e Colónia) apresentam o texto grego com tradução em latim ao lado, enquanto os originais de Coimbra e Lisboa apenas a versão latina; os volumes que não contêm o texto original compõem-se de questões sem *explanationes* ou *explicationes*. Para além disso o *Cursus* é exemplar pela escolha cuidadosa do texto aristotélico a comentar. Se, por um lado, mantém-se o esquema escolástico do comentário, com as glosas que rodam à volta de uma janela central, onde se reproduz um breve trecho de texto, por outro lado a preocupação com a explicação filológica do texto e a escolha criteriosa de uma específica tradução revela uma sensibilidade humanista que se mistura e disfarça com a ostentada finalidade escolar do produto editorial.

Como demonstraram Schmitt, Lohr e Copenhaver[219], a literatura aristotélica dos séculos XV e XVI é um universo em contínua evolução. Textos, traduções, comentários (em prosa ou em verso), textos com comentários, questões ou disputas, *scholia*, monogra-

---

Introductionem D. Petri Fonsecae e nostra Societate, cuius doctrinam, seu primum lac Dialecticae suis studiosis haec instillat Academia».

[219] C. H. LOHR, "Renaissance Latin Aristotle Commentaries: Authors A-B", *Studies in the Renaissance*, 21 (1974), pp. 228-289; ID., "Renaissance Latin Aristotle Commentaries: Authors C", *Renaissance Quarterly*, 28 (1975), pp. 689-741; ID., "Renaissance Latin Aristotle Commentaries: Authors D-F", *Renaissance Quarterly*, 29 (1976), pp. 714-745; ID., "Renaissance Latin Aristotle Commentaries: Authors G-K", *Renaissance Quarterly*, 30 (1977), pp. 681-741; ID., "Renaissance Latin Aristotle Commentaries: Authors L-M", *Renaissance Quarterly*, 31 (1978), pp. 532-603; ID., "Renaissance Latin Aristotle Commentaries: Authors N-Ph", *Renaissance Quarterly*, 32 (1979), pp. 529-580; ID., "Renaissance Latin Aristotle Commentaries: Authors Pi-Sm", *Renaissance Quarterly*, 33 (1980), pp. 623-374; ID., "Renaissance Latin Aristotle Commentaries: Authors So-Z", *Renaissance Quarterly*, 35 (1982), pp. 164-256. C. B. SCHMITT, *Problemi dell'aristotelismo rinascimentale*, Bibliopolis, Napoli 1985; C. B. SCHMITT - B. COPENHAVER, *Renaissance Philosophy*, Oxford Paperbacks, 1992.

fias, compêndios, orações e *vitae, tabulae* dicotómicas, *problemata* e *florilegia*, abecedários, índices de palavras, em grego, em latim ou em vernáculo: não houve género literário ou paraliterário a que a pedagogia do Aristotelismo se esquivou[220]. Os géneros literários que acompanham as edições dos séculos XV e XVI dos textos de Aristóteles subdividem-se num rico catálogo, em latim e em vernáculo, capaz de se adaptar às exigências de humanistas requintados, subtilíssimos professores de Artes, estudantes espertos à procura de exames, e leitores comuns interessados numa genérica formação moral de matriz peripatética: tudo o que gira à volta dos comentários, como as tábuas e os índices, destinava-se ao mundo universitário, enquanto traduções em vernáculo (quase sempre da *Ética*), florilégios ou *secreta secretorum* acabavam nas casas dos leitores comuns. A invenção da imprensa tornará esta literatura um vendaval. A receção das obras de ou sobre Aristóteles pode ser classificada, não só por género literário, mas também por esferas sociais: enquanto os leitores comuns e os humanistas tinham predileção pela *Ética* a Nicómaco e pela *Poética*, o mundo universitário continuou em geral a procurar a *Física*, o *De Anima* e a *Lógica*. Ou seja, continuou a trilhar o caminho da escolástica medieval, constelado por uma selva de comentários que cobria, sob forma de glosas e questões, o texto lido e *prelecionado* pelo mestre na escola.

John Doyle[221] propõe que se divida os comentários escolásticos em três géneros: as *expositiones per modum commenti*, como os co-

---

[220] «Livros deste tipo tornaram-se com o tempo cada vez mais complexos. Tornou-se mais comum e articulada a organização do texto em capítulos, subpartes e parágrafos com o acompanhamento de títulos de capítulos, palavras-chave marginais, subtítulos e resumos de cada parte. Entre o período dos incunábulos e finais do século XVI a ordem das palavras na página tornou-se de mais fácil utilização, e a forma como cada livro era organizado tornou-se mais evidente a uma simples vista de olhos. Tudo isso facilitou o domínio do material e tornou mais produtiva a comunicação entre mestre e estudante» [C. B. SCHMITT, *Problemi dell'aristotelismo rinascimentale*, cit., p. 69].

[221] J. DOYLE, *The Conimbricenses: Some Questions on Signs*, cit., p. 16.

mentários de Avicena e, em contexto latino, de Alberto Magno[222]; as *expositiones per modum quaestionis*, como as de Averróis e Tomás de Aquino; as *quaestiones subtilissimae*, como as de Duns Escoto, cujo método era, substancialmente, uma evolução das questões tomistas: o texto era pontuado por *customary questions* que surgiam da leitura[223]. Segundo Doyle, os comentários do *Cursus* conimbricense integrariam este último género. A subdivisão, naturalmente, simplifica e deforma o panorama da escolástica medieval, e esforça-se por limitá-lo dentro de critérios de coerência, mesmo que seja unicamente estilística. Os autores mencionados como exemplos, na realidade, escreveram obras de diferente natureza: para referir um único caso, o comentário sobre o *De Hebdomadibus* de S. Tomás deveria provavelmente ser inserido no modo escotista. Para além disso, a colocação do *Cursus* num único género é forçada: enquanto *Física, De coelo, De anima* podem caber nele sem grandes distorções, a *Dialética* cabe apenas por alguns livros, e isto vale também em relação aos *Parva Naturalia, De generatione* e *Meteororum*, enquanto a *Ética*, constituída apenas por *aliquot Disputationes*, não tem nada a ver com este género. A distribuição em três géneros (ou métodos, como escreve Doyle) tem o mérito, porém, de oferecer coordenadas bastante precisas do espaço em que se move o Comentário me-

---

[222] «The paraphrase, which though used by Albert the Great in imitation of Avicenna enjoyed little favor in the Middle Ages, underwent its most important development in the sixteenth and seventeenth centuries. This was especially true in Germany, where the paraphrase was used in conscious contrast to the medieval commentary as the expression of an attempt to penetrate through the medieval ideological overlay to Aristotle's true meaning» [C. H. LOHR, "Renaissance Latin Aristotle Commentaries: Authors A-B", cit., p. 231].

[223] Como afirma SCHMITT (retomado por MARTÍNS): «O método basilar de explicação utilizado por Nifo, Pomponazzi, Zabarella ou pelos comentadores de Coimbra não é radicalmente diferente da maneira de comentar de Tomás de Aquino, Giovanni Buridano ou Walter Burley. Visava-se uma compreensão filosófica, com a introdução de questões filológicas ou históricas a intervalos relativamente pouco frequentes, e normalmente só quando eram julgadas relevantes para o ponto em discussão» [ID., *Problemi dell'aristotelismo...*, cit., p. 41].

dieval, e no qual continuará a permanecer em geral o Comentário escolastico renascimental, do qual os volumes do *Cursus* – como já dissemos – são um caso exemplar. O *Cursus* funde, com efeito, algumas das formas da tradição escolástica (nas variantes renascimentais evidenciadas por Lohr no seu levantamento bibliográfico): como o comentário renascentista, alguns volumes do *Cursus* não dizem respeito apenas a um livro do Estagirita, mas reúnem vários (é o caso do comentário *in universam Dialecticam*); como as *quaestiones*, o volume da *Ética* explana a divisão da disciplina aristotélica em *disputationes*, reproduzindo no comentário a didática viva da dimensão escolástica; como outros *cursus*, o conimbricense abrangia os *opera omnia* de Aristóteles (com exceção da *Metafísica*, o que era sentido justamente como uma lacuna do projeto)[224]. Apesar destas variantes, a forma do comentário escolástico que o *Cursus* retoma e reproduz, em finais do século XVI, apresenta sinais de cansaço pós-bulímico. O *Cursus* coloca-se, em suma, no fim de uma história: a história do comentário medieval. O século XVII será o século do tratado, e o mundo universitário adaptar-se-á a ele. Apesar disso, no interior da forma "comentário", os conimbricenses adotarão algumas estratégias em plena sintonia com as exigências contemporâneas de cuidado com o texto e de análise filológica: é a estratégia, em particular, da *explanatio*, na qual se conjugam o objetivo escolástico de fornecer um léxico mais rigoroso para as sucessivas questões e, sobretudo, para as disputas na aula; e o objectivo "humanista" de

---

[224] «The *cursus* (*summa, tractatio, institutio*), which had its origin in such works as Albert of Orlamünde's *Philosophia pauperum* and Peter of Dresden's *Parvulus philosophiae naturalis*, enjoyed in accordance with the textbook character of much of renaissance Aristotelianism a great popularity, especially in Catholic schools and in France and Holland. This form came to embrace not only *cursus* for the whole of logic or natural philosophy, but also *cursus totius philosophiae Aristotelis*, often of a decidedly dogmatic stamp, *secundum veram/genuinam/authenticam doctrinam doctoris angelici/subtilis*, etc.» [C. H. LOHR, "Renaissance Latin Aristotle Commentaries: Authors A-B", cit., p. 231].

procurar, através ou para além dos comentadores antigos e recentes, a palavra do "verdadeiro" Aristóteles[225].

Este aspeto sincrético do *Cursus* encontra-se onde Góis e Couto reproduziram o texto aristotélico. O *Cursus*, com efeito, foi publicado em três vagas sucessivas e, pelas razões que diremos, o texto aristotélico (em tradução) não se encontra presente nalguns volumes. Da primeira vaga (1591-93), a *Física* e o *De Coelo* apresentam-se com texto integral, *explanatio*, questões colocadas entre os trechos, divididas por artigos e soluções. *Meteororum* e *Parva Naturalia* não apresentam o texto aristotélico, nem a *explanatio*, mas tem mais a estrutura de um tratado do que de *quaestiones*. No proémio dos *Meteororum*, Góis aborda a questão do método, e procura explicar ao leitor a razão pedagógico-didática da supressão do texto aristotélico:

> Decidimos *(tendo em vista aquela brevidade, que julgamos necessária para os estudantes de Filosofia, que devem cumprir o curriculum de artes num tempo definido)* [i.n.], decidimos, repito, fazer nesta obra o que fizemos nos livros dos *Parva Naturalia*, ou seja eliminar a *explanatio* do texto aristotélico, e, como é nosso hábito, também as questões a discutir, de ambas as partes: das coisas que mais frequentemente são ditas por Aristóteles, as mais

---

[225] Segundo SCHMITT, o método das *adnotationes*, era bastante diferente do comentário tomista: «dava-se maior atenção à análise filológica das palavras e das frases, procuravam-se paralelismos históricos, o texto era explicado mais frequentemente através de autores clássicos em vez de filósofos medievais e, o que é talvez o facto mais importante, faltava definitivamente a afiada *quaestio* escolástica» [C. B. SCHMITT, *Problemi dell'aristotelismo rinascimentale*, cit., p. 69]. O que todavia contraria a descrição de Schmitt, ao menos pelo que diz respeito ao *Cursus* conimbricense, que ele identifica com o comento tomista, é o conteudo peculiar da *explanatio;* a qual, embora não possa ser julgada, como faz de forma entusiasta Martíns, uma *great innovation* nem tão-pouco pensada «para ultrapassar a inevitável incomensuralidade entre texto latim e texto grego», vai todavia na mesma direção filológica das *adnotationes* humanistas [A. M. MARTINS, "The conimbricenses...", cit., p. 10].

dignas e relevantes foram escolhidas e resumidas, juntamente com outras, a nosso ver, pertinentes para o mesmo objectivo, e tudo, segundo o nosso juízo, foi distribuído em capítulos e categorias para os que lêem: a fim de que daquelas coisas, que por si só são interessantes, mais ainda a *explicatio* resulte interessante e substancial[226].

A *Ética* conclui a primeira vaga em 1593, e – como vimos – apresenta-se como um produto totalmente diferente dos anteriores: nada de texto, nem de *explanatio*, nem de tratado, mas sim *disputationes* sobre assuntos específicos (*de bono, de fine, de felicitate...*), divididas tomisticamente em questões e artigos[227]. A dimensão, e o peso cultural, de cada volume do *Cursus*, é manifestamente diferente[228]: as exigências do *curriculum* ditadas pelo escasso tempo disponível para completar o curso de Artes, impõe uma selecção

---

[226] «Statuimus autem *(*ob eam, quam profitemur brevitatem, plane necessariam Philosophiae auditoribus, artium curriculum praefinito tempore absolituris) statuimus, inquam, in hoc opere, quod etiam in libris Parvorum Naturalium fecimus, omissa explanatione Aristotelici contextus, ac fere etiam consuetudine nostra quaestiones in utranque parte disputandi: ex ijs, quae ab Aristotele sparsim traduntur, digniora, praestantioraque in unum seligere, & alia ad idem institutum pertinentia ijs adiungere, atque omnia arbitrato nostro in capita summatim distributa legentibus proponere: ut harum rerum, quae per se admodum iucundae sunt, & iucundior & compendiosior esset explicatio». A eficácia didáctica do sistema de Góis é sublinhada também por Des Chene: «What strikes me more, when I compare the Coimbrans' work with that of, say it, Buridan, Zabarella, or the later Jesuit textbook of Arriaga, is its readability. Goes may get bogged down in logical murk (it was Fonseca, after all, who wrote the logic commentary), but the brevity of his articles, which seldom run more than a few pages, ensures that there will not be long stretches of unparagraphed text that fatigue the eye, or multiple bouts of reply, counter-reply, and counter-counter--reply, that strain the memory» [D. DES CHENE, "An Aristotle for the Universities: Nautral Philosophy in the Coimbra Commentaries", in S. GAUKROGER, J. SCHUSTER, J. SUTTON (eds.), *Descartes' Natural Philosophy,* vol. 1, p. 42].

[227] GOIS volta, no Proémio, ao argumento do texto aristotélico: «Omittimus autem, ut in Meteororum & Parvorum Naturalium libris, interpretationem Aristotelici contextus: non quod eum negligendum putemus, sed quia non quid ab alijs scriptum sit, aut scribi a nobis possit, sed quid Philosophiae auditoribus, certo annorum specio eis praescripto, enarrari queat perpendimus».

[228] Veja-se em particular C. B. SCHMITT, *Problemi dell'aristotelismo rinascimentale,* cit., pp. 75-76.

severa do texto aristotélico, mas o modo escolástico com o qual saem do impasse didático muda conforme cada texto. *Física* e *De coelo* têm uma importância evidentemente maior, como de resto impunha a relevância da filosofia natural na cultura académica da época. Veremos mais à frente os conteúdos e as posições dos conimbricenses em relação à batalha do tempo para a leitura do cosmos e dos fenómenos naturais. Por causa das dimensões diferentes, os volumes sem texto serão muitas vezes reunidos e publicados em antologia, abstraindo da ordem original de saída dos vários volumes em Coimbra e Lisboa.

A segunda vaga (1597-1598) é constituída por *De generatione et corruptione* e *De anima,* que apresentam, sem contar com os tratados anexos ao segundo, o texto aristotélico, *explanationes, explicationes,* e questões. A última vaga é constituída pela *Dialética* organizada por Sebastião do Couto, na qual são inseridos trechos de textos (apenas *Categorias* e *De interpretatione* integrais) do *Organon*. No primeiro volume da *Dialética*, também a *Isagoge* de Porfírio apresenta o texto completo. O comentário é estruturado, de forma análoga como nos últimos, em questões e artigos[229].

---

[229] Sobre a estrutura dos textos, cf. P. GOMES, *Os conimbricenses,* cit., pp. 59-61. A reconstrução da estrutura dos comentários, leva Gomes a concluir que: «O curso conimbricense apresenta diversas inovações: evidente modernidade quanto à esfera dos conhecimentos, alargando-se a presença do número de especialidades; uma metodologia expositivo-demonstrativa orientada para o diálogo e a participação na controvérsia; as explanações ao centro do texto, em caracteres tipográficos mais pequenos e, em torno, os comentários questiunculares. Enfim, simplificavam-se as questões e as explanações, porque, em vez de ser o professor a ditá-las, punham--se, diante dos estudantes, as fontes originais e magistrais» [Ibid., p. 61]. Segundo Gomes, que retoma as teses de D. M. GOMES DOS SANTOS, os conimbricenses teriam adotado, em relação às questões, o método do franciscano (primeiro observante, depois capucho) Frans (Franciscus) Titelmans, docente no *pedagogium* Het Varken de Louvain, cujo *Compendium dialecticae ad libros logicorum Aristotelis; De consideratione Dialectica libri VI* (1533) parece ter sido adotado no colégio de Santa Bárbara durante os anos em que foi estudante Simão Rodrigues. Titelmans foi autor também de um *Compendium philosophiae naturalis* que teve larga difusão entre 1530 e 1596. Ver D. M. GOMES DOS SANTOS, "Francisco Titelmans OFM e as Origens do Curso Conimbricense", *Revista Portuguesa de Filosofia,* 11 (1955), pp. 468-478 e C.H. LOHR, "Renaissance Latin Aristotle Commentaries: Authors So-Z", *Renaissance Quarterly*, 35 (1982), pp. 196-197. Sobre Titelmans e a função dos manuais no ensino

A centralidade da *quaestio* no *Cursus* não se discute. Continua a ser, como para os comentários medievais, o instrumento filosófico que os conimbricences privilegiam. A *quaestio* é o dispositivo do ensino universitário em Coimbra: ao mesmo tempo instrumento e substância. Ensina-se a distinguir, resolver e argumentar, e o ensino é feito distinguindo, resolvendo e argumentando. No *curriculum* de Artes, do qual o *Cursus* é espelho, a questão é o elemento basilar e necessário. Conhecer a estrutura, o desenvolvimento e as nuances da *quaestio* é a primeira preocupação pedagógica dos jesuítas. A *quaestio*, todavia, está ao serviço da disputa, onde a competição dialética, lógica, e certamente também oratória encontram o seu campo de aplicação educativa.

No interior do desígnio pedagógico conimbricense o seu significado muda em relação à tradição escolástica, onde a disputa é *itinerarium* em direção a um cume, o da *summa*, compêndio e resolução de todos os saberes humanos e por isso um fim em si; enquanto em Coimbra a disputa é o momento de um percurso terreno, na rede de caminhos e situações característicos da civilização humana. Um percurso onde se pode circular e voltar atrás, que não prevê uma mudança de estado, mas apenas a aquisição de uma habilidade socialmente utilizável. A estrutura dos comentários conimbricenses, onde a sucessão das questões e dos textos (ou mesmo apenas o desenvolvimento interior das questões, quando falta o texto) responde mais às dinâmicas de um ritmo do que à estática de um edifício, torna evidente um facto: a escrita (o que é impresso) é funcional para outra coisa para além de si mesma[230]. A vida escolar,

---

lovaniense, veja-se também D. A. LINES, "Teaching Physics in Louvain and Bologna. Frans Titelmans and Ulisse Aldobrandi", in E. CAMPI, S. DE ANGELIS, A.-S. GOEING and A.T. GRAFTON (eds), *Scholarly knowledge. Textbooks in early modern Europe*, Droz, Genebra 2008, pp. 183-204.

[230] Diferente a opinião de LOHR, seguida também por Alison SIMMONS, segundo o qual os manuais jesuítas (não só os de Coimbra) são *unusually systematic and philosophical*, em contraste com os comentários escolásticos dos séculos anteriores,

e em perspetiva a vida citadina, está fora do texto, e a parte mais importante do *Cursus* encontra-se justamente no que não está escrito, ou seja nas questões levantadas nas disputas durante as aulas com base na criatividade dos estudantes de Artes. As *quaestiones* inseridas nos comentários não passam das mais gerais, ou, quando se apresentam como específicas, não passam de exemplos do que a disputa oral quer e deve ser. A *quaestio*, portanto, é central, mas não esgota o *Cursus*, que pelo contrário vive justamente das páginas não escritas e dos exercícios feitos ao longo das disputas, mas não registados. Esta é a exigência curricular característica de Coimbra, que desde a fundação do Colégio Real alia as mais elaboradas subtilezas de Santa Bárbara à inspiração ramista e bordalesa; funde a observância da forma tradicional da *quaestio* com a posse de uma capacidade dialética firme. Nesta mescla, a especulação filosófica adquire valor empírico, justamente por perder a exigência de dizer a verdade, tornando-se num exercício. Tornando-se didática, e escola. Se não fosse assim, o tempo não seria uma categoria tantas vezes mencionada na história pedagógica do *Cursus:* falta sempre tempo, por isso deixamos de lado por vezes o texto, por vezes um conjunto de questões, por vezes um inteiro volume e assim por diante. Falta tempo porque a finalidade didática dos comentários de Coimbra diverge da "substância". Há tempo e deve ser empregue para disputar, para exercitar-se. Toda a filosofia torna-se então didática, e é assim que surge o conceito moderno de escola secundária[231].

---

ou com obras como a *Summa* de Tomás, *a topically but not philosophically systematic text* [cf. A. SIMMONS, "Jesuit Aristotelian Education: *De Anima* Commentaries", in J. W. O'MALLEY – G.A. BAILEY – S.J. HARRIS – T.F. KENNEDY (eds.), *The Jesuits. Cultures, Sciences, and the Arts, 1540-1773*, University of Toronto Press, Toronto 1999, pp. 522-537; e C.H. LOHR, "Jesuit Aristotelianism and the Sexteenth-Century Metaphysics", in H.G. FLETCHER III – M.B. SCHULTE (eds.), *Paradosis: Studies in Memory of Edwin A. Quain*, Fordham University Press, New York 1976, pp. 203-220].

[231] Pinharanda GOMES define-o *o liceu aristotelico* [*Os conimbricenses*, cit., p. 56].

É neste sentido que, para os conimbricenses, o texto aristotélico torna-se numa preocupação constante: fornecer o léxico da disputa e o labor filológico sobre o texto é a melhor propedêutica para o dispositivo da *quaestio*. Oferecer o melhor texto aristotélico significa, para os conimbricenses, dar ao estudante palavras e sintaxe para o discurso vivo. Por este motivo, não convence Martins, que julga o *Cursus* «a high point in the Renaissance editing of texts», mas considera Góis e Couto filólogos mais desinibidos e menos cuidadosos com o texto aristotélico em relação a Fonseca, dando como motivo a simples opção pela versão latina em vez do original grego[232]. Pelo contrário, Góis e Couto prestam muita atenção ao texto aristotélico, que escolhem cuidadosamente no *mare magnum* das traduções disponíveis no seu tempo. Góis e Couto publicam as traduções aristotélicas porque os seus leitores dominam o latim, porque o latim é a língua da *lectio*, porque o latim é a língua da filosofia no seu tempo (a cátedra de filosofia em grego existe apenas no Collège Royal). A escolha de uma tradução em lugar de outra não é neutra: por volta de 1592 o mundo das traduções aristotélicas é de tal forma diversificado que oferece ao editor (e ao leitor) perfis de Aristóteles muito diferentes, e muitas vezes contrastantes.

Os textos de Aristóteles, fornecidos durante a maior parte do século XIII por célebres tradutores como Guilherme de Moerbeke ou filósofos como Domingos Gundisalvi (ou Gundisallinus), sofreram um processo de revisão no século XV, em coincidência com a migração dos intelectuais bizantinos para Florença, os quais, sobretudo com Argirópulo, foram protagonistas de uma revivescência da versão em latim de Aristóteles; mas desta vez a tradução era feita diretamente a partir dos textos gregos que muitas vezes eram acompanhados pelas glosas dos primeiros comentadores gregos, como Alexandre de Afrodisia ou Filópono, que surgiam na cena europeia após séculos

---

[232] Mais matizada a posição de GOMES [Ibid., p. 59].

de esquecimento. Já Bruni (que trabalhou maioritariamente sobre o Aristóteles moral) abrira caminho para ir além do método *verbum e verbo,* característico da tradição anterior, em direção ao modelo humanista que impõe construções latinas ao grego original. Argirópulo levou o método de Bruni em direção à paráfrase do texto, o que lhe valeria mais do que uma censura por parte dos filósofos naturais de profissão, mas que lhe granjeou um êxito persistente entre os séculos XV e XVI. Foi considerado o «iniciador de um novo método» por parte dos vários Lefebvre d'Etaples e Vatable, que seriam alguns dos mais célebres tradutores humanistas do século XVI. A tendência para latinizar Aristóteles atingiu o ápice na França de Quinhentos com o abade Périon, que transformou Aristóteles num verdadeiro *flumen eloquentiae,* cingindo-se escrupolosamente a um latim ciceroniano. Sobre a tradução de Périon choveram críticas durante um século, que não obviaram as benignas emendas de Grouchy, que já vimos ter sido docente primeiro em Bordéus e depois em Coimbra. Durante o século XVI, a disputa sobre o método de tradução viu em contraposição empedernidos escolásticos fiéis a Moerbecke, humanistas ciceronianos intolerantes para com os árabes (mas que também organizaram novas e filológicas edições de Averróis), filósofos naturais preparados a especular sobre um Aristóteles original, ou pelo menos sobre um Aristóteles "mais fiel". Integra este último grupo Francesco Vimercati, cuja *Física* (1550) foi escolhida por Góis para o comentário conimbricense: Vimercati contestava a excessiva liberdade com a qual Périon traíra o sentido da palavra aristotélica, e procurou na tradução uma via mais equilibrada entre o escolasticismo e o humanismo[233]. Aliás, Vimercati era conhecido em Coimbra: colaborara com António de Gouveia na célebre disputa com Pierre de la Ramée perante Francisco I. Segundo Schmitt, a

---

[233] Cf. C. B. SCHMITT, *Problemi dell'aristotelismo rinascimentale,* cit., pp. 121--123.

tradução de Vimercati[234] não se tornou canónica, mas justamente este facto demonstra o cuidado com o qual Góis procurou o texto adequado ao projeto do comentário conimbricense. Na Companhia de Jesus, a tradução da *Física* de Vimercati não era uma novidade, sendo calorosamente aconselhada por Pereira, docente de renome do Colégio Romano e autor do *De principiis* (1576)[235].

Das outras obras que reproduzem o texto aristotélico, o *De coelo* e o *De anima* apresentam a tradução de Argirópulo[236], enquanto o *De generatione et corruptione* propõe a tradução, também em estilo humanista, de Vatable. Couto, por seu lado, na sua seleção optou sobretudo por Argirópulo.

A utilização de Vatable para o *De generatione* é notável por compendiar o sentido do projeto *Cursus*. A linha humanista na tradução da obra aristotélica, com efeito, emendara o título tradicionalmente aceite "De generatione et corruptione" in "De ortu et interitu": Vatable, na senda do caminho aberto por Argirópulo, introduzira o novo título. Os conimbricenses optaram, no seu comentário, pelo texto de Vatable, que começa com «De ortu autem, ac interitu eo-

---

[234] Vimercati publicou traduções e comentários a *De anima* (1543), *Fisica* (I 550), *Metafisica* (1551), *Metorologica* (1556). Póstuma foi a publicação de *De principiis rerum naturalium* (1596). Vários outros comentários ficaram manuscritos não publicados como os ao *De mundo* e ao *De caelo*, à *Etica* e ao *De partibus naturalium*. Cf. N. W. GILBERT, "Francesco Vimercato of Milan: A Bio-Bibliography", *Studies in the Renaissance*, 12 (1965), pp. 188-217. E C.H. LOHR, "Renaissance Latin Aristotle Commentaries: Authors So-Z", *Renaissance Quarterly*, 35 (1982), pp. 217-219.

[235] Num documento que remonta a 1564, "De modo legendi cursum philosophiae", Bento Pereira escreve: «O mestre que deve ler numa universidade famosa [...] no primeiro curso em lugar dos comentários gregos, que são muito longos e obscuros, poderá ler Temistio e Vicomercato" [MP, II, p. 665]. Cf. P.R. BLUM, "Benedictus Pererius: Renaissance Culture at the Origins of Jesuit Science", *Science & Education*, 15 (2006), pp. 279–304.

[236] Segundo Martíns: «We are working in a field in which it will only be possible to produce a reliable study after a critical edition of the texts of the Curso Conimbricense is available. The study would be made particularly complex because, among other reasons, the Latin versions from the Renaissance frequently relied upon other versions of the epoch and even the much criticized but still utilized medieval versions» [A.M. MARTÍNS, "The conimbricenses...", cit., p. 13].

rum», mas decidiram manter o título do volume *De generatione et corruptione,* evidentemente em continuidade com a tradição escolástica universitária.

Como acabamos de ver, a escolha da tradução em latim não implica por parte dos conimbricenses uma falta de atenção filológica para com o texto aristotélico, mas enquadra-se plenamente no contexto universitário europeu mais sensível às influências humanistas. As *explanationes* tornam-se, com efeito, não apenas o lugar de uma explicação dos trechos em termos de conteúdos, mas também de alusão ou aprofundamento do léxico, para o qual em vários casos se abrem verdadeiras janelas filológicas (que não desdenham do uso ou do reenvio à palavra grega).

Justamente o texto grego é a chave que abre as portas aos editores estrangeiros do *Cursus,* que dispunham da tecnologia necessária para a impressão. Desde logo, os volumes saídos em Coimbra e Lisboa suscitam o interesse dos principais mercados europeus: Colonia, Lyon e Veneza são as sedes editoriais onde o *Cursus* terá mais êxito, mas Zeztner (que opera em Colónia e Estrasburgo) e os Giunta de Lyon preferirão preparar o produto oferecendo também o texto grego, com a finalidade evidente de se dirigir a um público mais amplo e com maior capacidade económica do que o visado pela tipografia universitária de Coimbra ou de Lopes de Lisboa.

Da história da difusão editorial do *Cursus,* que conta um número extraordinário de edições e reimpressões concentradas nos primeiros trinta anos depois da *princeps*[237], emerge com plena evidência a predileção alemã pelas especulações escolásticas dos conimbricences. Colónia e Mogúncia, em particular, continuam a oferecer os volumes do *Cursus* de 1593 a 1631[238], quer publicando-os separadamente,

---

[237] Veja-se na bibliografia final a lista das edições, que completa e emenda as anteriores de GOMES e DOS SANTOS CARVALHO,

[238] A *Ética* será novamente impressa em Colónia em 1655, o *De generatione* em Mogúncia em 1650, a *Dialética* em Colónia em 1685. Além disso, serão rea-

quer reunindo-os em conjuntos, quer imprimindo a coleção completa, ou editando compêndios ou *problemata*. O texto grego é quase sempre presente, com a tradução ao lado. O mesmo pode dizer-se das edições leoninas, por vezes sem tradução em latim, que todavia não alcançarão o número das edições alemãs. Mais reduzida a produção de Veneza, que substancialmente realizar-se-á em três vagas sucessivas (1602, 1606, 1616). Relativamente tardia é a penetração conimbricense em terras britânicas, como testemunha o *Brevissimum totius conimbricensis logicæ compendium. Per Hieronymum de Paiva lusitanum, quondam ex societate, quæ dicitur Iesu, iam autem Dei gratia reformatæ ecclesiæ filium indinissimum,* vindo a lume em Londres em 1627, editado por Bellamy (que nessa altura publicava a obra do espanhol Juan Huarte de San Juan, *The triall of Wits* na tradução de Carew)[239]. Diferente, por óbvias razões, a difusão dos comentários conimbricenses no outro lado do oceano, onde as colónias portuguesas e espanholas permitiram à Companhia de Jesus fundar colégios: Brasil, Angola e China assistiram à difusão e à utilização dos comentários[240]. Nesta história editorial não se devem esquecer as edições da *Dialética* e da *Metafísica* de Fonseca que, como vimos, preencheram até 1606 as lacunas do *Cursus*: tiveram uma difusão análoga aos comentários de Góis e de Couto, foram publicadas nos mesmos centros europeus e com análoga cadência temporal em termos de reedições e reimpressões. Como aconteceu com os conimbricenses, foi a Alemanha que teve predileção pela obra de Fonseca:

---

lizadas uma primeira edição completa do *Cursus* com o acrescento das obras de Fonseca por parte de Zetzner em Colónia em 1639 (*Cursus philosophicus Collegii Conimbricensis et Petri Fonsecae | commentariis in Aristotelis Stagiritae organum, libros VIII physicorum, de coelo, meteorologicos...*) e uma segunda edição em 1730 (que é obra única e que pode ser considerada arqueológico-antiquária).

[239] Se a produção editorial inglesa regista apenas o *Compendium*, deve ser lembrado que a Lógica era certamente conhecida e difundida nos meios de Oxford e Cambridge [cf. J.P. DOYLE, *The Conimbricenses. Some Questions on Signs*, cit., p. 20].

[240] Veja-se P. GOMES, *Os conimbricenses*, cit., pp. 94-97.

aspeto que será confirmado com as obras de Francisco Suárez, outro grande metafísico e teólogo da Universidade de Coimbra, ligado à história do *Cursus* através de Baltazar Álvares, autor do tratado *De anima separata* inserido no comentário ao *De anima*, o qual, mais tarde, organizaria a edição das obras póstumas de Suárez entre 1619 e 1628. Completa este quadro histórico a edição da *Logica furtiva*, ou seja a obra que Froben editou em 1604 em várias sedes europeias e que teve imediata difusão na Alemanha (como testemunha o proémio da autêntica *Dialética* conimbricense): não teve mais edições, mas a sua história está indissoluvelmente ligada ao *Cursus*[241].

Veremos mais à frente os influxos culturais que o *Cursus* teve em relação ao pensamento ocidental: o simples levantamento das edições, todavia, é suficiente para concluir que, enquanto em Portugal os comentários tornaram-se num dogma didático nos colégios de Artes (Coimbra, Évora etc...) durante quase um século[242], no estrangeiro foram o pano de fundo para a preparação filosófica dos estudantes dos colégios jesuítas e não apenas ao longo dos primeiros trinta anos do século XVII: João de Santo Tomás (estudante domini-

---

[241] Na epístola proemial dirigida ao "benigno Leitor" lê-se, mais alto que nos comentários autênticos, o elogio de Coimbra e, sobretudo, do seu *método*: «Operae certe precium fecit Collegium Conimbricense, quod succinctis & exasciatis suis lucubrationibus nunquam satis laudandis, opus istud Logicum, si quisquam alius, maxime illustravit, & viam patefecit, ad expeditam & planam eius intelligentiam, ita ut cuilibet mediocriter saltem exercitatio, inoffenso pede stadium istud decurrendi potestas facta sit. Etsi enim multi eruditi viri de Republica literaria praeclare meriti sunt, quod omnes nervos ad hujus autoris explanationem doctissimis suis notis intenderint, nec ego de cujusquam laboribus quicquam imminutum eam: tamen qui ex optimis Aristotelis interpretibus χρησομαθιαν collegerint, atque selectissime quaeque in succum & sanguinem suum converterint, nodosque intricatos majori dexteritate & judicij exquisitione dissolverint, atque in his commentariis factum, vix reperies» [*Collegii conimbricensis Societatis Iesu Commentarii doctissimi in universam Logicam Aristotelis, nunc primum editi*, Tomus Primus, ex Bibliopolio Frobeniano MDCIIII].

[242] Cf. P. GOMES, *Os conimbricenses*, cit., pp. 93-94 e 113-126, onde se reconstroi a história da adoção obrigatória do *Cursus*, em particular da *Lógica* (sendo os volumes da filosofia natural evidentemente mais sujeitos a problemas de atualização), nos colégios portugueses e a atividade de António Cordeiro, docente conimbricense de 1676 a 1680, que empreendeu uma revisão geral do *Cursus*, sendo, nas palavras de Gomes o seu «último renovador».

cano do Colégio das Artes de Coimbra), Descartes, Leibniz, e outros estudaram as páginas de Góis e Couto, retirando delas impressões profundamente divergentes.

O êxito editorial do *Cursus* durou, contas feitas, trinta anos: a sua utilidade didática, além da cultural, começou cedo a manifestar sinais de obsolescência, e justamente nos temas que estiveram na sua origem. O sentido da novidade é bem entendido por Des Chene: «If Aristotelianism could have been renewed, here was its best opportunity. Here, too, one supposes, was a model for the young Descartes»[243]; e todavia, Descartes queixa-se numa carta a Mersenne (3 de Dezembro de 1640), como estudante, que os comentários conimbricenses eram longos e prolixos: isto é, acabavam justamente por fazer perder o tempo que queriam ganhar para a didática viva.

Ainda Des Chene:

> Among the hundreds of commentaries and cursus published from 1550 to 1650, some are routine, or dogmatic, in the way that textbooks can be in any age; and all of them, routine or not, are but rarely cited, except among themselves, after 1700 or so. But the best of them represent the last efflorescence of a philosophical movement that dominated the universities of Europe for four centuries. Among the most widely disseminated were those of Jesuit authors responding to the post-Tridentine call for a renewal of Catholic teaching in the face of schism and heresy. One aspect of this was to make Aristotle more accessible and to stabilize the interpretation of his texts, scraping away layers of controversy that had accumulated since Albert and Thomas[244].

---

[243] Cf. D. DES CHENE, "An Aristotle for the Universities...", cit., p. 42.
[244] Cf. D. DES CHENE, "An Aristotle for the Universities...", cit,, pp. 29-30.

Nas primeiras décadas do século XVII, o que parecera antes uma resolução para a lentidão especulativa de uma escolástica decrépita, ou seja o *Cursus* com a sua nova interpretação do sistema texto--*explanatio-quaestio*-disputa, foi sentido como ainda mais decrépito, por estar enredado nos esquemas de uma universidade que já não existia. A escola secundária, o *Liceu* como diz Gomes, cortara o cordão umbilical que a mantinha ligada aos cursos superiores e precisava, provavelmente, de *manuais* mais leves que se separassem dos seus volumosos precursores.

4. O PROBLEMA DO MESTRE

Existe um único ponto, em todo o *Cursus*, onde os conimbricenses tratam de forma explícita e por extenso a questão educativa: no interior do Comentário à *Dialética*, quando Couto aborda o famoso início dos *Segundos Analíticos*: «Omnis doctrina, & disciplina ex antecedente cognitione fit». A proposição aristotélica apresentava um conjunto de insídias, que uma longa tradição de glosas e comentários acabara por complicar ainda mais. Ao primeiro livro dos *Segundos Analíticos*, ficava-se a dever a instrumentação lógica do discurso científico, a questão das condições do conhecimento, da argumentação, dos primeiros princípios, da demonstração, do raciocínio matemático. Em resumo a *legitimação lógica* do saber. Não admira, então, que o início do livro continuasse a ser um argumento sensível para os lógicos jesuítas, sob cuja influência, aliás, se exercitavam no léxico aristotélico também homens como Galileo Galilei, autor de um *De praecognitionibus et praecognitis* acerca do problema mais árduo que a proposição levantava[245]. Sobre o assunto, a continuidade de Galilei

---

[245] Ver GALILEO GALILEI, *Tractatio de praecognitionibus et praecognitis and Tractatio de demonstratione*, trad. W. F. EDWARDS, Antenore, Padova 1987. C. H. LOHR julga que a influência jesuíta sobre Galilei se estendeu também à formação da sua teoria do movimento: «L'apport jésuite en philosophie de la nature ne s'est pas limité à la production des manuels. A travers les *reportationes* des cours du Collegio Romano, Galilée a connu en philosophie de la nature les enseignements révolutionnaires des maîtres parisiens au XIVe. Le fondateur de la théorie moderne pour la science de la nature a utilisé les travaux des jésuites non seulment dans ses notes de jeunesse sur les *Second Analytiques,* mais aussi dans ses commentaires des traités *Du ciel* et *De la génération et de la corruption*» [ID., "Les Jésuites et

com os mestres do Colégio Romano pôde basear-se nos aspetos que mais propriamente delineiam uma posição jesuíta peculiar (se não de escola, de atitude comum) em relação às mais difundidas tradições tomistas. Para matizar esta posição, os conimbricenses contribuiram preparando o campo, no comentário sobre este passo dos *Segundos Analíticos* (ou seja no âmago da dialética, onde as questões lógicas se tornam fundamentos da ciência), para um empirismo (já linguístico, já educativo) expurgado de toda a marca platónica.

Doutrina e *disciplina* – ou seja o saber nos seus aspectos de exercício e transmissão (mas esta definição deve ser tomada com cautela, a acrescentar às infindas distinções escolásticas que retomaremos mais à frente) – têm de se apoiar num conhecimento anterior: assim diz Aristóteles. Mas, dado o conceito de "anterioridade", surgia também a habitual ambiguidade; e nessa ambiguidade a *vis* distintiva e de definição escolástica exercitaram-se em abundância. Para os comentadores aristotélicos, o problema da anterioridade era o do retorno dos conhecimentos ao *primum*: dado que o saber era fruto de uma progressiva aquisição, ditada por sentidos e fantasmas (ou pelo menos, *non sine phantasiam* como rezava o *De anima*), era possível recuar no caminho do conhecimento do homem até a um dado, não provado mas conhecido, ultrapassando o qual se abria o horror do *infinitum*. Permanecia, no sistema gnoseológico aristotélico uma região povoada por princípios que deviam ser pressupostos, para que o homem pudesse construir o seu conhecimento. Era a região dos primeiros princípios que colocava Aristóteles e todos os seus comentadores perante a sólida e coerente doutrina do mestre Platão: os princípios pareciam demonstrar a reminiscência, e pareciam demonstrar que o conhecimento não era um processo que podia ser adquirido ou transmitido, mas um dado ocultado pelo peso da

---

l'Aristotélisme du XVIe siècle", em L. GIARD (sous la direction de), *Les jésuites à la Renaissance. Système éducatif et production du savoir*, PUF, Paris 1995, p. 81].

matéria corporal. Por outro lado, estes primeiros princípios pareciam constituir, no sistema aristotélico, a trave-mestra da transmissibilidade do saber, e da sua educação: sem eles o conhecimento, para Aristóteles, acabava por basear-se no nada. Perante esta assustadora dificuldade, oferecia-se à tradição cristã um caminho alternativo e certamente menos trilhado: o "problema do mestre", que não poucos grandes da Igreja tinham abordado abertamente, mas que oferecia um arsenal de silogismos e imagens que foram utilizados durante séculos para comentar este *noto incipit* do analítico Estagirita.

No *De Magistro*, Agostinho começa o diálogo colocando uma questão ao filho: «Quid tibi videmur efficere velle cum loquimur?». Adeodato responde com uma expressão que será causa de um equívoco historiográfico de longa duração acerca da natureza da obra: «Quantum quidem mihi nunc occurrit, aut docere, aut discere».

Longe de constituir um problema marginal na arquitetura do pensamento filosófico de Agostinho, a relação entre linguagem e ensino/aprendizagem que o filho propõe no início do diálogo exige um conjunto de esclarecimentos conceptuais que obriga Agostinho a subir a escala dos problemas até atingir os mais universais, como a relação entre os sinais e as coisas, a causa primeira e as causas segundas, o homem e Deus. Apercebe-se disso S. Tomás de Aquino, que ao assunto dedica dois artigos da *Summa Theologiae* (I, Quaest. 117, art. 1 e 2) e uma questão disputada (*De Veritate*, Quaest. XI). Agostinho e Tomás constituem os polos entre os quais surge o campo das opiniões "ortodoxas" sobre o problema: 1) os sinais não indicam a coisa, por isso não podem ensinar, logo nenhum homem pode ensinar outro homem, só Deus é verdadeiro mestre e a verdade *habitat in interiore homine*; 2) os sinais indicam a coisa, através deles é possível ensinar, portanto o homem pode ser mestre de outro homem, embora Deus continue a ser *absolute* o verdadeiro mestre do homem.

A preocupação de S. Tomás é a de salvaguardar a racionalidade da criação: Deus criou a natureza dotando-a da possibilidade de funcionar com as suas forças, ou seja com leis apropriadas que regulam o agir dos agentes naturais, as causas segundas[246]. Também por esta razão, na *Summa Theologiae* a questão 117 é levantada imediatamente depois da relativa ao destino, que S. Tomás define valendo-se justamente das causas segundas: «Fatum est ordinatio secundarum causarum ad effectus divinitus provisos». A questão 117 concerne ao que diz respeito à ação humana, e os primeiros dois artigos ocupam-se diretamente do *docere*.

No primeiro, Tomás enumera quatro razões contrárias à possibilidade que o homem possa ensinar: duas delas são uma exposição do pensamento agostiniano (que, porém, nunca é nomeado), enquanto as outras duas expõem a aparente contradição entre *docere* e causar o conhecimento no outro. O pensamento agostiniano é disfarçado (arg. 1) pela autoridade do *nolite vocare Rabbi* glosado por S. Jerónimo (só Deus é mestre do homem) ou argumentado mediante o problema dos *signa*: o mestre age propondo ao discípulo uns sinais, sejam palavras ou gestos (*nutus*), mas esta proposta não causa o conhecimento do discípulo porque ou os sinais são sinais de coisas que o discípulo já conhece (e por isso o discípulo não aprende nada do mestre) ou de coisas desconhecidas, e por isso o discípulo não entende nada do que lhe dizem. Tomás utiliza uma metáfora que aparecerá muitas vezes, também no Comentário dos conimbricenses: *sicut aliquis proponeret alicui Latino verba Graeca*. Das outras duas objeções,

---

[246] Quero lembrar, em particular, duas edições do *De magistro* de Tomás de Aquino: a organizada por Mario CASOTTI (La Scuola, Brescia 1948) e a mais recente de Edda DUCCI (Anicia, Roma 1995). Sensível à hermenêutica do mestre Fabro, Ducci introduz um São Tomás no qual são plenamente reconhecíveis os motivos neoplatónicos: «A conceção tomista que a realidade é toda suportada e penetrada pela causalidade e participação a nível ontológico geral, é uma confluência de instâncias aristotélicas e neoplatónicas em que a novidade cristã abre para possíveis profundas reações. É justificado e eficaz reconduzir a realidade expressa pelo *de magistro* à totalidade desta conceção; não mudando um movimento pertencente a outras abordagens, mas com o correspondente a perguntas centrais da reflexão primária sobre o ato da educação» [TOMMASO D'AQUINO, *De magistro*, Anicia, Roma 1995, pp. 51-52].

Tomás reproduz aquela segundo a qual para adquirir conhecimento duma coisa são necessários o lume natural e as espécies da coisa inteligida. Mas o homem não pode causar nenhum destes noutro homem, porque constituiria um ato de criação, e por isso não pode causar o conhecimento noutro.

Para responder, Tomás reúne as três opiniões mais comuns no seu tempo: a primeira é a doutrina de Averróis (*de Anima*, III), segundo a qual, dado um único intelecto possível comum aos homens, o homem não ensina outro comunicando-lhe espécies que o outro já possui, mas comunica-lhe o conhecimento que o discípulo já tem conduzindo-o *ad ordinandum phantasmata in anima sua*, de modo que estejam dispostos *convenienter* para a apreensão inteligível. Segundo Tomás, a tese averroísta é verdadeira na medida em que o conhecimento é idêntico no mestre e no discípulo, se considerada na perspetiva da unidade da coisa conhecida; mas é falsa porque estabelece um único intelecto possível.

A segunda doutrina é a platónica, que julga o conhecimento inato à alma *per partecipationem formarum separatarum*. A aprendizagem não é portanto aquisição *de novo*, mas sim reminiscência, dado que o discípulo é conduzido pelo mestre a considerar coisas que já conhecia. O problema principal de Tomás, todavia, é ainda o de salvaguardar as causas segundas, como evidencia a ulterior exposição da tese platónica: «Julgavam que os agentes naturais apenas dispõem ao acolhimento das formas, que a matéria corpórea adquire por participação das espécies separadas»[247].

Os platónicos erram porque o intelecto possível está em potência pura relativamente aos inteligíveis e, como afirma Aristóteles na *Física*, o docente causa ciência em quem aprende conduzindo-

---

[247] «Sicut etiam ponebant quod *agentia naturalia* solummodo disponunt ad susceptionem formarum, quas acquirit materia corporalis per participationem specierum separatarum».

-o da potência ao ato. Tomás explica esta afirmação distinguindo, entre os efeitos causados por um princípio externo, os causados unicamente pelo princípio externo (como a casa, apenas pela arte) e os causados, ora por um princípio externo, ora por um princípio interno (como a saúde, ora causada pela medicina, ora pela virtude natural). O exemplo da arte médica permite a Tomás uma precisão: o princípio externo não causa como agente principal, mas como coadjutor do agente principal, que continua a ser o princípio interno, *confortando ipsum, et ministrando ei instrumenta et auxilia, quibus utatur ad effectum producendum*. O mesmo acontece com o conhecimento, que o homem adquire por sua *inventione* (princípio interno) ou que aprende doutro (princípio externo).

É neste ponto que se coloca a questão central sobre a qual se exercitarão todos os sucessores de Tomás. O Aquinate, com efeito, depois de negar a reminiscência, aborda o problema da *inventio*, que diz respeito à capacidade de conhecer sozinho. Para tornar possível a *inventio*, o comentador de Aristóteles depara com a dificuldade colocada pela ideia do intelecto como uma *tabula rasa*. Tomás vale-se do conceito dos primeiros princípios, acerca dos quais escreve:

> Existe em cada homem um certo princípio da ciência, ou seja o lume do intelecto agente, através do qual são conhecidos naturalmente, desde o princípio, os princípios universais de todas as ciências. O qual, depois, aplica certos princípios universais a certas coisas particulares, das quais adquire memória e experiência através dos sentidos; através da sua investigação [*inventio*] adquire a ciência das coisas que não sabia, avançando do conhecido para o desconhecido. Por isso qualquer docente, a partir das coisas que o aluno sabe, acompanha-o em direção ao conhecimento das coisas que ignorava; segundo o que está escrito no primeiro dos

Anal. Poster., *que toda a doutrina e toda a disciplina vêm de um conhecimento anterior*[248].

A respeito do problema relativo ao modo como o mestre conduz o discípulo dos *praecognita*[249] ao conhecimento de coisas desconhecidas, Tomás enumera dois modos: 1) propondo ao discípulo alguns auxílios ou instrumentos que o intelecto possa usar para adquirir a ciência, como proposições menos universais, que o discípulo consiga julgar, graças aos conhecimentos primeiros; ou propondo ao discípulo exemplos sensíveis, semelhantes ou opostos ou outros que possam conduzir (*manuducere*) o intelecto do discípulo; 2) reforçando (*confortare*) o intelecto do discípulo expondo ao discípulo a ordem dos princípios, que apenas com as suas forças (*virtus collativam*) não conseguiria seguir, até às conclusões que, nessa altura, o discípulo seria capaz de deduzir. É assim Aristóteles, quando, sempre nos *Segundos Analíticos*, diz: «demonstratio est syllogismus faciens scire».

Portanto, o homem é mestre doutro apenas como princípio externo, como o médico; e não causa o conhecimento como um agente natural, como afirmava Averróis. O conhecimento não é uma qualidade ativa, mas é um *principium* através do qual alguém é orientado (*dirigitur*) no ensino.

---

[248] «Inest enim unicuique homini quoddam principium scientiae, scilicet lumen intellectus agentis, per quod cognoscuntur statim a principio naturaliter quaedam universalia principia omnium scientiarum. Cum autem aliquis huiusmodi universalia principia applicat ad aliqua particularia, quorum memoriam et experimentum per sensum accipit; per inventionem propriam acquirit scientiam eorum quae nesciebat, ex notis ad ignota procedens. Unde et quilibet docens, ex his quae discipulus novit, ducit eum in cognitionem eorum quae ignorabat; secundum quod dicitur in I Poster., *quod omnis doctrina et omnis disciplina ex praeexistenti fit cognitione*».

[249] Dos *praecognita*, Tomás naturalmente fala no Comentário aos Segundos Analíticos (em particular Liber I, Lectiones 1-3). A colocação do problema surge da explicação do *incipit* do livro de Aristóteles, e diz respeito à natureza e ordem da precognição: «In praecognitione autem duo includuntur, scilicet cognitio et cognitionis ordo. Primo ergo, determinat modum praecognitionis quantum ad cognitionem ipsam; secundo, quantum ad cognitionis ordinem; ibi: est autem cognoscere et cetera» [Lectio II].

À quarta objeção, Tomás responde que os sinais que o mestre propõe são de coisas conhecidas, universal e confusamente; mas de coisas desconhecidas, em particular, e como distintamente. E por isso, quando alguém adquire conhecimento sozinho, não se pode dizer que seja mestre de si mesmo, porque nele não preexiste a ciência completa que o mestre tem.

A questão XI do *De Veritate* retoma os temas levantados pela *Summa*, mas enriquecendo as objeções iniciais com passos tirados de Agostinho (*De Magistro, In Genesim*) e em geral desenvolvendo a tese de Deus único mestre para o homem com amplitude maior em relação aos dois artigos da *Summa*[250]. Tomás quer confrontar-se com Agostinho justamente sobre o tema do *docere*, que deve ser considerado portanto um tema central, e para esse efeito precisa de expor com a maior precisão as teses do *De magistro* do Hiponense. O homem só pode ensinar através de sinais (o gesto, com efeito, necessita de ser acompanhado por um sinal para ensinar): mas através dos sinais não é possível alcançar o conhecimento das coisas, pois esta é *potior* em relação àquela, sendo o seu fim. A conclusão de Agostinho é que ninguém pode transmitir a outros o conhecimento de nada, e por isso não pode ensinar (arg. 2). O *subiectum* do conhecimento é o intelecto; mas os sinais não chegam ao intelecto, dado que *sistunt* na potência sensitiva (arg. 4). O ato de ensinar é como uma iluminação, e por isso só pode vir do interior do homem (arg. 7 e 9); é também entendido como criação, por isso só Deus e não o homem pode realizá-lo (arg. 8 e 15). Para além disso, o saber é um tipo de acidente, e o acidente não muda o sujeito: portanto não pode ser transferido do mestre para o aluno (arg. 6). O saber é algo certo, mas esta *certitudo* não pode ser causada noutro através de sinais sensíveis, dado que são incertos (arg. 13), ou através de imagens fiéis da

---

[250] No *De magistro*, como sublinha Edda Ducci, a posição de Tomás delineia-se graças à «contraposição com Agostinho, conduzida com verdadeira finura, com mão leve mas firme» [TOMMASO D'AQUINO, *De magistro*, cit., p. 28].

coisa, que apenas podem ser causadas pelo interior (arg. 11), ou através da autoridade da verdade, cuja voz só fala do interior (arg. 17).

Ao apresentar o quinto argumento, Tomás aborda o problema do ato de causar: «Se o conhecimento em alguém é causado por outro, ou o conhecimento já estava no discente, ou não estava»[251]. Se o conhecimento não estava no homem, deve deduzir-se que um homem pode criar saber noutro (argumento já negado anteriormente); se, ao contrário, estava ínsito no homem anteriormente, ou o saber é um ato acabado, e então não pode ser causado, ou preexiste *secundum rationem seminalem*. Mas as razões seminais não podem ser conduzidas ao ato por parte de agentes naturais, pois são inseridas na natureza por Deus. Por conseguinte um homem não pode ser considerado mestre doutro.

A resposta de Tomás diverge, em alguns aspetos, daquela que ele formulara na *Summa*. O Aquinate afirma que há uma conexão entre as respostas dadas às questões relativas ao chegar a ser por parte das formas, a aquisição da virtude e a aprendizagem. Enquanto na *Summa* apresentava a teoria de Averróis e a teoria platónica, aqui S. Tomás substitui o Comentador com Avicena, segundo o qual o saber não se produz em nós a não ser por efeito do *dator formarum*, agente extrínseco ou inteligência agente que opera quando os agentes naturais prepararam a matéria para acolher as formas. Como demonstrou Gilson, a teoria de Avicena impusera-se na cultura teológica parisiense contemporânea de S. Tomás, dado que constituía uma variante à tese fundamental agostiniana da causalidade exclusivamente divina. S. Tomás, por fim, refere a teoria platónica da existência atual das formas, ocultas por debaixo da matéria: o agente natural apenas opera desvendando o que impede a sua manifestação. A aprendizagem é, portanto, reminiscência.

---

[251] «Si scientia in uno causatur ab alio, aut scientia inerat addiscenti aut non inerat».

O erro que mais interessa a Tomás, em ambas as teorias, é o do não reconhecimento das causas segundas, dado que todos os efeitos produzidos na ordem da natureza seriam reconduzidos apenas à causa primeira. Mais uma vez, como na *Summa*, Tomás afirma o encadeamento das causas, e, com ela, a racionalidade da criação divina.

Mas a teoria de Avicena e a teoria platónica opõem-se nalguns aspetos, e Tomás sugere uma *via media*. As formas naturais preexistem na matéria em potência (não em ato, como queriam os platónicos), e são conduzidas ao ato por obra de um agente extrínseco próximo (não só do primeiro, como queria Avicena). Em relação à aprendizagem,

> preexistem em nós certas sementes das ciências, ou primeiras conceções do intelecto, que imediatamente são conhecidos pelo lume do intelecto agente através das espécies abstraídas dos sensíveis, quer sejam complexos, como os axiomas, quer não complexos, como a razão do ente, e do uno; de tal forma, que imediatamente o intelecto as entende. Nestes princípios universais estão contidas todas as coisas a seguir, como se fossem razões seminais. Quando a mente, a partir destas cognições universais, é levada a conhecer as coisas particulares, que antes eram conhecidas em universal e como que em potência, então a isto chama-se adquirir o conhecimento[252].

Mas em que potencialidades preexistem em nós as razões seminais? Existem dois modos, segundo Tomás: 1) a potência ativa completa, pela qual o agente intrínseco precisa do agente extrín-

---

[252] «Praeexistunt in nobis quaedam scientiarum semina, scilicet primae conceptiones intellectus, quae statim lumine intellectus agentis cognoscuntur per species a sensibilibus abstractas, sive sint complexa, sicut dignitates, sive incomplexa, sicut ratio entis, et unius, et huiusmodi, quae statim intellectus apprehendit. In istis autem principiis universalibus omnia sequentia includuntur, sicut in quibusdam rationibus seminalibus. Quando ergo ex istis universalibus cognitionibus mens educitur ut actu cognoscat particularia, quae prius in universali et quasi in potentia cognoscebantur, tunc aliquis dicitur scientiam acquirere».

seco apenas para uma ajuda e para que lhe forneça aquilo de que precisa para poder chegar ao ato; 2) a potência passiva, pela qual o princípio intrínseco é insuficiente, e por conseguinte a passagem da potência ao ato fica-se a dever principalmente ao agente extrínseco. As razões seminais preexistem no homem no primeiro modo, de outra forma o homem não poderia aprender por si. Assim como o homem pode ser curado de dois modos diferentes (apenas pela natureza ou pela natureza *cum adminiculo medicinae*), da mesma forma pode aprender: a *inventio* corresponde à aquisição do saber exclusivamente pela razão natural, enquanto a *disciplina* é a aquisição do saber com o *adminiculum* do mestre exterior. Os dois processos, todavia, são idênticos: quem conduz outro para o saber segue a mesma ordem da razão natural no processo da *inventio*. A *ars* pedagógica, para Tomás, imita a natureza:

> o processo da razão que chega ao conhecimento do desconhecido mediante a sua investigação é este: aplica os princípios comuns *conhecidos de per si* [i.n.] a determinadas matérias, depois avança a partir daqui para algumas conclusões particulares, e destas para outras[253].

O ensino é por isso a apresentação, por parte do mestre, de sinais que o lume natural do discípulo é capaz de usar como *instrumenta* na construção do raciocínio para a descoberta do que se desconhece: o mestre não é causa do saber (não infunde o lume inteligível), mas é causa da espécie inteligível que é necessária para o raciocínio.

O *docere* é auxílio da demonstração, como afirma Aristóteles quando fala do silogismo nos *Segundos Analíticos*. A aprendizagem é fruto de sucessivas conclusões no fim de um encadeamento de raciocínios

---

[253] «Processus autem rationis pervenientis ad cognitionem ignoti inveniendo est ut principia communia *per se nota* applicet ad determinatas materias et inde procedat in aliquas particulares conclusiones et ex his in alias».

em cuja origem se encontram os primeiros princípios, que funcionam *quasi semina quaedam* de todos os conhecimentos sucessivos. Não deve ser descurado o facto de que Tomás, ao propor a imagem dos *semina*, vê-se obrigado a sublinhar a imprecisão da comparação (*quasi, quaedam* etc.). A ambiguidade fundamental da relação que o Aquinate estabelece neste ponto de doutrina, com efeito, pesará nos comentadores ou pretensos continuadores da doutrina tomista, ao ponto de dar origem a, pelo menos, duas divergentes escolas hermenêuticas, que no século XVI irão opor dominicanos e jesuítas.

Tomás sente aqui em cheio o contraste com o pensamento de Agostinho, e antes de abordar o artigo dedicado à possibilidade teórica do autodidata (pode ser considerado o homem mestre de si mesmo?)[254] procura uma ligação interpretativa com o *De magistro* do Padre da Igreja, que todavia soa como *excusatio non petita*:

> Agostinho no livro do mestre, quando diz que só Deus ensina, não tem a intenção de excluir que o homem ensine externamente, mas que só Deus ensina internamente[255].

---

[254] Mario CASOTTI, com o intuito de separar Tomás de Agostinho do tema do inatismo (para Tomás, segundo o ex-aluno de Giovanni Gentile aportado à Universidade Católica de Milão, dever-se-ia falar mais de um «a-priorismo»), sublinha a distinção entre *inventio* e *doctrina* apresentada pelo Aquinate, explorando os limites do conceito de *perfeição/imperfeição* de posse da ciência por parte do aluno ou do mestre; e escreve: «O autodidatismo, ou, melhor, a *inventio* é ação só imperfeita, ou seja não verdadeira e acabada ação, porque nela a causa, - quer o intelecto e os primeiros princípios, quer a experiência sensível – contém o que estará depois no efeito (a ciência, as formas inteligíveis como formas puras), mas contém-no apenas implicitamente e potencialmente em relação ao seu ser ciência e forma pura» [S. TOMMASO D'AQUINO, *De Magistro*, La Scuola, Brescia 1963^4, p. XLI]. A tese de Casotti, que interpreta agostinismo e averroísmo como dois lados da mesma medalha que Tomás contrariaria no *De magistro,* visa justamente delinear a alternativa radical que a escolástica representaria em relação aos presumidos erros do idealismo e do materialismo de todos os tempos. Desvanece, pelo contrário, a imperfeição do ato inventivo na interpretação de Ducci, que – mais respeitosa da enervação dionisiana em Tomás – descreve este ato como «uma experiência forte de pensar» [TOMMASO D'AQUINO, *De Magistro*, cit., p. 35].

[255] «Augustinus in Libro de magistro, per hoc quod probat solum Deum docere, non intendit excludere quin homo exterius doceat, sed quod ipse solus Deus docet interius».

Henrique de Gand tem sido muitas vezes associado à reação agostiniana contra Tomás de Aquino: de resto, o *doctor solemnis* contribuíra para a famosa condenação das proposições averroístas e tomistas de 1277, dando uma boa ajuda teológica ao bispo Tempier. Sobre o tema do conhecimento e do *docere*, todavia, a "reação" torna-se mais matizada, e a defesa dos motivos agostinianos mistura-se inevitavelmente com as objeções tomistas, acabando por introduzir distinções que os jesuítas de Coimbra, três séculos mais tarde, considerariam adquiridas no debate sobre o passo aristotélico dos *Segundos Analíticos*. Henrique procura, na sua teoria do conhecimento, renovar as razões do que Gilson denominou "agostinismo avicenizante"[256], em relação às argumentações tomistas. Brown afirmou, com razão, que:

> Henry shows himself most unwilling to abandon the old Neo-Platonic ways of thinking represented by Augustine and Avicenna. He simply cannot bring himself to abandon the "hierarchy of being" idea (neither could Aquinas, for that matter), so dear to the Neo-Platonists and their followers[257].

Por influência de Avicena e Agostinho, Henrique de Gand chegará a uma posição que é relevante para entender também alguns "movimentos" no *Cursus* conimbricense, que, nalguns casos, julgarão Henrique uma fonte a seguir (como é o caso de Manuel de Góis no comentário ao *De anima*), noutros um autor não tão relevante, como

---

[256] Cf. É. GILSON, *Tommaso contro Agostino*, Medusa, Milano, 2010.

[257] J. BROWN, "Henry's Theory of Knowledge: Henry of Ghent on Augustine and Avicenna", in W. VANHAMEL, *Henry of Ghent: proceedings of the International Colloquium on the occasion of the 700th anniversary of his death (1293)*, Leuven University Press, Leuven 1996, p. 41. O volume contém também um ensaio de M. SANTIAGO DE CARVALHO, "The Problem of the Possible Eternity of the World According to Henry of Ghent and his Historians", pp. 43-71 que ilumina a relevância deste autor para muitos aspetos cosmológicos e físicos contidos noutros volumes do *Cursus* conimbricense.

no caso da *Dialética* de Couto, cuja orientação em favor do dado empírico e sensível em gnoseologia afastava-o dos iluminacionismos de todo o género.

Henrique aborda o argumento na *Summa* (Art. I, Quaest. 6: *Utrum contingat hominem acquirere scientiam alio homine docente*) e, após ter rejeitado a teoria da reminiscência com o argumento do intelecto possível em pura potência em relação ao conhecimento, refere a posição de Avicena, que – como vimos – fazia coincidir o ato do ensino com a eliminação dos obstáculos para receber o influxo da inteligência. *Docere* seria, portanto, apenas *per accidens*. Segundo Henrique a tese de Avicena é aceitável para alguns inteligíveis, ou seja para os que ultrapassam as forças naturais da alma como os *credibilia* e *quae pertinent ad revelationem*[258]. Isto, diz Henrique, não contraria a fé. Quando, ao contrário, se trata de verdade filosófica, Henrique julga inaceitável que a alma humana não adquira algum conhecimento: de facto, é forma natural, e como tal aperfeiçoável.

Henrique preocupa-se em evitar a posição refutada por Tomás de Aquino relativa à criação de uma alma desprovida de instrumentos para atualizar a sua essência. Não condiz (*inconveniens*) com Deus uma criação imperfeita: a alma deve ser dotada de uma capacidade de aperfeiçoamento que ela pode alcançar *naturaliter*, sem necessidade que Deus intervenha para suscitar com a iluminação cada ato

---

[258] Henrique de Gand já tinha antes dado uma solução aviceniano-agostiniana [Art. I, Quaest. 2], na qual, divididos os primeiros princípios em verdades de fé e de natureza, afirmava que os primeiros não podiam ser conhecidos pelo homem sem iluminação divina: «Nunc autem proculdubio verum est quod in aliquibus cognoscibilibus primorum illorum non potest cognosci aut sciri ex puris naturalibus, sed solum ex speciali illustratione divina, ut in illis quae per se et simpliciter sunt credibilia, et ideo in talibus simpliciter et absolute concedendum est quod non contingit hominem scire aliquid ex puris naturalibus, sed solum ex speciali illustratione divina». O avicenismo com o qual Henrique matiza a posição agostiniana, serve-lhe para refutar os que alargavam a necessidade da iluminação divina a todo o saber, arrastando Agostinho para uma posição duramente contrariada por Tomás.

inteletivo realizado no mundo. Dado que «operatio animae humanae propriae naturalis non est alia quam scire aut cognoscere», segundo Henrique é necessário que a alma possa conhecer sem necessidade da iluminação divina, mas apenas *ex puris naturalibus*[259].

Se, todavia, a capacidade de aperfeiçoamento não existe pela aquisição da ciência das coisas sensíveis inferiores (argumento que Avicena recusaria), ela existe pelo facto de a alma passar de *sciens in potentia* a *sciens in actu*. As alternativas pelas quais se verifica esta passagem (*inventio* ou *disciplina*) são reafirmadas por Henrique, que mais uma vez vale-se da imagem da medicina para descrever a relação da arte com a natureza: quando a arte é posta em relação com a natureza, não opera como agente principal, mas como *adminiculans et coadiuvans* da natureza. Quer quando o homem aprende sozinho, quer quando o homem aprende doutro, o processo é conotado como um encadeamento de raciocínios que parte da *notitia* dos princípios e desenvolve-se por ordem. No primeiro caso, o homem avança com a dedução (infalível) de conclusões próximas da *notitia principiorum*, e das conclusões próximas (denominadas por Henrique, "princípios posteriores") para ulteriores conclusões, e destas às conclusões últimas, que são os princípios próximos das coisas a conhecer. Ao contrário de Tomás[260], Henrique confere à

---

[259] [Art. I, Quaest. 2, Sol.] Evitada a armadilha tomista, Henrique, todavia, volta a argumentar com Avicenna: «Dico autem "ex puris naturalibus" non excludendo generalem influentiam primi intelligentis, quod est primum agens in omni actione intellectuali et cognitiva, sicut primum movens movet in omni motu cuiuslibet rei naturalis» [*Ibidem*].

[260] No *De Veritate*, com efeito, Tomás afirma que só com o lume da razão é possível chegar ao conhecimento de muitas coisas antes desconhecidas, mas não à perfeita operação (*perfecta actio*) da ciência, dado que o princípio intrínseco do autodidata consiste apenas parcialmente na posse do saber que deve ser adquirido: ou seja, apenas no respeitante às razões seminais. Henrique de Gand estabelece todavia uma distinção entre a possibilidade de chegar ao saber só com as próprias forças e a legitimidade de definir-se "mestre de si mesmo". Com Tomás, Henrique nega o título de *doctor* ao autodidata: todavia é possível *ut aliquis in se ipso per scientiam, sicut et sanitatem aut virtutem, causet* [*Summa*, Art. I, Quaest. 9 ad ter.].

inventio a possibilidade de chegar à plena posse do conhecimento. Análogo é o processo do mestre:

> Da mesma maneira [o mestre] deve proceder para ensinar o aluno: antes de mais propondo-lhe os primeiros princípios por si conhecidos; a seguir, na medida do que lhe é possível, aplicando--os imediatamente a determinadas conclusões, e a partir destas a ulteriores, continuando assim até à última, explicando este discurso ao aluno com sinais verbais ou com qualquer outra coisa, o melhor possível, que possa significar os conceitos que a razão natural ordenou no interior, se ele não se enganou no raciocínio. E assim o aluno, com a sugestão dos sinais, forma dentro de si os conceitos que foram propostos por meio dos sinais[261].

O ensino do mestre é causa *per accidens* do conhecimento do discípulo, porque os sinais que ele propõe causam *per accidens* a aquisição do saber. Henrique de Gand insiste no aspecto acidental do ato de causar, e motiva-o afirmando que os sinais das palavras, *per se*, não mostram a verdade e não conduzem o intelecto a ordenar os seus conceitos. Mas, em particular, a acidentalidade é determinada pelo facto de

> O discurso ser como um *símbolo* entre o docente e o discente, não por natureza, mas por convenção, que apresenta as coisas com as quais são formados os conceitos, e são deste modo aci-

---

[261] «Eodem modo debet procedere in docendo discipulum: primo principia prima per se nota proponendo ei; deinde ea per immediata, quantum potest, applicando ad determinatas conclusiones et ab illis in ulteriores consimiliter usque ad ultima, explicando hunc discursum discipulo per signa verborum vel quaecumque alia, ut melius poterit, significantia illos conceptus quos ratio naturalis interius ordinaret, si in suo discursu errare non posset. Et sic illos conceptus sic per signa propositos format in se discipulus admonitus per signa».

dentalmente causa da doutrina por acidente, tal como o é também o docente[262].

Tomás e Henrique (que segue e renova Agostinho) tinham, assim, aberto o campo das interpretações escolásticas possíveis do problema. Em relação a estes autores, os conimbricenses, em muitos dos seus comentários, chegarão a posições originais que não podem ser reduzidas à defesa de um dos dois. É por si só significativo que os jesuítas de Coimbra tenham adotado uma atitude desinibida em relação ao autor que, em matéria teológica, deveria ser obrigatório seguir (como vimos ter sido afirmado na Quarta parte das Constituições)[263].

Um grande número de lógicos, ao longo de três séculos, esmiuçou as questões abertas por Tomás e Henrique, mas raramente o "problema do mestre" foi objeto de uma análise peculiar e sistemática como nesses autores. Encontraremos vestígios, partes, por vezes apenas pedaços de raciocínio tomista nos comentários à *Summa*, ou como arsenal de respostas a dúvidas acerca do *incipit* dos *Segundos Analíticos*, ou do terceiro livro do *De anima*, à volta do qual surgiria ao longo dos séculos um crescente e imparável interesse. Quase nunca os pedaços se comporão num corpo coeso, para confirmar a centralidade do problema do ensino no mais amplo quadro do tema do saber e da aprendizagem.

---

[262] «Sermo est sicut *symbolum* [i.n.] inter doctorem et discentem, non naturaliter, sed per institutionem, res ipsas praesentans de quibus formantur conceptus, et sic sunt causa doctrinae accidentaliter per accidens, et similiter ipse doctor».

[263] Exemplo disso a atitude de Góis a respeito do problema intelectualismo/voluntarismo. Como sublinhou M. SANTIAGO DE CARVALHO: «Vale a pena ter presente que em relação à problemática voluntarismo/intelectualismo, a posição dos nossos jesuítas não é pura e simplesmente tomista, remetendo-se eles também para o trabalho de quem, outrora, contra Tomás, havia promovido uma "interpenetração da inteligência e da vontade", Henrique de Gand, no caso». [ID., *Psicologia e Ética no Curso Jesuíta Conimbricense*, Colibri, Lisboa, 2010, p. 142].

Um dos primeiros jesuítas a abordar a questão das precognições e, em geral, do início dos *Segundos Analíticos*, foi um dos estudantes salmantinos de Domingo de Soto, Francisco Toledo, em muitos aspetos o fundador de uma atitude jesuíta, além de iniciador da tradição lógica do Colégio Romano. Toledo lecionou no mais prestigioso dos colégios da Companhia o curso de lógica durante o ano académico de 1559-60. Do curso extraiu os seus *Commentaria, una cum quaestionibus in universam Aristotelis Logicam*, vindos a lume mais vezes a partir de 1576 e a *Introductio in dialecticam Aristotelis*, publicada por Giunta a partir de 1578. Nos *Commentarii* de Toledo inspiraram-se certamente os lógicos de segunda e terceira geração do Colégio Romano, como Jean de Lorin (Lorinus), Paolo Valla (Vallius), e Ludovico Carbone (autor, aliás, dos *Addimenta* aos comentários do Toledo) e, através deles, Galilei, do qual já falámos[264]. O argumento constituiu, por parte dos jesuítas, uma das áreas privilegiadas para marcar a diferença em relação à escola tomista dominicana, pelo menos nas suas variantes derivadas do comentador mais estimado da ordem dos pregadores, Tomás de Vio[265]. Como afirma Wallace, todavia, a Companhia «relied heavily on Thomistic authors, but as the order grew it developed its own distinctive teachings»[266].

---

[264] Acerca do influxo que Toledo exercitou sobre Galilei através do curso de Valla, Wallace escreve: «The influence of the notebooks dealing with physical questions and with motion on Galileo's later work is gradually being recognized among scholars. More important, it is now generally accepted that his notebook dealing with logical questions, essentially an exposition of the teaching on demonstration in the *Posterior Analytics*, guided his scientific investigations throughout his life» [*Ibidem*]. Do mesmo autor veja-se também "Duhem and Koiré on Domingo de Soto", *Synthese*, 83 (1990), pp. 239-260, e *Domingo De Soto and the Early Galileo: Essays on Intellectual History*, Variorum 2004.

[265] Escreve Jennifer ASHWORTH: «Nous ne pouvons pas nous attendre à comprendre pleinement les logiciens de la Compagnie si nous bornons à les rapporter à Cajetan» [ID., "La doctrine de l'analogie selon quelques logiciens jésuites...", em L. Giard (sous la direction de), *Les jésuites à la Renaissance...*, cit., p. 126].

[266] W. A. WALLACE, "Science and religion in the Thomistic tradition", *The Thomist*, 65 (2001), p. 445. Wallace dá dois exemplos eminentes deste afastamento: «These

A Caetano, e às suas polémicas que, na realidade, visavam confrontar o aristotelismo de Pádua (mas tendo de se defender do tenaz Trombetta, escotista menorita), olharam os fundadores da escola de Salamanca (entre os quais Francisco Vitoria, Melchior Cano e o mais novo Domingo Bañez[267] que já vimos disputar acerca da ciência média com Molina), e em particular Domingo de Soto que, em matéria de lógica e de ciência será inicialmente uma fonte essencial para os primeiros lógicos da Companhia de Jesus[268], como mestre de Toledo.

A argumentação de Toledo, ao comentar o início dos *Segundos Analíticos* começa pelo significado *ex mente Aristotelis* da expressão *doctrina et disciplina intellectiva*. Toledo divide em três partes o campo das interpretações dadas ao passo, rejeitando duas, não por não serem verdadeiras, mas por não serem filologicamente fiéis à intenção do autor. A primeira dessas interpretações, apoiada pelos habituais não identificados *recentiores*, julga que Aristóteles en-

---

are seen mainly in the writings of Francisco Suarez and Luis de Molina, who also incorporated Scotistic and nominalist strains in their thought».

[267] No seu comentário à *Summa* de Tomás, Bañez todavia dedicará pouco espaço à questão 117, concentrando-se sobretudo na diferença entre o ensino dos anjos e do homem, e adotando uma solução do problema no qual ecoam, atenuadas, ideias presentes também em Capreolo e Viguier, que, no entanto, Couto contestará: «In hoc est differentia, quod cum angelus sit superioris naturae, melius disponit subiectum & ordinat respectu inferioris angeli, quam homo respectu hominis, qui est eiusdem speciei». Segue um artigo onde Bañez propõe a curiosa questão "Utrum homines possint docere angelos", à qual responde ainda com análoga argumentação: «Manifestum est autem, quod eo modo quo inferiores angeli superioribus subduntur, supremi homines subduntur etiam infimis angelorum» [*Fratris DOMINICI BANES Sacrae Theologiae Salmanticae Primarii Professoris Super Primam Partem Divi Thomae...*, Sanctus Stephanus Ioannes & Andreas Renaut, Salamanca, 1588, cc. 1649-50].

[268] Veja-se S. DI LISO, *Domingo de Soto. Dalla logica alla scienza*, Levante, Bari 2000. Soto, que seria importante na formação de Toledo, e através dele na sucessiva linha lógica jesuíta até Suarez, delineou todavia uma posição que em muitos aspetos diverge das teses mais conhecidas de Caetano, como por exemplo acerca do problema da analogia. Veja-se E. J. ASHWORTH, "Domingo de Soto (1494-1560) on analogy and equivocation", in I. ANGELELLI, M. CEREZO (eds.), *Studies on the History of Logic. Proceedings of the Third Symposium on the History of Logic*, Walter de Gruyter, Berlino-New York, 1996, pp. 117-132.

tendia como doutrina e disciplina qualquer cognição do intelecto, quer simples quer complexa, em contraposição às cognições dos sentidos. A segunda interpretação é referida com a autoridade de Temístio: neste passo Aristóteles entende apenas a cognição complexa da verdade. Tal cognição é dupla: ou é primeira e imediata, ou seja não depende de outras cognições, como é o caso da *notitia principiorum*; ou é discursiva, ou seja depende de outra cognição. Em ambos os casos, todavia, é necessário acrescentar o termo "inteletiva", em contraposição à possibilidade, que também os animais possuem, de aprender uma doutrina graças aos sentidos. Em apoio da opinião de Temístio, Toledo refere Filópono e Tomás de Aquino. Também neste caso, a doutrina não é desprezível (*spernenda*), e além do mais é conforme com a doutrina mais geral de Aristóteles; mas Toledo recusa-a por parecer uma leitura forçada do texto. Segundo Toledo, em grego o termo "inteletiva" significava apenas "discursiva", ou seja feita *cum ratiocinatione et discursu*: é por isso que Toledo, de acordo com Averróis, Alberto Magno, Roberto de Lincoln e Egídio Romano, julga que, neste passo, Aristóteles entendia tratar-se da verdade discursiva. E, por doutrina e disciplina, deve entender-se a própria cognição da coisa, quer na forma da sua transmissão pela voz (ou, como afirma Egídio, também pela escrita) do mestre para o discípulo, quer na forma da sua receção por parte do discípulo.

Toledo, que no seu comentário concede à *quaestio* um espaço claramente menor em relação aos conimbricenses, levanta todavia algumas dúvidas acerca deste argumento. A primeira baseia-se no exemplo do conhecimento dos anjos para negar a necessidade de cognição anterior a toda doutrina e disciplina. O raciocínio, com efeito, baseia-se na premissa que a ciência dos anjos é uma doutrina e todavia não deriva de cognições precedentes: Deus infundiu todos os conhecimentos *naturais* nos anjos no ato da sua criação. Além disso, muitos homens aprendem o que antes ignoravam, portanto não *ex preexistenti cognitione et iudicio* [Cap. I, Quaest. I]. A resposta a esta objeção atinge o assentimento nos primeiros princípios. Afirma Toledo que a cognição é conceito mais amplo do que doutrina e disciplina discursiva: esta última indica apenas a cognição e o juízo da coisa que se alcança com o discurso. É o caso dos primeiros princípios: não se diz, com efeito, "doutrina" o juízo dos princípios *per se nota*, porque o homem lhes dá anuência sem raciocínio e apenas com o lume natural. O conhecimento dos anjos não é obtido através de um discurso, mas é infundido por Deus, e aliás deriva de coisas sem discurso. Por isso o conhecimento dos anjos não pode ser considerado doutrina discursiva, que se confirma no seu ser apenas *ex preexistenti cognitione*.

O conhecimento, acrescenta Toledo, ao responder a outra objeção, coincide com a doutrina e a sua aquisição verifica-se de dois modos: ou por *inventio* ou *ex magistro*. As duas modalidades não diferem em relação ao objeto ou ao sujeito que aprende, mas sim pelo *modus investigandi* e *acquirendi,* e sobretudo pelo grau de facilidade e certeza com o qual o sujeito adquire o conhecimento. A via da *inventio* está pejada de dificuldades e em sumo grau exposta aos erros: o mestre exterior, como vimos afirmar Tomás de Aquino, já tem o domínio perfeito do conhecimento a adquirir e, em particular, o domínio perfeito da ordem lógica com a qual pode ser adquirido. É aqui que Toledo coloca a distinção essencial entre o caminho seguido pelo autodidata (que aprende por *inventione*) e o que segue o discípulo (*eum qui discit*):

> Quem investiga começa sempre pelas coisas que conhece mais, mas não avança a partir destas para as desconhecidas, quer sejam anteriores ou posteriores ao raciocínio: quem aprende começa normalmente pela natureza das coisas mais conhecidas e anteriores, e quando não as conhece, cabe ao docente mostrá-las; em nenhum dos dois casos se considera conhecer, senão quando se conhece o efeito através da causa e as coisas posteriores através

das anteriores; com efeito, saber consiste em conhecer a coisa através da causa[269].

Enquanto na aprendizagem do discípulo as causas antecedem sempre os efeitos e as *passiones*, na *inventio* «aliquando praeced[u]nt effectus, ut in naturalibus, aliquando causae, ut in Mathematicis» [c. 158v]. A diversidade do modo de aquisição do conhecimento não corresponde a uma diferença estrutural do processo cognitivo: na aprendizagem de uma disciplina, o discente é chamado a construir a mesma cadeia de raciocínios do autodidata. Aqui, o problema educativo reflete plenamente o problema da construção de uma arte, as suas regras e o seu processo. Em resumo, para Toledo trata-se de abordar e resolver a questão da demonstração, do silogismo e da indução (para além do entimema e do *exemplum*), que constituem os elementos básicos da arquitetura científica de uma arte, como por exemplo (este é o caso que mais interessa ao Aristóteles dos *Segundos Analíticos*) a Matemática.

A indução, que Toledo designa com cinco significados diferentes [c. 144v-r], encaminha o processo cognitivo, dado colocar-se na origem da intuição intelectual que, por sua vez, através da definição, leva a argumentar demonstrações e silogismos. O problema da indução, todavia, é constituído mais uma vez pelo passo do *Ménon* onde se fala de reminiscência, no qual a perceção sensível do particular desperta o processo de rememoração. Toledo propõe uma interpretação de Aristóteles para esclarecer a distância entre o Estagirita e Platão:

> Platão dizia que não se sabe nada de novo, mas que saber é lembrar. Também Aristóteles ensina que a conclusão não é

---

[269] «Qui invenit semper a sibi notioribus incipit, nec ab eis ad reliqua procedit ignota, sive illa sint priora sive posteriora: at qui addiscit incipit frequenter etiam a notioribus natura & prioribus, licet ei sint ignota, cum sit doctor qui ea sibi manifesta faciat, neuter tamen dicitur scire quousque effectum per causam, & posteriora natura per priora cognoscat, hoc enim est scire, rem per causam cognoscere» [c. 157r].

conhecida como nova, mas que o seu conhecimento preexistia na faculdade cognitiva. Todavia entre os dois há uma grande diferença, porque a reminiscência é um conhecimento das coisas que antes conhecíamos do mesmo modo e da mesma forma, mas depois veio o esquecimento, e era assim que Platão julgava que conhecíamos as coisas novas; mas esse conhecimento universal, ou virtual que preexiste, segundo Aristóteles não volta, mas antes conhecemos a coisa no seu princípio e num modo universal, e depois aprendemo-la em particular[270].

O processo que conduz do conhecimento num modo universal ao conhecimento *in particulari*, é o processo da demonstração. Esta baseia-se na intuição intelectual daquelas premissas verdadeiras que são os *praecognita*, ou seja os conhecimentos que dizem respeito à definição dos termos do raciocínio e às proposições universais que regem o discorrer (os axiomas, como o princípio de não contradição). Para além disso, à demonstração antepõe-se necessariamente a cognição do sujeito/*datus* e do predicado/*passio*. Em relação ao sujeito, as *praecognitiones* exigidas para aceder ao raciocínio são o *quid sit* e o *an sit*. Em relação ao predicado, a precognição necessária é só uma, ou seja o *quid sit*, dado que o "se existe" é objeto da conclusão, isto é o conhecimento a demonstrar. Resumindo o esquema: no raciocínio três são os *praecognita*, ou seja sujeito, predicado (*quaesitum*), e axioma; duas, por seu lado, as *praecognitiones*: se existe e o que significa.

---

[270] «Plato enim dicebat non scire quicquam de novo sed scire esse reminisci. Aristoteles vero etiam docet prorsus conclusionem non sciri de novo, sed eius cognitio in virtute praecessit. est autem inter haec duo magnum discrimen, nam reminiscentia est cognitio illius quod ante eodem modo & sub eadem forma cognovimus, oblivio tamen intercessit, & sic Plato existimabat nos scire de novo: at illa cognitio universalis, seu, virtualis quae praecessit, secundum Aristotelem non est quae postea redit, sed primo rem in suo principio & in universali scivimus, postea eam in particulari discimus » [c. 156r].

Mas a definição, escreve Toledo, pode ser dividida em duas: há uma grande diferença entre a *definitio nominis* e a *definitio substantialis rei*. Esta última resolve a essência da coisa em todas as suas partes, e mostra a própria natureza da coisa; a *definitio nominis* apenas aplica o significado do nome à coisa significada, sem explicar a sua natureza, ou seja colocando-se num plano de conhecimento confuso (nem distinto, nem separado). Toledo pode então concluir acerca do significado da definição e das precognições exigidas para o seu conhecimento para poder argumentar: em toda demonstração é necessário, como afirma Aristóteles, pré-conhecer o que significa o sujeito; contra Caetano, é necessário afirmar que existem muitas demonstrações, sobretudo as *propter quid*, nas quais não é necessário conhecer *quid sit* o sujeito[271]; em terceiro lugar, «in ipsa demonstratione, quae sit aliquando per definitionem subiecti, ipsa definitio est praecognoscenda».

Os conimbricences não compuseram uma *Dialética*, como vimos, a não ser em consequência da publicação da contrafação frobeniana (1604). A falta deste volume devia-se em parte à difusão das *Institutiones Dialecticae* de Fonseca, que obtiveram – embora temporariamente – o aval da *Ratio studiorum*. Nas *Institutiones* não se encontra uma análise específica dos termos *doctrina/disciplina*, mas encontra-se a divisão dos primeiros princípios exigidos para a construção do raciocínio.

> As proposições *conhecidas de per si* [i.n.] são chamadas por Aristóteles enunciados necessários e a sua verdade é tão evidente, que se possuires apenas o significado dos termos imediatamente

---

[271] É o caso dos astrólogos, quando demonstram que a lua se eclipsa por sua causa, sem saber qual é a natureza dos céus e da mesma lua; e é o caso dos matemáticos que, desconhecendo as naturezas das figuras e dos números, demonstram todavia muitas coisas.

lhes darás o teu assentimento; e em geral, têm veridicidade não por outras, mas por si próprias.²⁷²

E estes princípios, doutra forma denominados axiomas ou dignidades, são comuns a todas as ciências. A respeito dos enunciados, Fonseca julga que são *per se nota* ou os enunciados nos quais o predicado é a *ratio* da definição essencial do sujeito (como por exemplo, "o homem é um animal racional" ou "o homem é substância corpórea"), ou os enunciados nos quais o sujeito concerne à razão do predicado (como no caso "Homo est disciplinae capax").

Em relação às précognições inerentes ao sujeito e ao predicado, Fonseca retoma Aristóteles com uma breve alusão, na qual, todavia, se sente o eco do ensinamento de Toledo: antes da demonstração temos que conhecer o *quod est* do sujeito, «hoc est, quod non fit aperte res impossibilis»²⁷³. A respeito do predicado, Fonseca julga ainda que é apenas necessário conhecer o significado do vocábulo.

O tema da imediatez da anuência aos primeiros princípios não é mais aprofundado por Fonseca, e muitas das distinções e especulações escolásticas que seguimos são eliminadas das *Institutiones*. O tratado de Fonseca, que – como afirmou Cassiano Abranches – inseria-se num contexto cultural sensível ao escotismo²⁷⁴, parece, todavia, sentir a influência em mais do que um aspeto (já o vimos) do método expositivo de Pierre de la Ramée, cuja *Dialectique*, redigida

---

²⁷² «Propositiones *per se notae* dicuntur ab Aristotele pronunciata necessaria adeo perspicuae veritatis, ut si terminorum modo significationem teneas, statim illis assentiaris; et alibi, quae non per alia, sed per se ipsa fidem habent». Cito a partir da *Institutionum Dialecticarum Libri Octo. Autore PEDRO FONSECA Doctore Theologo Societatis Iesu...,* Coloniae, Maternus Cholinus, 1586, p. 331.

²⁷³ Ibid., p. 333.

²⁷⁴ Cf. C. ABRANCHES, "Pedro da Fonseca e a Renovação Ecolástica", *Revista Portuguesa de Filosofia*, 9 (1953), pp. 354-374. E C. GIACON, "O Neo-Aristotelismo de Pedro de Fonseca", *Revista Portuguesa de Filosofia*, 9 (1953), pp. 406-417.

quer em latim quer em vernáculo, tinha certamente feito escola[275]. Num passo em que segue fundamentalmente o método aristotélico, Pierre de la Ramée detem-se para esclarecer a imediatez da anuência, ou seja a evidência do princípio conhecido por si, e diz: «Par soy dis-ie quand elle est immediate, c'est à dire n'ayant autre principal moyen de sa verité, ains estant de sa nature evidente & notoire soit elle scientifique ou bien opinable»[276].

No Colégio Romano, ao contrário, o problema da anuência imediata e da intuição original tornou-se espaço privilegiado de distinções e subtilezas escolásticas. O curso lecionado por Paolo Valla (Vallius) em 1588, successivamente publicado em 1622, é disso um exemplo

---

[275] Ramo continua a ser referência essencial também para os que não seguiram o seu método "humanista". Cf. E. J. ASHWORTH, "Petrus Fonseca on objective concepts and the analogy of Being", in P. EASTON, A. ATASCADERO (eds.), *Logic and the workings of the mind: the logic of ideas and faculty psychology in early modern philosophy*, Ridgeview 1997, pp. 47-63. Atesta-o também, creio, a identificação "humanista" dos conceitos de *methodus* e *ordo*, que A. COXITO encontrou quer em Ramo quer em Fonseca: «Os dialécticos humanistas, e especialmente os da linha de Melanchton e Ramo, tendem a considerar como sinónimos os dois termos "ordo" e "methodus", pondo a tónica sobre a acepção acima indicada para o primeiro» [ID., "Método e ensino em Pedro da Fonseca e nos Conimbricenses", *Revista Portuguesa de Filosofia*, 36 (1980), p. 94]. E, sobre Fonseca: «O primeiro facto a assinalar é que também este autor identifica "methodus" e "ordo"» [Ibid., p. 97]. A falta de clareza, segundo Coxito, impede Fonseca de proceder a uma lúcida classificação dos processos de *inventio* e ensino. Sobre o mesmo argumento veja-se A. A. COXITO, "O método em Pedro da Fonseca e no Curso Conimbricense", em D. FERRER (coord.), *Método e Métodos do Pensamento Filosófico*, Coimbra 2007, pp. 71-78.

[276] *Dialectique de PIERRE DE LA RAMEE*, Paris, André Wechel, 1555, pp. 83-84. Ramo remete para o nono livro das suas *Animadversiones*: «Tout enunciation marquée de ces trois marques, *Du tout, Par soy, Universel premierement* est vray principe d'art et science, & premiere cause de sa verité, comme nous dirons plus amplement au neufiesme des Animadversions». Ramo diz que o juízo de princípio é chamado por Aristóteles «Intelligence», como conhecimento primeiro e soberano. Mas como umas cores são mais visíveis e outras menos, assim os princípios por si inteligíveis são mais ou menos claros. Os mais claros são os axiomas (dignidades), «qui sont bien cleres à nostre premiere & naturelle raison sans observation ny experience de sens aucun, voire sans doctrine aucune antecedente, comme seroyent à l'oeil quelques illustres & haultes couleurs mises en veüe bien clere» [Ibid., p. 85]. Vejam-se, naturalmente, também as *PETRI RAMI VEROMANDUI dialecticae institutiones, ad celeberrimam, et illustriβimam Lutetiæ Parisiorum academiam*, Jacobus Bogardus, Paris, 1543.

eminente. Na sua *Logica*[277] encontram-se elementos e um uso das fontes muito semelhantes ao do volume sobre a *Dialetica* dos conimbricenses, com a única diferença que, para Valla, o interlocutor privilegiado era aquele aristotelismo de Pádua cuja influência falta quase por completo na especulação de Couto. Zabarella[278] é, entre os *recentiores*, aquele que Valla gosta mais de citar, e nem sempre como adversário[279]. O modo como os primeiros princípios são conhecidos é um problema ao qual Valla responde após ter anotado e desenvolvido as primeiras questões à volta da habitual definição das précognições. Em relação ao início dos *Segundos Analíticos*, Valla distingue (*vel...vel*)[280] como Averróis[281], na origem da doutrina e disciplina, uma précognição *agens* e outra *dirigens*, contestando os que julgam que Aristóteles se refere neste passo apenas à segunda.

---

[277] *Logica PAULI VALLII Romani, Societatis Iesu, duobus tomis distincta...*, Lugduni, Ludovici Prost Haeredis Rouille, 1622.

[278] Na sua *Opera Logica*, Zabarella dedica um Livro à questão dos primeiros conhecimentos ("De tribus praecognitis") em cuja terceira edição é anexado também o comentário, antes impresso separadamente (Venezia, 1582), aos Segundos Analíticos do Estagirita. [*IACOBI ZABARELLAE Patauini Opera Logica. Ad Serenissimum Stephanum Poloniae Regem...*, Paulum Meietum, Venezia, 1578; a edição completa de Zetzner saiu em 1597].

[279] A importância do averroísmo no contexto italiano e, sobretudo, nas salas de aula do Colégio Romano, é aliás, bem exemplificado pela obra de Benedetto Pereira, filósofo natural e jesuíta, autor do já mencionado *De communibus rerum naturalium principiis*. A autoridade do Comentador, todavia, serviu a Pereira para experimentar uma nova via na interpretação de Aristóteles a partir da qual se constroem doutrinas novas. A sua obra foi «le tentative plus radicale pour formuler une nouvelle interprétation analytique des ouvres d'Aristote, une interprétation à la recherche des principes de présentation déductive de la doctrine physique dans le corpus aristotélicien [...] Parce que les principes d'Aristote n'auraient pu être de vrais principes de philosophie s'ils conduisaient à des conclusions fausses, Pereira proposa aux professeurs du Collegio Romano d'aller au-delà d'Aristote dans la recherche des axiomes fondamentaux sur lesquels était fondée sa conception de la science» [C. H. LOHR, "Les Jésuites et l'Aristotélisme du XVIᵉ siècle", in L. GIARD (sous la direction de), *Les jésuites à la Renaissance...*, cit., pp. 87-88].

[280] *Logica PAULI VALLII...*, cit., p. 132.

[281] Valla explicita a referência ao Comentador mais à frente [Quaestio I, Caput III]: «Ex his omnibus duplicem facit Averroës praecognitionem, alteram dirigentem, alteram agentem; prior est, quae dirigit, & iuvat ad cognitionem faciendam, non tamen illam facit; posterior vero illam efficit» [Ibid., p. 137].

A précognição agente é, com efeito, aquela em virtude da qual o homem conhece a verdade dos princípios e que *efficit assensum conclusionis*. A précognição dirigente é, ao contrário, a que produz o conhecimento da conclusão, mas limita-se à cognição do *quid sit* do predicado, e do *quid sit* e do *an sit* do sujeito: ela é necessária para a conclusão, mas não produz o seu conhecimento. A distinção portanto dissipa-se sob o olhar do leitor, dado que, segundo Valla, o passo compreende ambas – *simul* – as précognições. A précognição, como sempre, diz-se em muitos modos; e Valla não deixa de traçar a sua geografia: 1) «si pura vim nominis consideremus», a précognição é antes de mais uma cognição que antecede outra; 2) em relação à aquisição da doutrina, a *inventio* é uma précognição, assim como os *praeludia* que o aluno conhece graças ao mestre antes do conhecimento de uma coisa; 3) qualquer cognição da qual depende outra (*sive necessaria, sive tantum ad bene esse*); 4) précognições são os postulados, *definitiones*, axiomas característicos das ciências matemáticas, mas também, na demonstração, as premissas em relação à conclusão; 5) por fim são précognições os primeiros princípios «quorum cognitio nobis a natura insita est, dummodo explicentur nobis termini, respectu omnium illarum rerum, quae ex illis inferuntur»[282]. A partir desta geografia, Valla está convencido que é possível tirar uma conclusão formal: a précognição

> é uma noção préexistente através da qual somos orientados a conseguir uma certa doutrina e disciplina, quer apenas sendo dirigidos para ela, quer também causando-a[283].

O que torna possível o conhecimento, e dá início à demonstração científica, são os princípios. Destes últimos há uma grande

---

[282] *Ibidem*.

[283] «Est praevia notitia per quam dirigimur, ad consequendam aliquam doctrinam, & disciplinam, sive ad illam dirigendo tantum, sive etiam illam efficiendo».

quantidade de definições nas obras aristotélicas. Valla prefere a definição do primeiro capítulo da *Física,* onde o Estagirita afirma ser princípio «unde aliquid, aut fit, aut est, aut cognoscitur»[284]. A possibilidade de que fala Valla aqui é, obviamente, a terceira; e propõe desde logo uma distinção ulterior. Os princípios são ou *incomplexa* ou *complexa*: os primeiros são simples coisas que são causa doutras (como no caso da racionalidade, que é princípio da *risibilitas*); os princípios *complexa* são algumas proposições. Sobre estes últimos, Valla apresenta algumas distinções. Em primeiro lugar, alguns são comuns a todas as ciências (*universalissima*), outros comuns a muitas ciências (*communia*), outros, por fim, são próprios (*propria*) de uma ciência (é o caso de "Natura est principium motus, & quietis" para a *Física*; ou de "Contraria contrariis curantur" para a Medicina). Em segundo lugar, alguns dos princípios complexos são conhecidos por todos, como "o todo é maior de cada uma das suas partes"; outros apenas são conhecidos pelos homens doutos, como o princípio *ex nihilo nihil fit*. Em terceiro lugar, alguns dos princípios complexos são axiomas, ou seja proposições que todos conhecem e são indemonstráveis, e que necessariamente possui todo aquele que deve aprender: «posita enim terminorum explicatione, omnia assentiuntur»[285]; outros são *suppositiones*, isto é proposições de uma ciência que o mestre declara quando ensina, destas algumas são *petitiones* (quando se afirma a verdade ou a falsidade de algo) e algumas *definitiones* (quando não se afirma nada).

Valla coloca, a seguir, a questão do modo de cognição dos princípios: em relação aos *incomplexa*, retoma a distinção entre princípios *essendi* e princípios *cognoscendi* tirada da *Física* aristotélica para negar a possibilidade de provar *a priori* os primeiros (o próprio Aristóteles só os demonstra *a posteriori* na mesma obra), e para

---

[284] Ibid., p. 144.
[285] Ibid., p. 145.

negar de todo a demonstrabilidade dos princípios do conhecimento, «quia talia principia sunt nobis notissima»[286]. Em relação aos *complexa,* Valla estabelece um ponto em claro contraste com a tradição anterior: os princípios complexos não são *insita in nobis, & tradita a natura.* Afirmar o contrário significa entrar em conflito com o conceito do intelecto possível como *tabula rasa* («in qua nihil est omnino depictum»), que apenas o intelecto agente pode conduzir ao ato. Valla enfrenta com determinação todos os que se inclinam para a opinião segundo a qual os primeiros princípios são inatos *in nobis*; são todos comentadores de Tomás de Aquino, todos dominicanos: Conrad Koellin (Conradus), Domingo Bañez, e o habitual Caetano. Decreta Valla: «Nullo modo sunt audiendi». Estes, com efeito,

> pretendem que a natureza nos infundiu certos hábitos, no intelecto e na vontade, que são princípios de todas as outras coisas, que adquirimos com o nosso labor[287].

A conaturalidade do *habitus* para o homem vem, segundo Valla, não de um ato de infusão, mas do facto que, conhecidos os termos do princípio, o intelecto (apenas com o uso do lume natural) não pode não assentir *statim* no princípio. E a imediatez está aqui ligada à evidência intuitiva: a anuência existe porque do princípio «apparet necessitas evidenter, & ex se intellectui»[288]. O princípio é necessário (e necessariamente intuído) porque *a nullo sanae mentis negare possit.* É uma necessidade lógica, que exige apenas a explicação dos termos para ser entendida:

> Com efeito a explicação dos termos não é algo que provoca em nós a anuência a esses princípios, mas apenas a condição sem a

---

[286] *Ibidem.*

[287] «Volunt esse a natura inditos nobis aliquos habitus, in intellectu & voluntate, qui sunt principia aliorum, quos proprio labore acquirimus».

[288] Ibid., p. 146.

qual o intelecto não pode assentir, e por isso não é um conhecimento *agente*, mas *dirigente*[289].

A explicação dos termos do princípio opera como desvendamento, remoção de impedimentos acidentais (Valla vale-se da habitual metáfora do corpo luminoso coberto por um corpo opaco) para a contemplação do princípio, que não pode ser negado sob pena da autocontradição mais extrema. Isto vale, de resto, apenas para os princípios universalíssimos: todos os outros (quer os comuns, quer os próprios) precisam de outras cognições ou *manuductio* para que o intelecto lhes dê anuência. Estes princípios são conhecidos ou por meio dos sentidos (como o caso do fogo que queima), ou por indução[290], ou por hábito e costume (como os princípios morais). A sua redução aos sentidos e à experiência, arrasta grande parte dos primeiros princípios para o abismo da opinião. Valla apercebe-se disso, mas ao enumerar as categorias dos que negaram ou negam a existência dos primeiros princípios, mais do que responder de forma crítica sublinha a sua incapacidade ou impedimento físico para o raciocínio (ou para o agir reto, como é caso dos jovens em relação aos princípios morais).

Em relação às causas da ciência, Valla dedica uma questão (Quaestio IV, Caput I), na qual se limita a reproduzir a opinião comum derivada do Filósofo: causas agentes da ciência são o intelecto agente, o mestre (*praeceptor*) e os primeiros princípios. Todavia a argumentação que acabámos de expor leva a tomar este elenco com

---

[289] «Explicatio autem illa terminorum non est aliquid efficiens in nobis assensum illorum principiorum, sed tantum conditio quaedam, sine qua intellectus non potest assentiri, & ideo non est cognitio *agens*, sed *dirigens*» [i.n.].

[290] Aqui Valla reúne quer os princípios conhecidos por *experientia* (ou seja os que, embora possam ser comprovados com argumentos *a priori* ou *a posteriori*, recebem maior demonstração pela experiência, como no caso dos princípios da medicina) quer os que «habentur divisione, aut syllogismo hypothetico, aut alia via, quae adhibetur ad declarandas res naturaliter ignotas, & obscuras» [*Ibidem*].

algumas precauções. O intelecto agente, com efeito, é o único dos três ao qual pode ser atribuída uma verdadeira causalidade eficiente no processo de aprendizagem, dado que o mestre é *coadiuvans*, «agens instrumentarium», e os primeiros princípios sofreram uma drástica *reductio ad experientiam*[291].

Com estas argumentações, Valla opera uma deslocação significativa do conceito dos primeiros princípios e do assentimento que lhes dá o intelecto humano, do plano da infusão platonizante (ou neo-platonizante, ou estoicizante) para o da aprendizagem empírica. O que começara, porventura de forma confusa, com Toledo, tomava contornos mais definidos com Valla, e com os lógicos jesuítas de finais do século, que, no caso dos conimbricenses, sublinhariam o aspeto transmissivo (e portanto educativo) dos primeiros princípios.

O sistema lógico de Toledo não conseguia libertar-se da presença embaraçante do mestre Soto, ou seja da orientação platonizante dos dominicanos. Era por isso uma pouco clara mistura de argumentos decalcados de uma tradição tomista, que respeitava os resíduos platónicos, e das primeiras tentativas na direção de um empirismo mais radical. Valla, e depois dele os mais jovens lógicos jesuítas, atiraram--se à congérie toledana enfatizando sobretudo o aspeto empírico, e marcando uma diversidade em relação aos outros tomistas que, com o tempo, tornar-se-ia mais acentuada. Outros tirariam conclusões drásticas da lição jesuíta (e afirmariam, com Galilei):

> O que dizer dos primeiros princípios e universalíssimos? Respondo: nesses princípios não é necessária a précognição nominal

---

[291] Dos primeiros princípios, todavia, aqui Valla afirma a causalidade eficiente, quer no interior do mecanismo da demonstração, quer na ciência demonstrativa, «quae de novo producitur, & tunc dicuntur [os primeiros princípios] causa efficiens, sicut enim res se habet ad esse, ita ad cognosci, & ideo quia illa sunt causa rei in essendo, sunt etiam causa efficiens in cognitione illius eiusdem rei» [Ibid., p. 149]. Valla serve-se aqui da metáfora tomista de *quaedam semina*, que todavia conota como *minima*, ciente de que o espaço para as razões seminais no seu sistema dos primeiros princípios é reduzidíssimo (sendo limitado aos universalíssimos).

[*quid nominis*], quer porque os primeiros princípios podem ser apreendidos e entendidos sem essa précognição, como é evidente na ciência investigativa [*inventiva*], quer porque dos primeiros princípios não há précognição dirigente nem agente[292].

Os conimbricenses, antes que a divergência acerca da lógica entre jesuítas e dominicanos se tornasse numa verdadeira separação em ontologia, ou seja com o aparecimento da metafísica de Suárez, detiveram-se em tirar as conclusões de uma dialética na qual, para a infusão dos primeiros princípios e dos seus *habitus*, já não havia espaço[293]. Isto levou Sebastião do Couto a conclusões notáveis acerca do tema do ato educativo e da possibilidade da *inventio*: na ausência de primeiros princípios e *habitus* inatos, o processo do conhecimento, de facto, é completamente absorvido na relação mestre-aluno. A função docente torna-se determinante quer no início, quer no avançar do conhecimento do aluno. O docente exterior, secundária

---

[292] «Quid dicendum de primis principiis et universalissimis? Respondeo: in talis principiis non necessariam esse praecognitionem quid nominis, tum quia prima principia possunt apprehendi et intelligi sine tali praecognitione, ut patet in scientia inventiva, tum quia in primis principiis non datur praecognitio dirigens neque agens».

[293] Cf. A. A. COXITO, "Génese e conhecimento dos primeiros princípios. Um confronto do Curso Conimbricense com Aristóteles e S. Tomás", *Revista Filosófica de Coimbra*, 12 (2003), pp. 279-303. No artigo, Coxito apresenta uma precisa *explicatio* do texto conimbricense, detendo-se sobretudo sobre o problema da indução em Aristóteles e Tomás de Aquino, para demonstrar a tese (diferente da nossa) que, na *Dialética* conimbricense, o conhecimento dos primeiros princípios é entendida em sentido platónico (através de um raciocínio de carácter escotista): «Esta maneira de ver – que de algum modo pode reivindicar o seu fundamento em Platão – considera a inteleção das primeiras noções como um ato que transcende a experiência» [Ibid., pp. 296-297]. Creio que fica por esclarecer o valor dessa trascendência (produtiva da experiência? representativa? Ou, em termos kantianos, transcendental?), que por si só, segundo Coxito, não liberta o homem «totalmente» do conhecimento sensível [Ibid., p. 297]. Se o ato de apreensão dos princípios por parte do *lumen* é, então, puramente intuitivo, torna-se difícil escapar à hipótese que o discurso de Couto é auto-contraditório ou confuso: «A noção de intuição a que ele recorre é necessariamente imperfeita e o seu mecanismo algo misterioso. E apresentá-la como alternativa para explicar o conhecimento dos primeiros princípios parece-nos uma solução demasiado fácil» [Ibid., pp. 299-300].

e accessoriamente "mestre" segundo Tomás de Aquino, adquire na *Dialética* de Couto um peso substancial: ele é essencial também na ativação das regras do conhecimento, que até então tinham sido, de algum modo, guardadas para a intuição inata.

Cumpria-se com Couto o percurso, que vai de Toledo a Fonseca, a Valla, que os lógicos jesuítas trilharam rumo a um empirismo educativo e gnoseológico liberto do ditado de São Tomás[294]. Góis, por seu lado, trilhara o caminho no Comentário ao *De Anima*, embora mantivesse estável o habitual esquema da *communicatio* entre mestre e aluno:

> O mestre transmite ao aluno a ciência oferecendo-lhe exemplos sensíveis, ou outras coisas semelhantes a estes, com os quais ele representa fantasmas idóneos para a compreensão da coisa; ou também propondo proposições comuns, e *princípios dele já conhecidos* [i.n.], e a seguir aplicando-os a conclusões particulares, e levando-o quase pela mão aos conhecimentos inteligíveis, e à desconhecida noção da verdade[295].

---

[294] Deve notar-se que também a contrafação frobeniana segue a mesma linha, propondo uma interpretação do começo dos *Segundos Analíticos* análoga a de Couto. O autor parafraseia o texto aristotélico de forma semelhante à que será proposta pelos Conimbricenses, enquanto – por uma interessante deslocação da imagem tomista – julgará aplicável o conceito de *manuductio* do discípulo por parte do mestre no processo de ensino à indução no processo cognitivo: «Est igitur inductio, quaedam dispositio & manu ductio: qua intellectus excitatur, & adducitur ad contemplandas naturas extremorum ex quibus [prima] principia componuntur» e: «cognitionem vero principiorum aliquando acquiri per discursum (ut per inductionem & experimentum) non per se, sed per accidens: quatenus videlicet his instrumentis manu ducitur intellectus, & quodammodo excitatur ipsa principia contemplanda» [*Collegii Conimbricensi Societatis Iesu Commentarii doctissimi in universam Logicam Aristotelis*, Tomus Alter, Froben, Hamburg, 1604, p. 158].

[295] «Magistrum vero communicare discipulo scientiam offerendo ei sensibilia exempla, aliaque his similia, quibus ille phantasmata ad rei intellectionem idonea effingat, proponendoque effata communia, & *principia illi nota*, eaque ad particulares conclusiones applicando atque ita ipsum ad intelligibiles conceptiones, & ignotam veritatis notitiam quasi manu ducendo».

O mestre oferece exemplos sensíveis e sentenças comuns ou princípios conhecidos pelo discípulo, mas para Góis estes últimos já não podem ser considerados infundidos na alma humana, tal como acontece na dinâmica dos atos cognitivos relativos às espécies[296]. Tudo, no conhecimento do homem, inclusive os princípios e os *habitus* que permitem a sua anuência, são adquiridos pela educação: «Habitus principiorum, tam quae ad contemplationem, quam quae actionem, & praxim spectant, re vera esse acquisitos a nobis per assensum cadentem supra prima principia speculabilia, & operabilia»[297]. Góis tem plena consciência de estar distante da palava de Tomás, e, quando o convoca para confirmar esta teoria, só pode usar a expressão oblíqua: *idque videtur respexisse D. Thomam*[298].

Por este caminho, avançará a *Dialética* do *Cursus*.

A primeira questão que Couto aborda, ao comentar o início dos *Segundos Analíticos*, diz respeito à aquisição do conhecimento e a primeira tese a eliminar é, como vimos ter sido feito até agora, a teoria da reminiscência platónica. De que forma se adquire a ciência, *per reminiscentiam* ou *per novam inventionem*?

O comentário prossegue com a exposição da teoria platónica (artigo I): a alma é dotada do *habitus omnium scientiarum* antes

---

[296] Sobre estes aspetos, veja-se L. SPRUIT, *Species Intelligibilis. From Perception to Knowledge, II. Renaissance Controversies, Later Scholasticism, and the Elimination of the Intelligible Species in Modern Philosophy*, Brill, Leiden 1995, pp. 289-293.

[297] Ibid., p. 372. E, sobre o significado da sua naturalidade: «Eatenus tamen dici naturales, quatenus eiusmodi principia per se, ac vi suorum terminorum, adeo conspicua sunt, ut eis necessario quoad speciem actus assentiamur» [*Ibidem*]. Pouco antes, Góis estabelecera um paralelo entre *speciae* e *habitus*: «Si esset nobis ingenitae species, essent quoque ingeniti habitus scientiarum (...) At non ita rem habere plane indicat, quod nemo eiusmodi habitus in se experitur, sed magnum potius laborem, & difficultatem in disciplinis comparandis» [Ibid., pp. 370-371].

[298] Góis remete para dois passos: *Summa*, I^a-II^{ae}, Quaest. 51, art. I; e *Contra Gentes*, lib. II, cap. 78. No primeiro, Tomás distingue deste modo os habitus: «Sunt ergo in hominibus aliqui habitus naturales, tanquam partim a natura existentes et partim ab exteriori principio; aliter quidem in apprehensivis potentiis, et aliter in appetitivis. In apprehensivis enim potentiis potest esse habitus naturalis secundum inchoationem, et secundum naturam speciei, et secundum naturam individui».

da união com o corpo e por conseguinte nenhuma ciência pode ser adquirida nesta vida. Segue-se o elenco dos platónicos que abraçam esta doutrina: Pitágoras, Alcino, Jâmblico, Porfírio, Prisciano Lídio, Simplício, Cícero, Macróbio e Plotino, *Academicae disciplinae insignis assertor*, o único de quem é apresentada a argumentação. Bessarione afirma que a imagem aristotélica da *tabula rasa* (que contraria a preexistência da alma na sua união com o corpo) é uma comparação que se refere ao aparelho sensorial, e não ao intelecto: por isso o Estagirita confirmaria Platão em julgar que a tábua, na altura do nascimento, é *insignita* de qualquer imagem. E Jâmblico nega que o intelecto seja comparável a uma tábua nua, mas antes a uma tábua raspada com os caracteres semiapagados, *quos proinde necesse sit novis quasi luminibus a phantasmatis illustrari*. Couto, a seguir, aborda o "erro" em que caiu Orígenes, segundo o qual a criação das almas por parte de Deus, anterior à sua descida aos corpos, exigia, na perspetiva da dignidade do criador, que elas não fossem desprovidas de ciência; e regressa, por fim, ao *Ménon*, onde Platão argumenta pela conaturalidade do *habitus scientiarum* à alma.

Para além das autoridades, o Comentário apresenta um raciocínio em apoio da tese platónica: se uma ciência é aprendida *de novo*, a aprendizagem pode acontecer ou através do *ministerius sensus*, ou do *opus magistris*. Excluída a primeira possibilidade com Agostinho (os sentidos enganam), Couto critica, e a seguir nega, a segunda: para adquirir ciência não é preciso só o lume natural, mas também as espécies inteligíveis, que o mestre não pode transferir diretamente para o discípulo. Ele, como de resto Agostinho afirmara no seu *De Magistro*, apenas pode propor ao discípulo sinais externos, *quibus interventu phantasmatum habitus a primo ortu nobis ingeniti suscitentur*. Por fim, há a confirmação do argumento com a equiparação entre os primeiros princípios e *habitus* de ciência: dado que os primeiros são inatos, assim devem ser os segundos.

Apresentada e sustentada a tese platónica da reminiscência, Couto passa às críticas e à posição da tese conimbricense (artigo II). O primeiro argumento é *ex auctoritate fidei*: a criação das almas antes dos corpos fora condenada pelo concílio de Braga. Em apoio do Concílio, apresenta-se o raciocínio tirado da Primeira parte da *Summa* de Tomás: se os conhecimentos fossem inatos às almas, não seriam latentes; não só porque quanto mais as disciplinas são possuídas tanto mais se manifestam, mas também porque é impossível que *scientem lateat se scire*. As pessoas desprovidas de um sentido não podem adquirir conhecimentos relativos a esse sentido: o cego de nascença não julga as cores. À objeção platónica que o cego não distingue as cores porque lhe faltam os fantasmas, Couto responde com Caetano (apesar de deturpar o exemplo): através dos sensíveis de um sentido, podemos lembrar os sensíveis doutro, como acontece quando ao ver o açúcar, lembramos a sua doçura.

A refutação de Platão passa por um segundo argumento tomista: sendo a alma forma do corpo, não é possível que ela possa ser impedida nem que exercite o ato de conhecer se já fazia isso antes de se juntar a um corpo. Além disso, se o conhecimento das conclusões e dos princípios fosse natural, seguir-se-ia que: 1) interrogados, quer aqueles que seguem a ordem das perguntas quer os não a seguem, responderiam com exatidão, dado que para eles todas as coisas seriam igualmente manifestas; 2) que não poderia haver falsas opiniões, dado que das ideias não pode vir nada de falso. Por fim, se aprender fosse lembrar através da *excitatio phantasmatum* a aquisição da disciplina não seria tão árdua: de facto, a impressão dos fantasmas não encontra tantas dificuldades.

A aprendizagem para os conimbricenses não pode ser reminiscência:

> seja então a conclusão deste artigo, que a alma humana é ao mesmo tempo criada por Deus e infundida no corpo, e na origem

é como que uma tábua nua, desprovida de todos os hábitos e espécies. Depois, com o tempo adquire os hábitos das ciências, sobretudo por aquela via que nos indicou Aristóteles nesta obra, ou seja primeiro acolhendo os princípios, que têm maior afinidade com o lume do intelecto, e depois deduzindo deles as conclusões, quer sozinho e por sua *experimentação*, quer por obra e empenho do mestre[299].

No terceiro artigo Couto resolve cada um dos argumentos em apoio da tese platónica: contrariando filologicamente (*ex contextu graeco*) a tese de Jâmblico (segundo a qual o intelecto seria como uma tábua mal raspada), e Bessarione; argumentando contra a tese tirada do *Ménon*. À tese da aprendizagem *ex ministerio sensu*, Couto contrapõe a definição da *propria inventio*: ou seja, para adquirir uma ciência não é necessário que o que conhecemos caia *per se* sob o aparelho sensorial; é suficiente que tenha estado no aparelho sensorial ou *per se*, como as qualidades sensíveis; ou pelos efeitos, como Deus, as inteligências, as virtudes ocultas das coisas; ou pelos fundamentos, como as relações; ou pela oposição, como as negações por formas negativas; ou pelas suas partes, como um montão de ouro. Em relação à falácia dos sentidos, Couto remete para o comentário ao segundo livro do *De anima*. À tese da aprendizagem *ex ope magistri*, Couto contrapõe a sua descrição da disciplina: o mestre não infunde a ciência ou as espécies inteligíveis *per se* e diretamente, mas propõe ao discípulo enunciados e sinais exteriores (sensíveis ou exemplos) que o intelecto do discípulo reproduz

---

[299] «Conclusio ergo huius articuli sit, animum humanum simul a Deo creari, & in corpus infundi, esseque a prima origine quasi nudam tabulam, omni habitu, specieque destitutum. Deinde vero progressu temporis acquirere scientiarum habitus, ea potissimum via, quam tradidit Aristoteles in hoc opere, videlicet percipiendo prius principia, quae maiorem habent cum luminem intellectus cognationem, & ex illis deducendo conclusiones aut per se, & proprio *experimento*, aut opera, industriaque magistri».

dentro de si semelhantes ou que ajudam a mente do discípulo a representar a cognição que o mestre quer ensinar. Couto tem conhecimento que neste ponto a relação entre Tomás e Agostinho é mais delicada: a ação educativa do mestre humano parece ter um peso que o *De magistro* de Agostinho não reconhece. Justamente por isso o comentário afirma que a teoria exposta não está em desacordo com Agostinho, que assevera existir só um mestre para o homem, Deus. Significativamente, o resumo da posição agostiniana não é tirada do *De Magistro*, mas do *De utilitate credendi*: os sinais que o mestre propõe são ou conhecidos ou desconhecidos do discípulo. No primeiro caso, possuindo já o significado do sinal, o discípulo não aprende nada de novo; no segundo, não sendo o sinal conhecido, o discípulo não o entende (como se a um latino se falasse em grego). Agostinho afirma que o sinal de algo não pode ser conhecido se não se conhece antes aquilo de que é sinal. A este argumento Couto responde dizendo que esses sinais são conhecidos confusamente e universalmente, enquanto o mestre os explica (*declarati*) *particulariter, & explicite*. Couto está ciente de que a argumentação devia ser aprofundada, mas limita-se a remeter para alguns passos de Tomás e de Henrique de Gand, que, de facto, constituem as duas principais autoridades para o comentário conimbricenses aos *Segundos Analíticos*.

Ao problema dos primeiros princípios, através dos quais continua a filtrar uma teoria "débil" da reminiscência, Couto dedica um longo artigo (artigo IV), no qual são referidas as três mais comuns opiniões em mútuo confronto.

A primeira é a apoiada por Durando (in 3. D. 33. Quaest. 1, ad secundum), ou seja que tais princípios, não sendo conclusões, dado que lhe falta o termo médio, não exigem um *habitus superaddito* ao intelecto para serem entendidos: o intelecto dá-lhes assentimento por sua virtude natural, e depois da anuência, não guarda algum *habitus*. A mesma teoria é apoiada por Domingos de Soto (no *De iustitia et iure*) e por Medina, o qual se baseia (sem razão, segundo Couto) numa interpretação de Tomás. Couto diz que outros comentadores mais recentes apoiam uma variante desta teoria: ou seja, que para alguns princípios, os menos claros e comuns, são necessários os *habitus,* enquanto para os mais manifestos e comuns eles não são necessários. Dois são os argumentos apresentados em apoio desta opinião: 1) os *habitus* acrescentam-se às potências tornando-as *promptiores & faciliores*; mas o intelecto é ágil por natureza, e propenso a assentir nos primeiros princípios, de maneira que não pode tornar-se mais ágil, nem mais propenso; portanto, não precisa de *habitus* dos princípios. 2) no intelecto prático não existem *habitus* particulares para os princípios práticos como o assentimento no bem e a recusa do mal; para o assentimento a tais princípios é suficiente a potência do intelecto; por conseguinte, por simetria, não é necessário pôr a necessidade de *habitus* tão-pouco para o intelecto especulativo. Este argumento apoia-se na autoridade de São Jerónimo, que identifica uma santidade natural que Deus imprimiu em todos os homens com o lume natural hostil ao mal e propenso ao bem.

A segunda opinião admite que os *habitus* dos princípios são qualidades acrescentadas, mas nega que se adquiram através de atos; com efeito, foram infundidos na alma do homem no momento da criação. Couto diz que esta teoria é apoiada por Juan Viguier, Capréolo e em vários lugares, por Tomás (embora em contradição com ele mesmo, como veremos na terceira opinião). A argumentação baseia-se na hierarquia dos seres e segundo esta teoria a divina Sapiência teria feito com que o supremo da natureza inferior alcance (*attingat*) o ínfimo da natureza superior; o supremo do homem é o *habitus* dos princípios; portanto, se os Anjos possuem como inatos os princípos dos seus conhecimentos, também inatos serão no homem os princípios *praestantissimae cognitionis*. Deus, de facto, não criou a natureza desprovida do *principium operandi*;

mas os *habitus* dos princípios são princípios de todas as ciências; por conseguinte não é verossímil que o intelecto humano tenha sido gerado desprovido deles.

A terceira opinião, por fim, não só reconhece os *habitus principiorum* distintos *re ipsa* do intelecto, mas afirma que os *habitus* dos princípios podem ser adquiridos paulatinamente (*paulatim*). É esta, julga Couto, a verdadeira interpretação de Aristóteles dada quer na *Ética*, III e VI quer no último capítulo dos *Segundos Analíticos*, onde o Estagirita afirma que os *habitus* não são inatos mas sim adquiridos. Confirmam esta tese Tomás (*Contra Gentiles*, cap. 78), o Ferrariense e Caetano. Os outros escolásticos, quer filósofos quer teólogos, não estão em desacordo com esta solução, dado que as maiores dúvidas eram levantadas justamente pelos tomistas (*nam de Thomistis era maior dubitatio*).

Esta opinião é demonstrada em duas partes. A primeira baseia-se na distinção entre *habitus principiorum* e intelecto. A prova é conduzida em dois modos: *a posteriori* ou com um argumento *a priori*. O primeiro modo, por exemplo, corresponde à observação empírica pela qual vemos um homem que adquiriu maior facilidade em operar algo (uma virtude, uma ciência, uma arte), operar com maior prazer do que antes. Nele, portanto, devem permanecer coisas que tornam a potência mais pronta para a operação: essas coisas são ditas *habitus*. A maior facilidade não deriva apenas das espécies que concorrem para a apreensão dos termos, mas também do *habitus* imediatamente propenso ao assentimento. Se se objetar que isto vale para os princípios cuja evidência é por alguma razão parcialmente oculta, mas não para os princípios mais universais que são totalmente evidentes, Couto responde que não existe princípio comum cuja verdade não possa nalguma ocasião permanecer escondida, como demonstram certos princípios entre os mais comuns que são negados por alguns filósofos. Mas o argumento da maior ou menor evidência não é concludente, até porque se trata de uma distinção acidental: uns princípios são com efeito *admittendi vel nullius, vel omnium habitus*. Os princípios distinguem-se dos outros objetos apenas por uma diferença, falta-lhe de todo o termo médio, ao contrário dos objetos. Afinal, é o mesmo argumento de Durando, simplesmente ao contrário. A segunda parte que diz respeito à aquisição dos *habitus* (não ao seu inatismo), deriva do que foi dito. Com efeito, se os possuíssemos desde a origem, estaríamos sempre prontos para o assentimento. Tomás no *Contra Gentiles* (cap. 83) diz que adquirimos através dos sentidos as espécies necessárias para a anuência aos princípios, e que por conseguinte com elas adquirimos o *habitus*. A experiência demonstra a primeira afirmação, enquanto a consequência é demonstrada pelo facto de a natureza não fornecer o *principium agendi* numa dada ordem, e nega os meios necessários para a ação segundo a própria ordem do princípio.

Couto pode, por fim, responder aos argumentos apresentados pelas duas opiniões iniciais. A respeito da primeira, responde que o intelecto é uma certa potência natural, mas entre as potências naturais há um intervalo (*latitudo*): existem potências cujo ato é quase reflexo, ou seja implicam um juízo, como as potências apetitivas (são movidas por causa de outra razão conhecida no objeto); e existem as que são movidas pelo objeto *simpliciter*. A potência, aliás, operando naturalmente, não aplica sempre todo o esforço. A visão, e o intelecto quando apreende simplesmente, estão no segundo grau da potência natural determinada simplesmente para o objeto; não acontece assim quando o próprio intelecto julga. Para além disso, entre as várias definições de *habitus principiorum*, Couto declara preferir a que foi dada pelo escotista James Bargius, que chama *naturalem, quia ab ipso lumine naturali absque ullo medio propensi sumus, ut principiis assentiamur*. Embora seja única a potência intelectiva, ela percebe (*percipit*) algumas coisas sem discurso, outras discorrendo: quando age no último modo, é denominada "ratio"; quando age no primeiro modo, "intelecto". Os *habitus* dos princípios são gerados por meio de atos não discursivos.

A respeito da segunda opinião, que apelava para o conhecimento dos Anjos, Couto declara:

> dizemos com efeito que Deus concedeu em abundância aos homens, a fim de provê-los de tudo, as potências com as quais pudessem obter este e outros hábitos, o que é magnificamente explicado com Galeno no *De Generatione*[300].

Dito isto, ao Comentário só resta salvaguardar a posição de Tomás, que até então servira para demonstrar qualquer opinião, mas que, em particular, o Ferrariense e Caetano interpretaram de forma perigosa: Tomás, segundo Couto, não afirmou que os *habitus* dos primeiros princípios não são gerados através dos nossos atos (como os outros atos intelectivos) mas que resultam imediatamente no intelecto possível pela representação dos termos nos fantasmas e pela ação do intelecto agente, da mesma maneira das espécies inteligíveis (e por isso seriam "naturais").

Depois da questão da aquisição do conhecimento (e da negação da reminiscência), Couto, ao comentar o mesmo passo dos *Segundos Analíticos,* pode colocar uma segunda questão. Trata-se de aceitar ou não a tese fundamental do Estagirita em matéria de conhecimento: *omnis doctrina, & disciplina intellectiva ex antecedente cognitione fit.* A questão será resolúvel só quando forem explicadas as suas partes, de modo a manifestar o verdadeiro sentido em que Aristóteles a entendeu: trata-se em suma de explicar o sentido da distinção entre

---

[300] «Dicimus ergo Deum abunde hominibus quoad haec omnia providisse, cum eis potentias impertivit, quibus hunc, & alios habitus sibi possint comparare, quod in secundo de Generatione luculenter cum Galeno explicatum est».

doctrina e *disciplina*; o significado da palavra *intellectiva*; e por fim, o conceito de *cognitio antecedens*.

Coloca-se antes de mais a questão da distinção entre *doctrina* e *disciplina*. Segundo Filópono e Tomás, *doctrina* é o saber do mestre, transmitido *per vocem aut scripturam*; *disciplina* é o saber do mestre tal como é recebido pelo discípulo. Couto refere o exemplo que também Tomás apresenta, a transmissão do calor do fogo à água, que se baseia na tese segundo a qual ação e paixão são um idêntico movimento. O exemplo vai ser recebido com um esclarecimento. O calor existente no fogo produz o calor na água através de uma ação física e direta, enquanto a ciência existente na mente do mestre não age da mesma forma. O mestre, com efeito, não age *per modum causae naturalis* mas – segundo Tomás [Summa, I, quaest. 117, art. 1, ad secundum] e Henrique de Gand [Summa, art. I, quaest. 6] – como *principium dirigens*.

Em relação ao termo "intellectiva", os conimbricenses sublinham a diversidade de interpretações dadas ao texto aristotélico, e reúnem os comentadores em três opiniões: 1) segundo alguns, a *notitia intellectiva* é qualquer cognição do intelecto, quer simples quer complexa; são desta opinião Tomás, Filópono, e *alicui recentiores*; 2) segundo outros, que se baseiam num passo de Aristóteles [Met., I ed Eth., III] trata-se apenas da *notitia iudicativa*, discursiva ou não. Entre estas últimas, estão os primeiros princípios notícias *iudicative* não discursivas; 3) segundo outros, por fim, neste passo Aristóteles entende por notícia inteletiva a propriamente discursiva. Desta opinião são Averróis, Temístio, Filópono, Alberto Magno, Apolinário, Egídio Romano, Paulo Veneto e Toledo. Couto concorda com esta última opinião: o próprio Aristóteles dá como exemplo das *notitiae intellectivae* apenas as discursivas, como o silogismo, a indução, o *exemplum*.

A respeito da última parte da proposição, Couto julga que a cognição antecedente a partir da qual se gera o conhecimento discursivo não deve ser por sua vez discursiva: a prova apresentada é a do regresso ao infinito (*infinitus processus*), dada também por Filópono. Com a expressão "notícia precedente", então, Aristóteles entende a judicativa formal ou virtual, *ex qua proxime fit discursiva, & particulam "ex" denotare causalitatem effectivam, iuxta ea, quae tradita sunt de discursu in primo Priorum*.

No segundo artigo os conimbricenses abordam algumas objeções. A primeira é que nem toda a ciência discursiva deve ser chamada doutrina e disciplina. Com efeito, é propriamente discursiva apenas a ciência que se adquire através da *propria inventione*: mas esse não é o caso da doutrina, dado que não procede (*progrediatur*) do mestre; e nem sequer a disciplina, dado que ninguém se considera discípulo a não ser em relação ao mestre (e, neste caso, há um profundo contraste entre a disciplina e a ciência discursiva, ou seja que deriva da anterior cognição: com efeito deriva *ex antecedente* ou no mestre, ou no discípulo).

No terceiro artigo, Couto interroga-se sobre os princípios: se a sua cognição a partir de um conhecimento anterior se verifica por meio do discurso. Couto, antes de mais, apresenta duas suposições, dirigidas criticamente a teses de Durando e Caetano. Contra o primeiro, ele julga que existem no nosso intelecto uns *habitus* distintos dele, que fazem propender o assentimento em relação às proposições universais e indemonstráveis que se dizem princípios. Contra Caetano, ele julga que estes *habitus* são adquiridos através dos nossos assentimentos ou atos. Interroga-se por fim se atos deste tipo, e por conseguinte os *habitus* gerados por meio deles, são discursivos e portanto cabem na expressão de Aristóteles "Omnis doctrina, & disciplinam...".

Um princípio pode ser conhecido de duas formas: com uma cognição imperfeita, *a posteriori* não tendo penetrado nos termos; ou com uma perfeita e evidente notícia derivada duma perspícua penetração dos termos. No primeiro caso, não há dúvida que se possa tratar de um conhecimento discursivo, como qualquer outra conclusão universal de uma qualquer indução. No segundo, que se diz ser *notitia principij*, coloca-se a questão de saber de que princípio se trata.

Uma cognição adquirida por indução é discursiva; ora, a cognição dos primeiros princípios adquire-se por indução: portanto é discursiva. Couto fundamenta o raciocínio referindo alguns passos de Aristóteles (*Primeiros* e *Segundos Analíticos, Ética* e *Metafísica*): o nosso intelecto é muito (*ad modum*) limitado, e neste estado de vida depende muito dos sentidos; não pode por conseguinte dar um assentimento firme a uma proposição sem perigo de errar, a não ser que da verdade da proposição tenha feito repetida experiência *in singularibus*, e por meio de indução, *quod ipsum experientia docet*. De facto ninguém por sua *inventione*, anui temerariamente (*audacter*) a uma proposição universal, cuja verdade não tenha ponderado *in singularibus* com o exame dos sentidos.

Acerca deste ponto, todavia, há controvérsia. São duas as coisas em questão nos autores. Antes de mais, Aristóteles mostrou que os princípios não são conhecidos perfeitamente, a não ser por prévia experiência (*experimentus*) ou indução. Em segundo lugar, a causa principal do assentimento nos princípios não é a indução, mas o lume do intelecto, com uma penetração clara dos termos: outros passos de Aristóteles demonstram isso, e com ele estão de acordo Tomás, Escoto e outros.

Apresenta-se aqui o problema paralelo ao da aprendizagem: a anatomia do conhecimento. O comentário aos *Segundos Analíticos* pressupõe uma teoria gnoseológica que os conimbricences já delinearam no comentário ao *De anima*, no qual Manuel de Góis apresenta algumas teses sobre as dinâmicas do lume natural numa clara viragem em relação ao pensamento tomista[301]. Mas disso fa-

---

[301] Limito-me aqui a assinalar algumas obras de M. A. SANTIAGO DE CARVALHO, que dedicou a este assunto numerosos estudos: "Introdução Geral à Tradução", in

laremos noutra ocasião. Para concluir a questão da aprendizagem, é necessário dizer que a exposição das teses sustentadas por Couto oferece indícios suficientes para situar as peculiaridades do *Cursus* em relação à história do "problema do mestre", do comentário aos *Segundos Analíticos,* e à posição ocupada pelos conimbricenses no panorama cultural da Companhia de Jesus. A negação da infusão dos primeiros princípios, e a ainda mais firme dos *habitus* para o assentimento nas regras do processo lógico, representam a desconfiança da *Dialética* conimbricense em relação ao inatismo, desconfiança que se alarga a outros problemas lógicos até contaminar as teorias sobre a linguagem. A mesma desconfiança que Couto apresenta perante a hipótese inatista do conhecimento e da aprendizagem em particular, reaparece na questão do naturalismo linguístico, perante o qual Couto manifesta uma atitude que às vezes foi definida «a healthy scepticism»[302].

A tónica de Couto coloca-se na função do ensino, que se torna determinante tanto na aprendizagem das conclusões do discurso e

---

Comentários do colégio conimbricense da Companhia de Jesus. Sobre os três livros do Tratado "Da Alma" de Aristóteles Estagirita, Sílabo, Lisboa, 2010, pp. 7-78; ID., "Intellect et Imagination: la 'scientia de anima' selon les 'Commentaires du Collège des Jésuites de Coimbra'", in MªC. PACHECO et J.F. MEIRINHOS (eds.), *Intellect et imagination dans la Philosophie Médiévale / Intellect and Imagination in Medieval Philosophy / Intelecto e Imaginação na Filosofia Medieval. Actes du XIe Congrès International de Philosophie Médiévale de la S.I.E.P.M.,* Turnhout 2006, vol. 1, pp. 119--158; ID., "The Coimbra Jesuits' Doctrine on Universals (1577-1606)", *Documenti e Studi sulla Tradizione Filosofica Medievale,* 18 (2007), pp. 531-543; ID., "A questão do começo do saber numa introdução à Filosofia do século XVI português", em AA.VV., *Razão e Liberdade. Homenagem a Manuel José do Carmo Ferreira,* Lisboa 2010, pp. 993-1009.

[302] Vejam-se em particular os trabalhos de J. E. Ashworth. Ad es., ID., "Traditional Logic", in C. B. SCHMITT, Q. SKINNER, E. KESSLER, J. KRAVE (eds.), *The Cambridge History of Renaissance Philosophy,* Cambridge University Press, Cambridge 1988 (2009^8), pp. 143-172; "La doctrine de l'analogie selon quelques logiciens jésuites", em L. GIARD, *Les jésuites à la Renaissance. Système éducatif et production du savoir,* Presses Universitaires de France, Paris, 1995, pp. 107-126. Ecoam, aliás, nesta admissão muito acentuada do estado excepcional de Adão, reflexos das doutrinas que Baio ensinara em Lovaina, em torno das questões da graça e da justificação, e que lhe deram vários problemas.

da ciência, quanto das regras lógicas do raciocínio. À *inventio* e à criatividade do autodidata, ou do *ingegno capriccioso* como dizia Juan Huarte, é deixado pouco espaço. O conhecimento é fruto de um ensino, que se vale de *signa* capazes de conduzir o discípulo em cada passo do seu raciocínio: é o método que Huarte aconselhava em relação aos *ingegni pecorini*, para os quais o conhecimento deve ser ruminado e dado pelo mestre para que o possam digerir. Para que a disciplina e a doutrina coincidam verdadeiramente em todos os atos discursivos do intelecto discente, o ensino deve traduzir-se (e esgotar-se) em repetidos exercícios, *experimentum*, *opera*.

O desvio de Tomás de Aquino não é portanto – aqui, neste passo da *Dialética* de Couto – em direção a Henrique de Gand ou a Caetano ou à tradição tomista que sublinhava a veia neoplatónica presente (de forma evidente) na *Summa*, no *De Veritate*, e no Comentário aos *Segundos Analíticos* do Aquinate. Não é em nome de Platão que podem ser negadas infusões de princípios e de *habitus*, e também a intuição dos princípios por parte do *lumen naturale*, conceito facilmente atribuível à tradição platónica, concebido por Couto mais como função transcendental do que como transcendente. A *Dialética* do *Cursus* fornece, por isso, as bases para uma doutrina da educação que se baseia na experiência, na comunicação entre mestre e discípulo, e que de facto supera o aristotelismo com um aristotelismo mais radical, em que desvanecem todos os vestígios inatistas[303]. Com razão Amândio Coxito enfatiza um passo do Proémio da *Dialética*, onde Couto afirma que a origem das artes

---

[303] A gnoseologia do *De anima* de Góis, onde o discurso parece diferente, exigirá sobre este tema um aprofundamento ulterior: a função do lume no ato cognitivo e a dinâmica do intelecto agente remetem para elementos ou conteúdos platonizantes e neoplatonizantes. De M. SANTIAGO DE CARVALHO, vejam-se sobretudo os dois capítulos "A doutrina do Intelecto Agente" e "Aristotelismo e Não-Aristotelismo" no seu *Psicologia e ética no curso Jesuíta conimbricense*, já mencionado; e ID., "Tentâmen de sondagem sobre a presença dos platonismos no volume do 'De Anima' do primeiro Curso Jesuíta Conimbricense", in J.A. de C. R. de SOUZA (coord.), *Idade Média: tempo do Mundo, Tempo dos Homens, Tempo de Deus*, Porto Alegre 2006, pp. 389-398.

reside na experiência[304]: baseando-se na autoridade da *Metafísica* de Aristóteles e num passo do *Górgias* em que Pólos apresenta a tese, o conimbricense afirma (com o exemplo da descoberta das virtudes curativas do ruibarbo) que «artium & scientiarum habitus experientia gigni»[305]. Estamos longe daquelas "faíscas" da verdade, que permaneceram no homem após a queda, e que tornam possível a origem das artes, segundo Vives no *De disciplinis*: aqui a experiência é apresentada numa forma indutiva não distante do significado moderno (até pós--aristotélico) do termo. Enraizada na empiria e na comunicação social dos *habitus* adquiridos, a aprendizagem torna-se para o homem um constitutivo ontológico: o "Homo disciplinae capax" de aristotélica lembrança (retomado quer por Fonseca nas suas *Institutiones Dialecticae*[306] quer por Couto), utilizado muitas vezes como exemplo de dificuldade lógica, torna-se na *Dialética* conimbricense a definição principal de natureza humana. Onde o termo "disciplina",

---

[304] A. A. COXITO, "Génese e Conhecimento dos Primeiros Principios...", cit., p. 303.

[305] E prossegue assim: «Hos autem acquisitos, nova aliorum accessione paulatim augere consuevit similium rerum ad idem genus, seu materiam pertinetium animadversio in singulis disciplinis. Atque ita per incrementa profecere artes, nec quisquam idem artem aliquam incoepit, & absolvit. Quoniam autem istiusmodi acquisitionem, & profectum artium, ac scientiarum, opus ac vis rationis antecessit, recte Galenus primo de usu partium eos laudat, qui, ut Aristoteles manum quasi organum quoddam esse ante organa, dixit; ita ipsi rationem veluti quandam artem esse ante omnes artes, asseruerunt» [*Commentarii... In universam Dialecticam*, cit., Proemio, q. 1, art. 1, p. 8].

[306] Assinala-o com precisão Mario Santiago de Carvalho, que escreve: «[Pedro de Fonseca] ilustra a temática da predicação necessária, recorrendo a um exemplo assaz significativo para aquilo que nos interessa: "O homem é capaz de educação"». E continua: «"Com efeito, se alguém negar que o Homem é capaz de educação, é lógico que negue que ele é Homem". Ora, sabendo nós que uma predicação necessária é aquela que, se for negada, implica a destruição do próprio sujeito, então a capacidade para se ser educado é alguma coisa que pertence à própria essência do ser humano ou emerge do fundo da sua própria essência» [M. SANTIAGO DE CARVALHO, "Introdução Geral" a *Comentários do Colégio conimbricense ... Sobre os três livros do Tratado Da Alma...*, cit., p. 26]. Ver também ID., "The Coimbra Jesuits' Doctrine on Universals (1577-1606)", *Documenti e Studi sulla Tradizione Filosofica Medievale*, 18 (2007), pp. 531-543.

indica justamente o processo cognitivo começado e orientado (por isso apreendido) pelo mestre exterior, a educação como mínimo comum denominador de todo o conhecimento. Na origem, então, há sempre um mestre.

E a função que lhe confiam os conimbricenses é claramente diferente da de um outro jesuíta, Antonio Possevino, que poucos anos antes de Couto publicara a sua *Coltura degl'ingegni,* inspirando-se numa tradição platónico-ficiniano-piquiana, e por isso afirmando o autodidata, a *inventio,* o engenho individual no processo educativo. Para isso, Possevino devia recuperar justamente as doutrinas das quais os conimbricenses se tinham afastado: infusão das espécies, razões seminais, naturalismo linguístico, cabala cristã e assim por diante[307]. Mas o jesuíta de Mântua não era um lógico de profissão, e era sobretudo um homem de ação: fundou colégios em grande parte da Europa, esteve em missão diplomática nas Cortes de Ivan o Terrível, Giovanni Vasa, e de Stefano Bathory. Dele espera-se que registe movimentos culturais difundidos e dominantes, mais do que os produza. Rédeas demasiado curtas para um cavalo tão indócil, que leva ao extremo a tonalidadde platonizante da predileção humanístico-italiana pelo raciocínio sobre a língua. Entre Ficino e Pico, Alexandre de Afrodisia e Averróis, quase não se ouvia o baixo contínuo da normatividade lógico-aristotélica dos jesuítas portugueses. Que, ao invés, será música para os ouvidos do sé-

---

[307] É exemplo disso, num trecho com o qual Possevino quer esboçar uma sua gnoseologia, a remissão a Filópono: «Pelo que como os sentidos servem a fantasia, por Platão sob ela são compreendidos; o Intelecto tanto quanto pode dá ao discurso coisas verdadeiras e perfeitas, como são os Axiomas [ou dignidades], as naturais informações, ou espécies, ou conceitos inseridos ou gravados na alma de todos: a partir dessas espécies formam-se silogismos de adequada e firme razão, nos quais consiste a ciência; a Opinião ministra coisas credíveis ora verdadeiras, ora falsas: das quais surgem silogismos verosímeis, os quais trazem alguma dúvida; a Fantasia oferece vãs imagens, sonhos, enganos, como guiada pela semelhança que juntamente têm várias coisas, as quais por ignorância ou por descuido junta e mistura temerariamente: das quais surge confusão, por ambiguidade de voz ou de sentença» [A. POSSEVINO, *Coltura degl'ingegni,* cit., p. 183].

culo XVII francês, ávido de *esprit de système* (o texto, como vimos, foi adoptado em La Flèche) e sobretudo para os ouvidos alemães[308], extraordinariamente sensíveis à harmonia da dialética e aos encantos da especulação pura.

---

[308] Cf. P.-R. BLUM, "L'enseignement de la métaphysique dans les collèges jésuites d'Allemagne au XVIIe siècle", in L. GIARD (sous la direction de), *Les Jésuites a la Renaissance...*, cit., p. 93-106.

5. O PROBLEMA DA CAUSA

Entre os numerosos percursos possíveis que o *Cursus* oferece o problema da causa é um dos mais adequados para iluminar um conjunto de questões não secundárias: a relação filosofia natural/ metafísica, o influxo das doutrinas de Fonseca, a posição histórica do *Cursus* no processo de desconstrução filosófica da física aristotélica em direção ao cartesianismo. A questão educativa, aliás, é posta em primeiro plano pela solução que Góis dá ao problema colocado pela relação entre causa primeira e causas segundas, plurissecular dilema que muito atormentava os teólogos escolásticos. Os conimbricences, de facto, alheios àquela sensibilidade "agostiniana" que encontraremos também noutros jesuítas (além de no raciocínio dos ocasionalistas seiscentistas), afirmarão com veemência o concurso da causa primeira e das causas segundas: tema que se cruza, naturalmente, com o grave problema teológico da disputa *de auxiliis,* e que, no volume da *Física,* os conimbricenses abordam na perspetiva da filosofia natural. Recusar a hipótese agostiniana, ou a especular de Durando (que, ao atribuir autonomia à ação das causas segundas, reproduzia de facto o esquema oposto), significa para o *Cursus* operar uma elevação das causas segundas sob o signo da sua capacidade de cooperação com Deus, sem serem movidas por ele.

5.1. A metafísica restrita

Colocar o problema da causa significa, para os escolásticos e os filósofos do século XVI (poder-se-ia abrir uma exceção para Giordano

Bruno, mas com grande cautela)³⁰⁹, colocar, antes de mais, o problema da sua posição no contexto das ciências na altura admitidas. Significa colocar o problema de saber qual é a ciência legitimada a ocupar-se dela, dado o princípio, assente, que a cada objeto corresponde uma disciplina específica. A questão complica-se imediatamente pelo facto de, já no texto do Estagirita, o tema surgir quer na *Física* quer na *Metafísica*. É um tema de fronteira, que concerne quer o mundo da substância, quer o das formas imateriais, e no qual as fronteiras das ciências parecem confundir-se. Atribuir então o problema da causa às competências da filosofia natural ou às da metafísica, significa deslocar todo o eixo da *ordo disciplinarum*, e, inevitavelmente, enfrentar as necessárias consequências no plano teológico e religioso de tal deslocação.

Apercebera-se disso Pietro Pomponazzi, quando no começo do século XVI propusera a solução "fideísta" para o problema da imortalidade da alma: a sua doutrina provocara um terramoto nas relações entre filosofia, teologia e ciências naturais com o qual todos, num sentido ou noutro, tiveram de confrontar-se. Enquanto o problema da alma começava a sua viagem que o levaria da física à metafísica, outros temas, como o da causa, foram deslocados em direção à física³¹⁰.

> Philosophy thus became metaphysics, while the subject-matter which had belonged to the Aristotelian physics was free to become natural science. [...] The difficulties due to the new relationship between metaphysics and natural philosophy were compounded by the necessity of explaining Aristotle's own hesi-

---

[309] Imensa a literatura sobre Giordano Bruno. Em relação às edições críticas, sigo a de M. PIERI (org.), *Bruno Nolano*, Volumes I-II, La Finestra, Lavis 2011.

[310] P.R. BLUM, *Philosophenphilosophie und Schulphilosophie. Typen des Philosophieren in der Neuzeit*, Steiner, Stuttgart 1998.

tation about the nature of metaphysics, especially about the role which metaphysics should play as first philosophy[311].

A historiografia insistiu muito na tectónica desses movimentos, dado que o que estava, e ainda está em discussão é o problema de medir o alcance revolucionário do pensamento de Descartes no seu complexo, para além do problema de datar e, se possível, cada vez mais retrodatar, o início da secularização que conduziu às ciências modernas. Para falar de dois atentos leitores desta tectónica, Gilson (há muitos anos) e Des Chene (hoje) ofereceram uma perspetiva historiográfica mais atenta aos micromovimentos, às fugas, aos becos sem saída, de todo um século, conseguindo – para os temas que concernem esta investigação – dar à filosofia natural o que era da filosofia natural:

> the project in natural philosophy begun by Descartes and others eventually resulted in a secular and unmetaphysical physics. Although the result now bears few signs of its gestation, its earlier stages can be understood only in relation to the particular religious context that surrounded them[312].

Sabemos, então, que cada mínimo deslizamento de carácter epistemológico de um tema tinha sempre repercussões (e fazia parte delas) sobre temas quentes numa perspetiva religiosa e sobre o nú-

---

[311] C.H. LOHR, "Metaphysics", in C.B. SCHMITT – Q. SKINNER – E. KESSLER – J. KRAYE (eds.), *The Cambridge History of Renaissance Philosophy,* Cambridge University Press, Cambridge (1988) 2009[8], p. 605.

[312] D. DES CHENE, *Physiologia. Natural Philosophy in Late Aristotelian and Cartesian Thought,* Cornell University Press, Ithaca and London 1996, p. 3. Sobre as implicações religiosas de qualquer movimento no interior de uma disciplina como a filosofia natural, Des Chene escreve: «The philosophy of nature, in fact, was a kind of clearinghouse in which physics, metaphysics, and theology could meet and negotiate their claims, much less needed now that those disciplines have gone their own ways» [*Ibidem*].

mero e a ordem das ciências em geral; tema urgente, este último, da Segunda Escolástica, daí a exigência da composição de um *Cursus*, em substituição dos tradicionais comentários separados:

> Os filósofos da Segunda Escolástica tinham eliminado a parte ontológica do *Corpus Aristotelicum* e fizeram dela uma filosofia. Liam os textos humanisticamente preparados, mas com um olhar ontológico, e por causa da eliminação da completa discussão sobre o método não havia nenhum critério externo de disposição do campo filosófico, para lá da ontologia[313].

De uma deslocação do tema da causa, pelo peso e relevância, deveríamos esperar um ajustamento epistemológico de grande alcance.

A contribuição dos Conimbricenses para este debate reconduz a questão da causa à filosofia natural. Diferentemente de Fonseca[314], ou de autores sucessivos como Francisco Suárez (que, como veremos, sobre o tema da causalidade deve muito ao *Cursus*), para os conimbricenses o estudo das causas cabe à fisiologia, por duas razões: quer porque as causas são como fontes perenes e superabundantes (*redundantes*) em virtudes das quais todas as coisas naturais[315] existem; quer porque o espanto perante a observação

---

[313] P. R. BLUM, *Philosophenphilosophie und Schulphilosophie*, cit., p. 171.

[314] Veja-se *In Metaph.*, Lib. I, Cap. VII, Quaest. I, Sect,. II, pp. 241-42. Aqui Fonseca faz duas afirmações importantes, que esclarecem a distância, neste ponto, dos conimbricenses: 1) «Dicendum est tamen, propriu re vera esse Metaphysici, de causis, ut causae sunt, agere, neque ad aliu artificem spectare» [p. 241]; 2) «Metaphysicus enim cum sit primus artifex, & communis omnium scientiarum, ut ita dicam, Architectus; non tantum de causis rerum materiae expertium, sed omnium omnino rerum, quoad eius dignitas, & officium permittit, agere debet» [p. 243].

[315] *Physic.*, Lib. II, Cap. VII, Quaest. I, Art. I., p. 259. Segundo Mário SANTIAGO DE CARVALHO, relativamente ao tema da causalidade aos conimbricenses interessa delinear um conceito peculiar de Natureza: «Se quiséssemos indicar desde já a tónica deste tratado teríamos de destacar precisamente a apertada ligação epistemológica e ontológica entre causalidade e natureza» [ID., "As palavras e as coisas. O tema

das coisas surge do desconhecimento das causas: e deste espanto, como dizem Aristóteles na *Metafísica* e Platão no *Teeteto*, nasce a exigência da filosofia[316].

O raciocínio retoma *in toto* o que Góis utilizara no Proémio da *Física* para definir a filosofia em geral. Góis enumera algumas definições, inspirando-se maioritariamente na tradição platónica, neoplatónica, e hermética, mas declara propender para a que oferece Aristóteles, que na *Metafísica* diz: «Philosophia est cognitio rerum, ut sunt»[317]. Significativamente, a fórmula "ut sunt" equivale por Góis a "per suas causas", embora precise: «si eas habuerint». A Física (ou fisiologia, ou filosofia natural) é por isso não só uma verdadeira ciência[318], mas a filosofia por excelência. Vai nessa direção a divisão da filosofia, que Góis declara aceitar, em Física, Dialética e Moral. O espaço da interrogação sobre o ente enquanto tal é por isso ocupado pelo problema da causa, que para os conimbricenses fica solidamente ancorado na investigação da filosofia natural[319].

Tudo isto coloca o problema do "convidado de pedra" no *Cursus* conimbricense, ou seja o problema da *Metafísica*. Qual o significado teorético que deveremos atribuir à sua ausência nos volumes do

---

da causalidade em Portugal (Séculos XVI e XVIII)", *Revista Filosófica de Coimbra*, 36 (2009), p. 229]. Por outro lado, a mesma conexão entre natureza e causalidade apresentada neste passo evidencia que, para poder ser abordada, a questão precisa do concurso da filosofia natural e metafísica [*Ibidem*].

[316] *Physic.*, Lib. II, Cap. VII, Quaest. I, Art. I., p. 259 e ss.

[317] *Physic.*, Proemium in octo libros, p. 5.

[318] A este problema Góis dedica um número notável de questões e artigos proemiais.

[319] Diferente, a meu ver, é o problema relativo à relação entre causa e Natureza, que, com razão, Mário SANTIAGO DE CARVALHO julga «a tónica deste tratado» [M. SANTIAGO DE CARVALHO, "As palavras e as coisas...", cit., p. 229]. Todavia, enquanto para Santiago de Carvalho, esta relação indica um âmbito no qual a investigação física precisa do concurso da especulação metafísica [*Ibidem*], eu inclino-me mais a julgar que, na intenção de Góis, a Física de facto escapa já por si às exigências (e às possibilidades) científicas do homem. Ver também A. COXITO, "Natureza, Arte, Acaso e Finalidade na *Física* do Curso Conimbricense", *Revista Filosófica de Coimbra*, 23 (2003), pp. 39-68.

Cursus? Encontram-se alusões à Filosofia Primeira em vários passos da *Física*, em particular no Proémio (que deve ser considerado a Introdução a todo o *Cursus*). E Mário Santiago de Carvalho mostrou muito bem os limites que definem o seu âmbito, pela forma como são expostos nos volumes da *Física* e do *De anima*[320].

Aparentemente coerentes, as alusões feitas à *Metafísica* indicam-na fundamentalmente como uma ciência das coisas sobrenaturais, da causa primeira e das substâncias independentes da matéria (como é o caso da alma separada). O *Cursus* coloca-se aqui no âmago da transição de paradigmas a partir da qual começará a história da ontologia, como ciência do ente enquanto ente, separada da aglomeração metafísica das épocas anteriores. Góis irá refletir as ambiguidades (se quisermos, também as contradições) características de um momento de passagem: mas parece claro que a sua atitude hesitante em relação à metafísica como ciência é ditada por uma nítida opção pela plena, senão exclusiva, legitimidade da filosofia natural.

Anteriormente, o problema de uma definição "clara e distinta" do objeto da metafísica colocara-se em toda a sua amplitude a Pererius, que destinara vários capítulos do seu *De Communibus Principiis* para encontrar uma solução. Em jogo, naturalmente, estavam a unidade da disciplina ou a sua "cientificidade". Ele ordenara os objetos da metafísica em três grupos, confirmando, de facto, a divisão tradicional:

> E assim estabeleço que são três as partes da Metafísica, porque de tríplice maneira é considerada: Uma é a principal, e como que o fim das outras (graças à qual esta ciência Metafísica é chamada Teologia, e entre todas nobilíssima) na qual são tratadas as coisas separadas da matéria segundo a realidade e a razão, tal como são

---

[320] M. SANTIAGO DE CARVALHO, *Psicologia e Ética no curso jesuíta conimbricense*, Cap. VI "Uma Metafísica do Intelecto", cit., pp. 159-178.

as inteligências e Deus: outra é a parte que esclarece os transcendentes, como o ente, o uno, o verdadeiro, o bom, o ato e a potência; graças à qual a Metafísica é chamada universalíssima, e tem jurisdição e império sobre as outras ciências: A terceira parte compreende as dez categorias[321].

Perante tal ordem, colocavam-se duas possibilidades: ou salvaguardar a unidade da metafísica, argumentando sobre as conexões hierárquicas dos objetos acima enumerados, ou estabelecer (antecipando a história) uma quarta – e talvez também uma quinta – ciência especulativa a acrescentar às três comummente admitidas (Física, Matemática e, justamente, Metafísica). Pererius decidira deixar abertas as duas vias, defendendo ambas as argumentações e deixando-as simplesmente justapostas, mas é evidente que é a segunda que o convence mais. Pererius garantia a unidade da disciplina afirmando a capacidade da metafísica para abranger o ente enquanto seu *subiectum*; o uno, o verdadeiro e o bem enquanto «passiones maxime communes»; as dez categorias enquanto espécies próximas. Era uma unidade enunciada no sentido da *ordo & attributio ad unum* de todas aquelas coisas. Por outro lado, Pererius afirmava que a dificuldade podia ser resolvida com "maior diligência e estudo": é necessário que no sistema das ciências exista uma ciência universal distinta das particulares que concerne todos os transcendentais que se encontram dispersos nelas; mas esta ciência, ao tratar do ente

---

[321] *De comm.*, Lib. I, Cap. VI, p. 22: «Ego sic statuo, tres partes esse Metaphysicae, ac proinde triplicem esse considerationem eius; Una est principalis, & quasi finis caeterarum (propter quam talis scientia dicitur Metaphysica, Theologia, & omnium nobilissima) in qua tractantur res seiunctae a materia secundum rem & rationem, cuiusmodi sunt intelligentiae & Deus: Altera est pars in qua declarantur transcendentia, ut ens, unum, verum, bonum, actus, potentia; propter quam partem, Metaphysica dicitur universalissima, & habere ius & imperium in caeteras scientias: Tertia pars eius complectitur decem praedicamenta».

enquanto ente, das dignidades e das categorias, não tem como seu objeto as inteligências *per se*; por conseguinte,

> é necessário que existam duas ciências distintas; Uma, que trata das coisas transcendentes e universalíssimas; outra, que trata das inteligências. Aquela será chamada primeira Filosofia e ciência universal; esta será chamada propriamente Metafísica, Teologia, Sapiência, Ciência Divina[322].

Pererius propõe, portanto, uma bipartição da metafísica fundada no objeto, sem todavia organizá-la no interior da tradicional gradação das ciências em relação à abstração da matéria, que ele recusa. Segundo Blum,

> Pererius tem o mérito de ter tematizado a dicotomia dos objetos da metafísica de tal forma que a partir dessa altura a questão foi sempre a seguinte: até que ponto a metafísica devia ocupar-se dos princípios do ente "enquanto ente", e até que ponto dos entes de categoria superior[323].

---

[322] *De comm.*, Lib. I, Cap. VII, p. 23: «Necesse est esse duas scientias distinctas inter se; Unam, quae agat de trascendentibus, & universalissimis rebus; Alteram, quae de intelligentiis. Illa dicetur prima Philosophia & scientia universalis; haec vocabitur proprie Metaphysica, Theologia, Sapientia, Divina Scientia». Pererius vai além, e julga plausível também a ulterior distinção entre a ciência das inteligências e a de Deus: «Non solum autem non est absurdum ponere quartam scientiam speculativam; sed etiam qui poneret quintam quandam, hoc est scientiam Dei, secundum ea quae possunt de eo naturaliter cognosci, distinctam a scientia intelligentiarum, is *iudicio nostro non pessime sentiret* [i.n.]» [*Ibid.*, p. 25]. Como disse Lohr: «In his [of Pererius] conception only divine science deals with reality separate from matter; first philosophy deals with the ultimate principles of all reality, both material and immaterial. The former is a particular science, the latter, a universal one» [C. H. LOHR, "Metaphysics", in C.B. SCHMITT – Q. SKINNER – E. KESSLER – J. KRAYE (eds.), *The Cambridge History of Renaissance Philosophy*, Cambridge University Press, Cambridge (1988) 2009[8], p. 606].

[323] R. BLUM, *Philosophenphilosophie und Schulphilosophie*, cit., p. 171.

Góis, aparentemente, segue a posição tradicional: no Proémio do Comentário à *Física*, confirma a tripartição da filosofia contemplativa em fisiologia, matemática e metafísica, demonstrando-a justamente com a gradualidade da abstração: a fisiologia abstrai da matéria sensível singular, a matemática da matéria sensível comum (*non in re, sed in ratione*), a metafísica por fim de toda a matéria (*et in re, et in ratione simul*)[324]. A metafísica ocupa-se por conseguinte,

> do conhecimento da causa primeira e das inteligências, e das outras coisas que não consistem em matéria, nem a incluem no seu conceito[325].

Perante a dúvida que pode ser levantada a respeito da abstração do trabalho do metafísico *in re et ratione* da matéria[326], Góis responde afirmando que é possível entender a metafísica *pure* (quando trata de objetos como as inteligências, ou seja que não têm nenhuma parte sujeita a outro artífice) e *non pure* (quando trata de objetos *coniugata materiae*). Ele afirma, todavia, que o metafísico não encontra a matéria como objeto do seu estudo, a não ser incidentalmente e por acidente: cabe ao metafísico a distribuição, segundo o género, do ente nas suas partes; e portanto este depara-se com o

---

[324] *Physic.*, Proem., Quaest. I, Art. III, p. 8.

[325] *Physic.*, Proem., Quaest. I, Art. III, p. 9: «In cognitione primae causae, & intelligentiarum, atque aliarum rerum, quae neque in materia consistunt, neque illam in suo concepto includunt».

[326] «...cum non solum ea tractet, quae omnino extra materiam consistunt; sed etiam trascendentia, summaque genera, quorum nonnulla partim insunt, partim non insunt in materia, ut substantia, & qualitas; alia penitus in materiam sunt immersa, ut situs & habitus: imo cum ipsam quoque materiam primam contempletur» [*Physic.*, Proem., Quaest. I, Art. V, p. 11].

conceito de matéria só quando divide o ente em ato e potência[327] («cuius praecipuum significatum materia est»).

Mais em geral, segundo Góis a tarefa da metafísica é – dir-se-ia hoje – de tipo epistemológico: ela preside à designação do objeto das disciplinas e, no desempenho desta operação, pode sair das fronteiras do seu objeto específico. É aqui, no ato de designação das disciplinas, que o metafísico se depara (casualmente) com o conceito de matéria[328]. Em resumo, quando lida com substâncias materiais, a metafísica desliza para um conhecimento genérico, e a sua elevação (para a contemplação das inteligências, ou para a epistemologia) tem mais o ar do *amoveatur* que da promoção. Góis, com efeito, avisa para não confundir a metafísica com a teologia sacra[329], confusão que a diáfana relação da metafísica com a matéria pouco antes exposta certamente provoca.

Como dizíamos, o papel que os conimbricenses atribuem à metafísica é inversamente proporcional à relevância que eles atribuem à filosofia natural. Não é por acaso que Góis dedica a este aspeto uma questão integral (Quaest. II), começando por expor as opiniões dos

---

[327] É interessante a insistência de Góis sobre a acidentalidade da relação entre metafísica e matéria: «Itaque, ea, quae nulla ex parte extra materiam coherent, non nisi obiter & quasi ex accidente tractat Metaphysicus» [*Physic.*, Proem., Quaest. I, Art. V, pp. 11-12].

[328] O metafísico não se depara com coisas conjuntas com a matéria «nisi forte prout ei, ut communi omnium artificum praesidi ex officio incumbit scientiarum Rempublicam constituere, ac tueri, & unicuique disciplinae propriam, ac peculiarem materiam, in qua insistat, designare. Hac enim ratione pro suo iure, & dignitate extra metas proprij obiecti formalis libere excurrit» [*Physic.*, Proem., Quaest. I, Art. V, p. 12]. Neste sentido deve ser entendida a possibilidade de existência de uma metafísica *non pure:* quando, trata de objetos ligados à matéria, como por exemplo da substância sujeita a geração e corrupção, ou do movimento, ela não os analisa na sua própria natureza, mas enquanto pertencem ou em geral à *cognitio divisiva* da substância e do ato; ou segundo conceitos gerais; ou, por fim, segundo aquele certo "cuidado" com o qual a metafísica preside às outras disciplinas [*Physic.*, Proem., Quaest. I, Art. V, p. 12].

[329] *Physic.*, Proem., Quaest. I, Art. VI, p. 15. Onde Góis expõe uma interessante diferença entre as duas ciências, quer pelo que diz respeito à *ratio formalis* quer pelo que diz respeito ao *lumen* com o qual se contempla o objeto-Deus: o *lumen* teologico é infundido e não opera por abstração.

filósofos que negaram o estatuto de ciência à filosofia natural. A resposta a esses argumentos é firme, e a convicção da cientificidade da física dà azo ao *Cursus* para um dos seus raros voos retóricos:

> Embora a dignidade da Física, e a sua perfeição para extrair a regra da ciência, outrora não fosse admitida por todos, quer na época mais rude, quando a Filosofia era ainda infante e balbuciava, quer depois, sobretudo pelas seitas dos filosofantes que discordavam entre si e brigavam, de tal forma que quase não concordavam em nada, mais tarde, extinta a teimosia desses tempos, a Filosofia, como que emergida das ondas, chegou a bom porto; e nessa altura ficou totalmente claro, e estabelecido com o consenso de todos como dado adquirido, que a Física deve ser colocada no número das ciências[330].

Para demonstrar que a Filosofia natural é um verdadeiro saber, Góis serve-se de um encadeamento de raciocínios, nos quais aparecem, ligados não apenas em ordem temporal, o tema das causas e o da natural predisposição do homem para a aprendizagem. Saber significa conhecer, de um efeito necessário, a sua necessária causa; e é justamente esta a modalidade do proceder epistémico do filósofo natural; o qual, por exemplo, sabe que cada corpo pode ser dividido por ser contínuo; que a matéria, por força natural, não pode ser unida a cada forma enquanto é pura potência; e que o homem está

---

[330] *Physic.*, Proem., Quaest. II, Art. II, p. 18: «Etsi Physicae dignitas, & ad obtinendam scientiae rationem perfectio, non satis olim in confesso fuerit, sive rudiori seculo, infante adhuc & balbutiente Philosophia, sive etiam postea, adeo per se dissidentibus & pugnantibus Philosophantium sectis, ut nihil fere inter eos ulla de re conveniret; tamen postea quam emortua illorum temporum pervicacia, Philosophia quasi e fluctibus emersa portum tenuit; plana omnino res habita fuit, & omnium confessione consensuque firmata, Physicam in coetu scientiarum esse collocandam».

apto a aprender as disciplinas porque é dotado de alma racional[331]. Assim as objeções de carácter heracliteano segundo as quais não há ciência do que está sempre em movimento, devem ser rejeitadas – conclui Góis – porque, ao menos, pode haver ciência da constante do movimento.

Em relação à filosofia natural, no tempo de Góis havia uma discussão acerca do seu objeto. O conimbricense enumera as três opiniões mais comuns: a de Avicena (retomada por Egídio Romano e pelo Lincolniense), segundo a qual o objeto da Física é o *corpus mobile*; a de Toledo, segundo a qual é o *ens naturale*; e a de Averróis (seguida por Tomás até Caetano), segundo a qual é o *ens mobile*. Para Góis, a discussão é apenas de palavras: todos, na realidade, entendem a mesma coisa. Todavia, a dúplice possibilidade de entender o termo "mobile", ou seja como propriedade/acidente do ente natural ou princípio da aptidão para o movimento (ou seja matéria e forma substanciais), leva a propender para o uso de *ens mobile*[332]. O escotismo, segundo o conimbricense, adulterara a opinião tomista e concluíra que objeto da Física era o composto *per accidens*. Pelo contrário, do conceito de *ens mobile* são excluídas a matéria primeira e as «mentes corporeae molis expertes»[333], dado que não são sujeitas

---

[331] Para reforçar esta tese, Góis acrescenta um argumento (não irrefutável, mas revelador) que a aptidão do homem para a educação é tão certa como a regra matemática do triângulo; e dado que o que se demonstra nas disciplinas matemáticas é entendido com perfeita e verdadeira ciência, o mesmo deve valer para a Física, dado que entre Matemática e Física «par conditio sit» [*Physic.*, Proem., Quaest. II, Art. II, p. 19].

[332] Noutro plano, já foi notado que Pererius abordara (na esteira de Tomás e Zimara) o problema do *ens* na questão *De primo cognito*, subtraíndo à metafísica um dos seus temas principais, e entregando-o à investigação da Filosofia natural: «By placing the term in physics, the definition of *ens* was transformed in the *Quaestio de primo cognito* debates. The central issue became, as one can see in Pereira's interest in sense perception, a central question for sixteenth and seventeenth century logic and natural philosophy» [C. BLACKWELL, "Thomas Aquinas Against the Scotists and Platonists. The Definition of *Ens*: Cajetano, Zimara, Pererio 1495-1576, *Verbum*, VI (2004), p. 188].

[333] *Physic.*, Proem., Quaest. IV, Art. I, p. 31.

à geração. O *ens mobile* é composto por acidente apenas no nome, pertence à categoria da substância[334].

Existem todavia ulteriores objeções em relação ao objeto da filosofia natural, e os conimbricenses colidem com as doutrinas de Caetano. O ponto em discussão é, como vimos no capítulo anterior, o *incipit* da ciência, e uns passos dos *Analíticos Segundos*: nenhuma ciência demonstra o seu objeto, mas toma-o como dado. Dado que Aristóteles, na mesma obra, demonstra o *corpus mobile*, este não pode ser um assunto para a ciência física. É aqui que Góis introduz uma objeção, muito significativa, através duma nuance igualmente significativa: «Se alguém objetar, que no passo citado não se demonstra o corpo móvel, mas que tudo o que se move é corpo...»[335]. Ao esclarecimento de Góis, que oferece uma interessante interpretação de tudo o que está em movimento e resolve a errada exegese do texto aristotélico, opõe-se a doutrina de Caetano, o qual julga que cabe à metafísica distribuir os assuntos pelas várias disciplinas. Com efeito, nenhuma arte, cujo assunto é complexo ou conhecido *complexe*, demonstra a conjunção das partes da qual deriva tal assunto; esta tarefa compete ao metafísico. Mas o físico, afirma Caetano, demonstra a conjunção da mobilidade com o corpo. E por conseguinte não pode reivindicar o corpo móvel como assunto. Góis responde a Caetano, citando a autoridade de Aristóteles segundo o qual não é inusual que os filósofos demonstrem os assuntos de que tratam, como o próprio Caetano admite. Se a observarmos numa perspetiva cronológica, é a primeira ocasião em que os conimbricenses criticam Tomás de Vio.

---

[334] Curioso o primeiro raciocínio em apoio da tese de Góis, que considera o *ens mobile* o objeto da filosofia natural: dado que o *ens mobile* é conhecido por meio do lume natural e são demonstradas algumas suas propriedades, deve ser certamente objeto de uma qualquer ciência; pertence então à filosofia natural, porque, por indução, não pertence a outra ciência [*Physic.*, Proem., Quaest. IV, Art. I, p. 31].

[335] *Physic.*, Proem., Quaest. IV, Art. I, p. 31.

Entre as outras possíveis objeções que Góis apresenta contra o *ens mobile* como objeto da Física, assinalamos apenas duas, dado que concernem diretamente a relação entre filosofia natural e metafísica. A primeira é de carácter histórico, mas tem um corolário que diz respeito à psicologia e, mais em geral, à ordem das disciplinas: os pré-socráticos não achavam que existissem substâncias separadas da matéria, e por conseguinte julgavam que a física era a primeira filosofia, não havendo espaço algum para a metafísica. Aristóteles, de resto, confirmara-o: se não existissem substâncias separadas, não haveria uma filosofia primeira. Góis responde que, com esta expressão, Aristóteles entendia que, tiradas essas substâncias à natureza, o *ens mobile* coincidiria com a substância em comum; mas Aristóteles não negava nem a substância geral, nem que o conceito do ente pertencia à filosofia natural. Pouco depois Góis utilizará este argumento para determinar a ordem em dignidade das várias disciplinas, justamente para demonstrar, com Aristóteles, que existindo o objeto da metafísica, a física deve ser a segunda filosofia.

A segunda objeção diz respeito à psicologia: há contradição entre o facto de o objeto da física ser o *ens mobile* (para o qual o filósofo natural não deve abstrair da matéria), e o facto de se ocupar da alma racional, a qual não depende da matéria. Góis responde afirmando a possibilidade de uma tríplice consideração da alma: na sua essência; no seu estado no corpo; e no seu estado fora do corpo. Este último, diz Góis, é a modalidade específica com a qual o metafísico considera a alma. As primeiras duas modalidades, por seu lado, pertencem à física, dado que a quididade da alma, inclusive a sua função racional, é definível em relação à matéria; dado que «ad Physicum spectat scrutari hominis essentiam, quae, nisi cognita animae natura, intelligi non potest»[336]; e, por fim, porque no estado

---

[336] *Physic.*, Proem., Quaest. IV, Art. III, p. 35.

de vida a alma é parte do homem, *egetque materia* quer para lhe dar forma, quer para executar as suas ações.

No Proémio do *De Anima*, Góis esclarece que essência e natureza da alma são pertença da filosofia natural[337]: a alma é antes de mais *forma corporis*, segundo a conhecida definição aristotélica, e por conseguinte exige a matéria na sua definição; além disso, o homem, enquanto ser animado, é reconduzível ao conjunto do *ens mobile*, que é objeto da Física; e, por fim, a definição comummente admitida do homem como *anima constans corpore, & animo ratione participe*, surgiu e é cultivada no âmbito da filosofia natural. Diferentemente da filosofia natural, que conhece verdadeiramente a quididade da alma, Góis afirma que a metafisica trata da alma só enquanto pode ser atribuída ao tema mais geral do *intellectivum, per se subsistens, & immaterialem*[338].

O comentário conimbricense ao *De anima* sairá com o acrescento do tratado *De anima separata* de Baltasar Álvares. Como sublinhou Mário Santiago de Carvalho, a ideia editorial de acrescentar um tratado sobre a condição da alma separada não foi provavelmente ilegítima, dado que já no comentário aos *Parva Naturalia* (publicado em 1593, ou seja cinco anos antes do *De anima* conimbricense) há uma alusão ao mesmo[339]. E o facto de se ter de pensar num

---

[337] *De An.*, Proem., Quaest. Unica, Art. II, p. 8.

[338] Os problemas que se colocam são por isso dois. Mario Santiago de Carvalho coloca-os nos seguintes termos: 1) «Em termos pragmáticos ou metodológicos, tudo isto equivale a perguntar se Aristóteles é biólogo da *psyché* ou psicólogo e metafísico da alma» e 2) «a verdadeira discussão não seja entre uma física e uma metafísica, mas sobre a maneira como tal divisão se pode inscrever numa psicologia mais radical ou radicial. Escusado será dizer que Aristóteles é, por este lado, claramente ultrapassado» [M. SANTIAGO DE CARVALHO, "Introdução Geral" a *Comentários do Colégio Conimbricense da Companhia de Jesus. Sobre os Três Livros do Tratado "Da Alma" de Aristóteles Estagirita*, Sílabo, Lisboa, 2010, pp. 93, 95].

[339] M. SANTIAGO DE CARVALHO, "Uma Metafísica do Intelecto", cit., p. 175. Veja-se também ID., "Introdução Geral" a *Comentários do Colégio Conimbricense da Companhia de Jesus. Sobre os Três Livros do Tratado "Da Alma" de Aristóteles Estagirita*, Sílabo, cit., sobretudo B2 "O Lugar da *scientia de anima*", pp. 79-140.

anexo devia-se ao argumento em si: Aristóteles não discutira nada de semelhante.

A necessidade última de abordar este aspeto da psicologia era de carácter teológico: era preciso demonstrar racionalmente a imortalidade da alma. O tratado de Baltasar Álvares aborda também outros assuntos, mas a sua finalidade principal é a de demonstrar a imortalidade da alma. Os conimbricenses certamente, Álvares de forma direta, afirmam que a especulação sobre este tema é mais de carácter metafísico do que teológico; mas inclino-me a julgar que esta insistência se deve mais à urgência de responder ao ditado da *Apostolici Regiminis* do começo do século do que a uma verdadeira exigência epistemológica[340]. De resto, o estatuto da psicologia como ciência estava bipartido desde o Proémio entre física e metafísica, e no tratado de Baltasar Álvares colocam-se algumas questões que, segundo o rigor da lógica, não deveriam ser colocadas pelo metafísico (se a alma é mais livre dentro ou fora do corpo, etc.), dado que chamam em causa aquela corporeidade e materialidade que deveriam ser, ao contrário, domínio do físico.

Se excluirmos essas questões, do tratado de Álvares fica a interrogação específica sobre a imortalidade da alma, que o mais célebre mas também mais controverso Pererius, quando se tratava de subdividir as competências epistemológicas em relação à psicologia, tinha explicitamente reconduzido também à teologia[341]. O mesmo

---

[340] Vai nessa direção também a interpretação de A.M. MARTÍNS, "The Conimbricenses. Introductory Note", cit., p. 20.

[341] «Sed ea ratione ut est immaterialis, per se subsistens, habens multa cum intelligentiis communia, eam separabilem esse secundum rem a materia, neque cognitionem eius, qua talis est, Physicam esse, sed partim Metaphysicam, partim Theologicam» [*De comm.*, Lib. I, Cap. X, p. 37]. Blum, ao referir-se a outros passos do mestre do Colégio Romano, conclui: «Pererius has to admit that psychology is mixed of three disciplines: metaphysics for the separabality of the intellective soul, physics for its action in the body, and revealed theology. Why the soul is partly treated by theology is obvious. Pererius gives three theological aspects of the rational soul: the ultimate goal of the soul and the means of achieving it, i.e., beatitude; the question of the state of the soul after death (...); the immortality of

fizera Toledo no comentário ao *De anima*³⁴². O mesmo reivindicará Suárez assim como boa parte do mundo luterano³⁴³. Por outro lado Suárez, que herda dos conimbricenses mais do que habitualmente se reconhece³⁴⁴, chega até a negar que a consideração da alma racional, *sive in ratione entis, sive in ratione causae*, pertence ao metafísico:

> porque a alma racional, justamente enquanto racional é forma natural essencialmente ordenada para a matéria, e só neste sentido é princípio das suas operações, quer as que exerce através do corpo, quer segundo o modo peculiar com o qual elas são exercidas pelo homem³⁴⁵.

---

the soul. Especially the third point "cannot be known in a natural way"» [P.R. BLUM, "Benedictus Pererius: Renaissance Culture at the Origins of Jesuit Science", *Science & Education,* 15 (2006), p. 288].

³⁴² Cf. D. DES CHENE, *Life's Form. Late Aristotelian Conceptions of the Soul,* Cornell University Press, Ithaca-London 2000, p. 19.

³⁴³ M. SANTIAGO DE CARVALHO, "Uma Metafísica do Intelecto", cit., p. 176. Ver também D. DES CHENE, *Life's Form,* cit.

³⁴⁴ Refiro-me não apenas ao facto de o editor de algumas suas obras (entre as quais o *De anima*) ter sido o próprio Baltasar Álvares, mas também a questões mais irrefutáveis como a habitual atitude crítica de Suárez em relação a Caetano. Veja-se T. AHO, "The Status of Psychology as Understood by Sixteenth-Century Scholastics", in H. HEINÄMAA – M. REUTER (eds.), *Psychology and Philosophy. Inquiries Into the Soul From Late Scholasticism to Contemporary Thought,* Springer Science+Business Media B.V., 2009, p. 59. Joaquim de Carvalho indicava uma relação entre Suárez, os conimbricenses e Pedro Fonseca em "Pedro Fonseca, precursor de Suárez na renovação da metafísica", *Actas del Primer Congreso Nacional de Filosofía* (Mendoza, Argentina, marzo-abril 1949), Tom. 3, pp. 1927-1930.

³⁴⁵ *Disput. Met.,* I, Sect. II, n. 19: «Quia anima rationalis, etiam ut rationalis est forma naturalis habens essentialem ordinem ad materiam, et ut sic est principium suarum operationum, etiam earum quas per corpus exercet, etiam secundum eum peculiarem modum quo ab homine exercentur». Para resolver esta dificuldade, Suarez primeiro remete significativamente para Toledo, *Comm. In De Anima,* Proem., q. 2; depois argumenta a redução de todo o problema da alma à física: «Nunc breviter dicitur huius animae considerationem remittendam esse in postremam et perfectissimam partem philosophiae naturalis. Primo, quia scientia de homine, ut homo est, physica est; eiusdem autem artificis est de toto, et de essentialibus eius partibus considerare. Deinde, quia, licet anima habeat esse subsistens et separabile a materia quantum ad actualem coniunctionem, non tamen quantum ad aptitudinem, nec quantum ad ordinem ad materiam, et consequenter neque quantum ad perfectam

No Proémio do seu comentário ao *De anima*, declarará explicitamente que o estudo da alma separada pertence *valde* à teologia, e transcende em abundância os limites de qualquer conhecimento natural[346]. E num certo sentido o próprio Álvares concede, no fim das suas demonstrações, que no estado de vida, o intelecto humano precisa de uma iluminação extraordinária para entender a imortalidade da alma[347]. Com efeito, escreve:

> Quando afirmamos que a imortalidade da alma é conhecida com o lume natural, não excluimos certas peculiares ajudas e iluminações das mentes, sem as quais, talvez, não poderiam compreendê-la os filósofos, após a queda do primeiro homem[348].

---

cognitionem tam essentiae, quam proprietatum et operationum eius; omnis autem cognitio per materiam physica est. Non est ergo dubium quin cognitio animae, quantum ad substantiam eius, et proprietates per se illi convenientes, et modum seu statum existendi vel operandi quem habet in corpore, ad physicum pertineat. De statu vero animae separatae, et modo operandi quem in eo habet, considerare, putant aliqui ad metaphysicum per se pertinere; quod est probabile, quia secundum eam rationem videtur omnino fieri abstractio a materia, et nihil de anima, prout in illo statu cognosci posse, nisi per analogiam quamdam et proportionem ad reliquas substantias immateriales; nihilominus tamen, quia ad perfectionem scientiae spectat integre atque complete subiectum suum considerare, commodius haec omnia in philosophia tractantur, maxime quia haec consideratio animae et statuum eius, quasi in partes divisa, et in diversis scientiis tradita, prolixitatem parit et confusionem; et ideo in discursu huius operis a consideratione animae rationalis, tam coniunctae, quam separatae, abstinebimus. Praesertim quia etiam de angelis propter eamdem causam perpauca dicturi sumus, quia integra eorum consideratio et contemplatio a theologis merito iam usurpata est, quam totam huc traducere alienum esset a naturali scientia, et consequenter a nostro instituto; res autem obiter attingere aut imperfecte tractare, aut nullius, aut parvae utilitatis esset. Atque eadem fere ratio est de cognitione Dei, quamvis, quia de Deo plura possunt naturaliter cognosci quam de intelligentiis, et quia eius cognitio naturalis magis est ad perfectionem huius scientiae necessaria, nonnulla de ipso dicemus, quatenus vel a philosophis tacta sunt, vel ratione naturali inveniri possunt» [*Disput. Met.*, I, Sect. II, n. 20].

[346] Cf. D. DES CHENE, *Life's Form*, cit., p. 19.

[347] Veja-se E. KESSLER, "The Intellective Soul", in C.B. SCHMITT – Q. SKINNER – E. KESSLER – J. KRAYE (eds.), *The Cambridge History of Renaissance Philosophy*, Cambridge University Press, Cambridge (1988) 2009[8], pp. 485-534.

[348] *De Anima. Tract. de An. Sep.*, Disp. I, Art. 3: «Cum naturali lumine cognitam esse immortalitatem animae asserimus, non excludere nos peculiaria quaedam auxilia

A imortalidade da alma é por isso uma das *res transnaturales* que correm o risco de escapar ao intelecto e que, todavia, segundo os conimbricenses, deveriam pertencer ao objeto da metafísica. Uma metafísica que é confirmada na sua unidade, contra os que a julgam plural e tripartida em a) ciência de Deus, b) ciência das inteligências e c) dos sumos géneros e dos trascendentais[349]. Ao defender a unidade, os conimbricenses não desatam o nó da divisão da metafísica que, de algum modo, tinha sido colocado por Pererius e Fonseca, e que será de modo drástico abordado por Suárez[350], inaugurando assim a conceção moderna de metafísica como ontologia pura[351]. Não

---

et illustrationes mentium, sine quibus fortasse id assequi non potuerunt philosophi post primi parentis lapsum».

[349] *Physic.*, Proem., Quest. I, Art. II, p. 7. Góis conclui que estes «neque vere, neque aristotelice loquuntur». Sobre este aspeto peculiar das teses dos conimbricenses, em contraste com Antonio Bernardi, veja-se M. SANTIAGO DE CARVALHO, "Uma Metafísica do Intelecto", cit., sobretudo pp. 170-172.

[350] Escreve Blum: «Enquanto Fonseca procurava respeitar a sua [da metafísica] dúplice natureza de ciência de base e ciência última, porque tudo, como ao *infinitum pelagus totius esse*, voltava a Deus, Suárez explicitamente entendia Deus não como príncipio, mas como ente, e com esta base mantinha a unidade da metafísica – naturalmente com notáveis esforços para conservar a específica autonomia da ciência única» [P. R. BLUM, *Philosophenphilosophie und Schulphilosophie*, cit., pp. 171-172].

[351] Sobre Suárez a bibliografia é notoriamente ampla. Acerca da relação entre metafísica, teologia e ontologia remeto para a introdução de Costantino ESPOSITO a *Disputazioni metafisiche I-III*, Bompiani, Milano 2007, e para o interessante apêndice, que percorre os principais pontos de vista da crítica de Suárez. Do mesmo autor veja-se também "Existence, relation, efficience. Le nœud Suarez entre métaphysique et théologie", em V. CARRAUD – C. ESPOSITO (org.), *L'existence*, número monográfico de «Quaestio – Annuario di storia della metafisica», 3 (2003), pp. 139--161; e "Heidegger, Suárez e la storia dell'ontologia", em C. ESPOSITO – P. PORRO (org.), *Heidegger e i medievali*, «Quaestio – Annuario di storia della metafisica», 1 (2001), pp. 407-430. Vejam-se também, entre os seus numerosos trabalhos dedicados a Suárez e ao ensino da filosofia nas universidades, M. FORLIVESI, "Approaching the Debate on the Subject of Metaphysics from the Later Middle Ages to the Early Modern Age: The Ancient and Medieval Antecedents", *Medioevo*, 34 (2009), pp. 9-59; ID., "«Quae in hac quaestione tradit Doctor videntur humanum ingenium superare». Scotus, Andrés, Bonet, Zerbi, and Trombetta Confronting the Nature of Metaphysics", *Quaestio*, 8 (2008), pp. 219-278; ID., "Impure Ontology. The Nature of Metaphysics and Its Object in Francisco Suárez's Texts", *Quaestio*, 5 (2005), pp. 559-586. Nesta última contribuição, aliás, Forlivesi critica a aplicação *a posteriori* do conceito de ontologia à metafísica de Suarez (assim como no caso de Coujou), embora proponha depois uma possível tradução desta com "ontologia *im*pura".

desatam o nó, de forma explícita. Todavia, pelas alusões que fizemos, parece claro que todos os aspetos *transnaturales* presentes na lista dos objetos da metafísica tornam este saber bastante evanescente numa perspetiva estritamente humana, remetendo esses mesmos temas para o lume da revelação e, em definitivo, para a teologia. O que fica verdadeiramente humano da metafísica é o estudo dos transcendentais e dos sumos géneros, mas este aspeto não parece granjear-lhe o título de "Divina Filosofia".

O problema que Góis coloca no fim do longo Proémio da Física, é o pedagógico e didático da *ordo disciplinarum,* na sua divisão em *ordo doctrinae* e *ordo dignitatis*: em que relação de prioridade se colocam física e metafisica? E, a seguir: qual a ordem de dignidade? O que é, e como deve ser entendida, a "primeira filosofia"?

Produz-se na Questão V uma verdadeira "filosofia do Magistério", segundo a correta expressão de J. Bachelar e Oliveira[352], na qual a *ordo doctrinae* não aparece secundária em relação à da tão celebrada dignidade. A este aspeto, com efeito, Góis dedica três dos quatros artigos da questão, de modo a aprofundar e resolver as possíveis objeções à tese apoiada, aparentemente tradicional: segundo a *ordo doctrinae* a primeira disciplina é a Matemática, seguem-se a Filosofia Natural, a Moral e, finalmente, a Metafísica[353].

---

[352] J. BACHELAR E OLIVEIRA, "Filosofia Escolástica e Curso Conimbricense. De uma teoria de Magistério à sua sistematização Metodológica", *Revista Portuguesa de Filosofia,* 16, 2 (1960), p. 130. E continua: «Esta vasta e sólida arquitectura da orgânica das Disciplinas caracteriza, intrinsecamente, a visão Conimbricense do conjunto do edifício do Saber. Determina não sòmente a contextura externa da obra mas o seu próprio processo metodológico interno. Confere-lhe sobretudo o seu cunho específico de "Curso", um dos primeiros e talvez no seu conjunto, o mais eficiente e universal para a Disciplina geral dos Estudos Filosóficos» [Ibid., p. 132].

[353] No comentário à *Dialéctica,* Couto confirma a ordem estabelecida no Proémio da Física, acrescentando ao elenco a Teologia Sacra. O acrescento parece-nos significativo, não pelo facto de a teologia ser colocada (compreensivelmente) na última posição, mas porque o comentário à margem sublinha que ela segue as "disciplinas naturais", como para atenuar o carácter alheio da metafísica – ou pelo menos de uma parte dela –, evidente na *Física,* do alcance do conhecimento humano: «Si tamen ad Sacram Theologiam comparationem extendas, constat eam ultimo

A dimensão propedêutica da matemática é estabelecida com um argumento de carácter "historiográfico", ou seja pelo facto de Platão – segundo o que é afirmado no *Teeteto* ou teorizado no VII livro da *Politeia* – não admitir ao seu ensino estudantes que ignorassem a matemática. O que, segundo Góis, deve-se à facilidade da disciplina em relação às outras. A física, com efeito

> dado que perscruta a energia escondida da natureza, e em grande parte depende do incerto e falaz conhecimento sensível, exige longa observação e experiência; e portanto é muito mais difícil e trabalhosa[354].

A aptidão para a observação, característica da filosofia natural, é também o que a torna propedêutica para a filosofia moral, que é disciplina de costumes, do reger a vida privada e a vida pública. Esta, não só exige um *maturior iudicium* em relação à filosofia natural, mas, dado que Góis a entende principalmente como "medicina da alma", exige que a cura siga – e não anteceda – o conhecimento do que está doente ou atravessado por agitações tipicamente juvenis. É nesta argumentação, creio, que podemos encontrar mais um testemunho para a superioridade da investigação física em relação às outras disciplinas, dado que o conhecimento da alma resulta acessível de um ponto de vista integralmente humano. É verdade

---

addiscendam; siquidem humanae disciplinae, quasi gradus quidam sunt, per quos humana mens ad altissimam illam divinarum rerum cognitionem, & intelligentiam, quam Sacram Theologiam profitetur, ascendit» [*In Univ. Dialect.*, Quaest. Proem, Quest. III, Art. II, p.18].

[354] *Physic.*, Proem., Quest. V, Art. I, p. 37: «Cum reconditam naturae vim scrutetur, & a vaga, atque errabunda sensuum notitia, magna ex parte pendeat, longi temporis observationem, ac experientiam requirit, proindeque multo est difficilior, & operosior». Com argumento análogo, Góis reafirma que a física trata de objetos por vezes mais distantes dos sentidos em relação aos da matemática: por exemplo justamente o objeto da física, a essência do *ens mobile*, que antecede o conceito de "quantidade" que a matemática foca, e que todavia, do ponto de vista da abstração, é mais distante dos sentidos.

que as doenças da alma têm a ver com a matéria, mas a aquisição do conhecimento prático que visa a cura só pode vir do pleno conhecimento da essência e das funções da alma abstraindo da sua doença. A psicologia é, mais uma vez, ciência natural:

> convém que o Filósofo Moral aprenda do Natural quais são as faculdades da alma; para que possa ensinar aquelas coisas, às quais devem ser submetidas, e em cuja ação se funda a beatitude[355].

É interessante notar como Góis se livra de um embaraço platonizante, em relação ao argumento classicíssimo (e principalmente ciceroniano) da propedêutica dos bons costumes para o estudo contemplativo. É verdade, escreve Góis, que a probidade moral contribui *ad capessendas disciplinas*; e todavia, daí não se pode inferir uma prioridade da filosofia moral em relação à física, quer porque *non pauci vitijs infecti scientias comparat*, quer porque

> a probidade moral consegue-se não só através dos preceitos dos Filosofantes; mas também, e muito mais, com o empenho pessoal, a disciplina privada e o exemplo alheio, e outros meios adequados ao fim, com a ajuda divina [356].

Um desinteresse, tipicamente conimbricense, pela *dignitas* da moral, é confirmado na *Dialéctica*, onde Couto argumenta a favor da prioridade da dialética em relação à filosofia moral. Entre os

---

[355] *Physic.*, Proem., Quest. V, Art. I, p. 37: «Praeterea oportet Moralem Philosophum a Naturali sumere quae sint animae facultates; ut quae, quibus subditae esse debeant, & in quarum actione beatitudo posita sit, edoceat».

[356] *Physic.*, Proem., Quest. V, Art. III, p. 40: «Morum probitas non solum Philosophantium praeceptis; sed etiam, ac multo magis, privato studio, domestica disciplina & aliorum exemplo, alijsque ad id appositis medijs, accedente divina ope, adipiscitur».

três motivos que tornam a dialética *praestantior,* Couto prefere o seguinte:

> Quando a dialética se propõe emendar os vícios da mente com o exercício do raciocínio, não pode consegui-lo, se não incluir formas da argumentação não falazes; e sempre procede como que por demonstração; muito diferentemente do que acontece na ciência Moral, a qual quando trata da disciplina dos costumes, não se interessa da demonstração na procura da verdade: é sabido que um conceito confrontado por demonstração com um mais perfeito, não é demonstrativo[357].

Os conimbricenses viram ao contrário o ditado clássico do *vir bonus*[358]: só uma pedagogia feita de exercício constante (teorético) – e nisso experimental – é capaz de produzir no jovem estudante um costume moral. O que é, em resumo, a legitimação teórica do colégio jesuíta: estudo privado, disciplina, mas também emulação dos outros, presente sempre o deus jesuiticamente *adiuvante,* constroem e formam o homem *dicendi peritus,* o qual, no esquema cronodidático de Góis, acede por fim à Metafísica. É a última de todas as disciplinas que se aprendem apenas com a força do engenho (*ingenij facultas*). Mas, no fim desta lista em que parece esgotar-se o tempo, não da escola, mas de uma vida inteira, surge a pergunta quando

---

[357] *In Univ. Dial.,* Quaest. Proem., Quaest. III, Art. II, p. 19: «Dialectica cum mentis in discurrendo vitia emendare curet, idque praestare non possit, nisi minime fallaces argumentandi formas perficiat; ubique fere per demonstrationem procedit, quod multo secus accidit in scientia Morali, quem cum morum disciplinam curet, minus indagandae veritatis studio ad demonstrationem attendit: compertum vero est notitiam demonstratione comparatam perfectiorem esse non demonstrativa».

[358] Ainda que, formalmente, Couto coloque a Retórica depois da Moral (mas só depois de ter expresso uma dúvida a este respeito): «Rethorica tamen praecipuo studio incumbit in externum sermonem: qui cum inferior sit subiecto scientiae Moralis, in inferiori etiam dignitatis loco Rhetoricam collocat» [*In Univ. Dial.,* Quaest. Proem., Quaest. III, Art. II, p. 20].

e se, verdadeiramente, o homem acederá alguma vez a uma ciência tão afastada dos saberes propriamente humanos:

> É o postulado da ordem das disciplinas, que seja ensinada por última a ciência que estuda coisas abstrusas, e de todo remotas do hábito dos sentidos; e ninguém ignora que é esse o caso da Metafísica; dado que trata da contemplação das coisas transnaturais, como indica o seu nome e como atesta Aristóteles[359].

Aqui Góis parece afastar os objetos abstratos da Metafísica de toda a possível relação com a natureza, e com a consideração do engenho humano. Só neste sentido, a Metafísica pode ser ainda julgada "divina Filosofia"; e é neste sentido que o texto remete para a noção agostiniana (mas também neoplatónica e hermética) da ordem progressiva das disciplinas, com vista à preparação espiritual de um espírito cada vez mais aperfeiçoado para a contemplação do mundo sobrenatural (*ea, quae supra naturam sunt agnoscenda*). Sobrenatural: existe então lugar para a metafísica entre as ciências humanas não reveladas, se ela mantiver, indistintamente e como seus objetos, causas primeiras, inteligências várias, Deus, géneros supremos, os transcendentais ou o ente em si e por si mesmo?

Este mesmo conjunto claro e confuso de objetos é, ao contrário, entendido por alguns filósofos (os *neotéricos* de Góis) como a garantia de uma prioridade da Metafísica em relação às outras ciências. Não é possível alcançar o perfeito conhecimento de uma coisa *nisi causas, a quibus pendet, & communia eius praedicata, intelligat*. Será possível traçar em virtude da crítica a esses não definidos *neotéricos*

---

[359] *Physic.*, Proem., Quest. V, Art. I, p. 38: «Doctrinae ordo postulat, ut quae scientia res maxime abstrusas, & a sensuum consuetudine remotas considerat; ea postremo loco addiscatur: ita vero sese habere Metaphysicam nemo ignorat; cum circa transnaturalium rerum contemplationem occupetur, ut vel ipsum eius nomen indicat, testaturque Aristoteles».

(mas o comentário nas margens cita Bernardi Mirandolano, como já nos textos de Pererius e Fonseca) uma linha de continuidade entre Góis e as teorias do próprio Fonseca? Este último abordara a questão no primeiro volume dos seus comentários à *Metafísica*. Após ter enumerado os argumentos *pro utroque parte*, e eliminado a tese de Bernardi, Fonseca apresentava tres afirmações para distinguir as precedências disciplinares: 1) A física e a matemática antecedem a metafísica *ordine inventionis*; 2) a metafísica antecede as outras duas *ordine exquisitae doctrinae*; 3) *absolute ac simpliciter*, a física e a matemática antecedem a metafísica na ordem doutrinal[360]. Fonseca resolvera, então, a ordem com uma distinção que convocava a *inventio* e a exactidão de cada ciência, mas afirmava com clareza a prioridade *absolute ac simpliciter* do saber natural em relação a uma metafísica que tinha, como seus objetos, quer coisas que não participavam da matéria quer os comuns atributos de todas as coisas[361]. Estes mesmos objetos permitiam a Fonseca esclarecer que a precedência da Metafísica na ordem de *exquisita doctrina* não significava afirmar a subordinação, por sua vez *absolute ac simpliciter*, das outras duas disciplinas em relação à filosofia primeira.

É evidente que o argumento interessa muito a Góis, dada a sua disponibilidade (mas só de fachada, como veremos) em conceder que, se por conhecimento perfeito de uma coisa se entende não uma perfeição *in suo genere*, mas absoluta e pontual do objeto em cada sua parte, então talvez a metafísica deva anteceder as outras disci-

---

[360] *In Lib. Met.*, Lib. II, Cap. III, Quaest. V, Sect. IIII, pp. 428-430. Fonseca especifica a seguir a presumida confusão na tese dos neotéricos, relativa à afirmação sobre a prioridade *absolute ac simpliciter* da metafísica: «Atque haec est omnium communis sententia: neque unus, aut alter ex Recentioribus huic assertioni repugnat, nisi quia non videntur distinxisse ordinem doctrinae in ordinem inventionis, & accuratae disciplinae, & cum viderent, Metaphyisicam esse hoc posteriori modo primae doctrinae ordine, crediderunt absolute, ac simpliciter dicendum, esse eam ordine doctrinae primam» [Ibid., p. 429].

[361] *In Lib. Met.*, Lib. I, Proem., Cap. VI, p. 25.

plinas. Mas diz também, revelando o seu prudente jogo crítico, que uma tal concessão não entra em contradição com a teoria exposta anteriormente, dado que os filósofos costumam falar da perfeição no primeiro dos significados (como que a dizer que costumam falar de forma genérica); e, sobretudo, dado que o processo cognitivo vai das coisas mais simples de compreender para as mais complexas, e a matemática e a física lidam com coisas mais fáceis e, de algum modo, instrumentais para o conhecimento metafísico.

O argumento mais interessante, do ponto de vista epistemológico, é apresentado por Góis para limitar, de facto, a sujeição das outras disciplinas em relação à metafísica. Já Pererius, ao abordar a questão, propusera uma análoga limitação, detendo-se em argumentos para defender a pluralidade dos conhecimentos contra uma hierarquia que ameaçava tirar dignidade científica a tudo o que não é metafísica:

> Se todas as ciências fossem subalternas à Metafísica, não existiriam duas outras ciências em si diferentes, mas apenas uma séria ciência, e justamente a Metafísica[362].

O raciocínio fundamental de Pererius gira em torno do conceito de subalternidade epistemológica: uma ciência, diz-se subalterna a outra quando recebe os princípios da ciência *subalternans*, dependendo portanto dela *essentialiter*. O próprio nome de "ciência" não é predicado univocamente, dado que a ciência subalterna recebe-o da dependência essencial em relação a outra.

Pererius, porém, admite princípios imediatos e indemonstráveis específicos de cada ciência, excluindo por isso uma hierarquia uni-

---

[362] *De comm.*, Lib. I, Cap. XIV, p. 48: «Si omnes scientiae subalternantur Metaphysicae, non dabuntur duae aliquae scientiae per se primo diversae, sed una tantum erit scientia, nempe Metaphysica».

versal. Este argumento vale sobretudo para a distinção que Pererius opera entre ciências práticas e especulativas. Mas quando o objeto de estudo é o homem, Pererius aproveita a ocasião para declarar a mútua dependência entre metafísica e filosofia natural e fornecer um esclarecimento. O homem pode ser considerado ou de forma absoluta (*ac secundum omnia praedicata quae in eo insunt*) ou «ut solum est res quaedam naturalis ac secundum praedicata Physica quae habet». No primeiro caso, se é verdade que a Física não pode alcançar o conhecimento do homem sem a Metafísica, é também verdade o contrário: ou seja a Metafísica não conhece o homem sem o auxílio da Física. No segundo caso, a filosofia natural é, contudo, capaz de alcançar um perfeito conhecimento do homem como seu objeto de estudo, não «simpliciter sed Physice, non omni ex parte, sed qua est corpus quoddam naturale»[363]. A conclusão de Pererius é que a Física é, por si só, uma ciência perfeita e não depende da Metafísica[364].

Não admira que um argumento deste tipo, que envolve a dimensão estrutural das ciências (e por isso não secundário nem inessencial), seja quase ocultado por Góis numa questão de ordem pedagógico--didática; mas é revelador do assentimento oculto de Góis o facto de ela ocupar justamente o espaço da conclusão do raciocínio. Segundo Góis, com efeito, a subalternidade das outras disciplinas em relação à metafísica pode ser concebida apenas como imperfeita, dado que – como vimos no capítulo anterior – cada ciência possui princípios seus e peculiares que não derivam da Filosofia Primeira. Tão-pouco os princípios de natureza imediata que as disciplinas possuem, afirma Góis servindo-se de um argumento de Trombetta (não por acaso

---

[363] *De comm.*, Lib. I, Cap. XV, p. 50.

[364] O mesmo vale para as outras disciplinas: «Verum si prorsus accedamus ad contemplandam propriam vim & rationem subalernationis, plane intelligimus [...] neque Physicam, neque ceteras doctrinas proprie subalternari Metaphysicae» [*De comm.*, Lib. I, Cap. XV, p. 51].

o opositor de Caetano) são suscetíveis de uma demonstração que os reconduza a um saber superior em relação à mesma disciplina. Por conseguinte não é possível concluir que *Metaphysicam ordine doctrinae reliquas disciplinas simpliciter anteire*[365].

Também numa perspetiva epistemológica, então, o papel da metafísica parece ser reduzido, em virtude de um conjunto de objetos que escapam à capacidade cognitiva do homem «neste estado de vida». É preocupação constante de Góis, a de insistir na condição terrena da investigação especulativa; para esta, a metafísica apenas pode contribuir na medida em que o seu objeto se caracteriza pela divisão formal dos saberes, pela teorese do transcendental e, no máximo, pela especulação sobre o ente enquanto ente. O resto é deixado ao sobrenatural. Se o ponto de vista do epistemólogo se concentra neste estado de vida, é natural que haja repercussões também noutra possível *ordo disciplinarum*, a delineada com base na dignidade das ciências. A ordem em dignidade é *topos* retórico seguido na escolástica, e portanto conclui sempre – juntamente com o tema da utilidade do argumento tratado – uma introdução.

Neste caso, a superioridade da metafísica deveria ser garantida pelo seu objeto, aparentemente indiscutível na sua dimensão religiosa. E, certamente, Góis inclina-se a admitir que «inter scientias propris generis, illae magis eminent, quae substantias a materias liberas, utpote in altissimo rerum gradu collocatas, quam quae materiae permixtas considerant»[366]. A questão, todavia, não está fechada: se raciocinarmos em termos não de eminência do objeto, mas de certeza e evidência do saber, a metafísica (mais uma vez, «neste estado de vida») desliza para o último lugar entre as ciências: a matemática é

---

[365] *Physic.*, Proem., Quest. V, Art. III, p. 41.

[366] *Physic.*, Proem., Quest. V, Art. IIII, p. 42. A mesma expressão aparece no Comentário à *Dialética* de Couto, Quaest. Proem. Quaest III, Art. II, p. 19.

a mais certa (e a aritmética sobretudo), segue-se depois a filosofia natural e por fim a metafísica.

Dado que a Metafísica, pelo que nos concerne (porque é dela que estamos a falar), tem menor certeza do que as primeiras duas; e daí conclui-se, que as coisas, que recaem sob a sua contemplação, também em si e por si mesmas obtêm um grau mais alto de certeza, porque exteriores à matéria e isentas de qualquer mutação: e todavia neste estado de vida conquistam-se a custo com longo estudo; tanto mais que não poucas delas são de natureza excelente, pelo que fixando-se nelas o olhar da nossa mente, encandeia-se como o olhar da coruja ao fulgor do sol [367].

Classificação análoga apresentara antes Pererius; o qual, em relação à dignidade, ordenara as disciplinas de forma descendente da metafísica (denominada também «prima Philosophia [...], Sapientia, Theologia, hoc est scientia Dei»[368]), à fisica, à matematica[369]. A respeito da certeza do conhecimento, Pererius, contrariamente aos conimbricenses, concede uma distinção mais uma vez favorável à metafísica: a certeza de uma ciência é determinada ou pela firmeza ou pela imutabilidade do objeto, ou pela firmeza das razões e das demonstrações que se oferecem em cada ciência. No primeiro caso, a metafísica deve ser entendida ainda como a disciplina mais certa;

---

[367] *Physic.*, Proem., Quest. V, Art. IIII, p. 44: «Quod vero Metaphysica, prout in nobis est, (sic enim de illa in praesentia loquimur), minorem, quam priores duae, certitudinem habeat; ex eo concluditur, quia res, quae sub illius contemplationem veniunt, licet in se spectatae altiorem certitudinis gradum obtineant, videlicet materiae atque omnis mutationis expertes: tamen in hoc vitae statu vix longo studio percipiuntur, earumque nonnullae adeo excellentis naturae sunt, ut in ijs mentis nostrae acies perinde ac noctuae oculus in solis splendore hebescat».

[368] *De comm.*, Lib. I, Cap. XVI, p. 51.

[369] «Etenim Physicus disserit de substantiis & corporibus naturalibus, in quibus sunt stirpes, animantes, homo & caelum, quibus rebus nihil est infra intelligentias excellentius atque nobilius; Mathematicae autem disciplinae in sola cognitione accidentium occupantur» [*De comm.*, Lib. I, Cap. XVI, p. 52].

no segundo, *maior copia est in aliis scientiis quam in Metaphysica, propter summam difficultatem earum rerum quas tractat*. Entre estas "outras ciências", Pererius apesar de afirmar a maior certeza de demonstrações e teoremas matemáticos em relação à física, concede a esta última um maior grau de confiança do que à matemática dado que trata de substância (mais certa, diz Pererius, do que os acidentes), e do género superior de demonstração que utiliza, ou seja da demonstração «faciens scire per proprias caussas, propter quas res sunt, & per ea quae per primoque insunt in rebus quae demonstrantur, quod non facit Mathematicus»[370].

Couto, no segundo volume da *Dialética*, ocupar-se-á novamente da certeza das disciplinas, ao ter de distinguir entre ciência e opinião. Nessa ocasião, apresentará uma interessante divisão entre intelecto, *sapientia* e ciência: a discursividade separa as duas últimas do intelecto, enquanto a dúplice predicação do termo "ciência" permite esclarecer o lugar da metafísica como *sapientia naturalis*. Num sentido, com efeito, diz-se que um conhecimento é *scientia* na medida em que o é *in communi* (ou seja contém todas as informações ou hábitos obtidos *per discursum ex causa a priori*): neste caso, escreve Couto, *sapientia* e ciência são a mesma coisa, distinguem-se apenas como espécie e género. No segundo caso, é *scientia* aquela em que se produz a cognição por meio das causas inferiores; e, nesta perspetiva, a *sapientia* (escreve Couto: «de qua sola agimus, & est eadem quae Metaphysica) distingue-se da ciência, dado que deriva de razões formais superiores[371].

Esclarecendo a natureza de tais razões formais, Couto volta ao tema da divisão das ciências, apresentando uma argumentação em

---

[370] *De comm.*, Lib. I, Cap. XVI, p. 54.
[371] *In Univ. Dial.*,II,X "In capite XXVI De scientia et opinione", Quaest. I, Art. I, p. 490. Couto aborda a seguir o problema da relação de maior ou menor dignidade entre a *sapientia* e os seus princípios, confirmando a inferioridade daquela em relação a estes, e a sua superioridade em relação aos princípios das outras ciências.

resposta à recusa de Pererius do tradicional critério do grau de abstração da matéria. Couto confirma esse critério, mas julga-o ser uma distinção específica que opera nas ciências abaixo da genérica, determinada pelos vários *lumina naturali* com os quais são investigados os diferentes objetos de conhecimento. Os *lumina naturali* coincidem com os princípios de cada ciência, dado que os princípios «sunt quaedam lumina adventitia nativo lumini intellectus, quibus illustrantur conclusiones»[372]. Como vimos também no capítulo anterior,

> o lume, para estes princípios, é a razão formal do assentimento nas conclusões [...] e disso deriva que, embora o lume nativo do intelecto seja igual em todos os homens, todavia encontra-se neles tal diversidade de ciências[373].

Naturalmente, acima dessas distinções, opera a mais geral entre as ciências que derivam do lume sobrenatural (por sua vez subdividida) e as que derivam do lume natural:

> A primeira distinção entre as ciências é entre a que se obtém com o lume sobrenatural e a que se adquire por meio do lume natural. A primeira depois divide-se em duas: uma, na qual o objeto é conhecido com o lume sobrenatural claro, e é a teologia dos bem-aventurados [*beatorum*]; outra, na qual é conhecido com o lume sobrenatural obscuro, e é a Teologia dos viandantes [*viatorum*][374].

---

[372] *In Univ. Dial.*, II, X "In capite XXIII De scientiarum unitate et distinctione", Quaest. Unica, Art. I, p. 480.

[373] «Hoc principiorum lumen est formalis ratio assentiendi conclusionibus [...] & hinc est, ut quanvis lumen nativum intellectus in omnibus hominibus, idem sit; nihilominus tanta in eis scientiarum diversitas reperiatur» [*Ibidem*].

[374] Ibid., p. 479: «Unde prima scientiarum distinctio est in eam, quae habetur ex lumine supernaturali, & eam, quae lumine naturali comparatur. Prima rursum secatur in duas; alia, qua res, cognoscitur lumine supernaturali claro, & est Theologia

Pouco antes, Couto distinguira a teologia em geral da metafísica, dado o diferente lume utilizado para conhecer o seu objeto, e confirmara a unidade (ou melhor, a não divisibilidade em espécie) da metafísica e da fisiologia em relação à matemática. Colocara, desta forma, o problema da unidade interna de uma ciência, dando uma interpretação que se baseava em Escoto, e que já outros importantes jesuítas tinham seguido, segundo a qual «scientiam totalem non esse semplicem qualitatem, sed aggregationem multorum habituum efficientium unam scientiam per ordinem ad unam abstractionem»[375]. Com isso, confirmava-se o conceito segundo o qual a unidade era dada pela contribuição de diferentes *habitus* os quais concorrem para a abstração ordenada e específica de uma ciência em relação às outras. O comum denominador é representado pela ordem que estrutura a ciência particular em virtude das suas modalidades cognitivas.

Para concluir, a divisão levada a cabo por Pererius no interior da metafísica, entre uma "filosofia primeira" de carácter ontológico e uma "ciência divina", na qual deviam caber *per se* Deus, as inteligências e a alma humana no seu estado de separação, constituía de algum modo – como disse Lohr[376] – uma resposta dos jesuítas do Colégio Romano ao fideísmo de Pomponazzi nos princípios do século.

Suárez, mais tarde, tirou as conclusões dos ensinamentos de Pererius e, apesar de recusar a solução deste para o problema metafísico, mais não fez do que dividir a "ciência divina" de Pererius segundo um critério diferente, mas com resultado análogo. Suárez valeu-se da distinção da realidade metafísica em *ens infinitum, ens*

---

beatorum; alia qua cognoscitur sub lumine supernaturali obscuro, & spectat ad viatorum Theologiam».

[375] Ibid., p. 482.

[376] C.H. LOHR, "Metaphysics", in C.B. SCHMITT – Q. SKINNER – E. KESSLER – J. KRAYE (eds.), *The Cambridge History...*, cit., p. 617.

creatum immateriale e *ens creatum materiale*, criando as condições para as diferentes disciplinas que seriam denominadas teologia natural, psicologia racional e cosmologia. Disciplinas cuja história concluir-se-ia com a crítica kantiana. Segundo alguns estudiosos, como o próprio Lohr[377], este processo de aprofundamento para criar um espaço para temas cientificamente em crise como os da alma, foi ditado pela exigência de salvaguardar esses mesmos temas da crise da filosofia natural aristotélica, centrada no conceito de *corpus mobile*, e fornecer assim ao intelectual católico um novo plano para a compreensão da realidade. Constituía, de algum modo, um recuo da doutrina aristotélico-católica perante o assalto conjunto da psicologia de Pomponazzi e da metafísica apontada por Escoto com a sua distinção entre ser finito e infinito. Neste movimento, configurar-se-ia um espaço de liberdade para as ciências naturais, menos constrangidas pela exigência de pôr em correlação os seus conteúdos com os princípios aristotélicos. Escreve Lohr: «The formulation of an independent philosophy dealing with God, the world and man *sub ratione entis* relieved the scientists of the obligation to relate their conclusions to Aristotelian principles. It was for this reason that the professors in the arts faculties of the Italian universities in the late sixteenth century were reduced to offering simply an exegesis of the Philosopher's text and that – long before Galileo – natural philosophy was free to go its own way»[378]. O corolário necessário dessa asserção é que a filosofia natural era, em certa medida, abandonada pelas milícias católicas e deixada à curiosidade dos leigos.

A contribuição do *Cursus* conimbricense em relação a esta tese vai, a meu ver, em direção contrária. A respeito da divisão da metafísica apresentada por Pererius, parece que os conimbricenses a

---

[377] *Ibidem*.

[378] C.H. LOHR, "Metaphysics", in C.B. SCHMITT – Q. SKINNER – E. KESSLER – J. KRAYE (eds.), *The Cambridge History* ..., cit., p. 605.

confirmam (nos factos) justamente para livrar a filosofia natural dos embaraços das implicações religiosas correlacionadas. Parece que Góis escolhe para si o campo da física, deixando para outros as especulações *transnaturales*, que pouco interessam a quem fez do problema da causa um dos temas basilares do conhecimento humano: ou seja parece situar-se no campo que se presume deixado livre para as disputas dos leigos. Os conimbricenses, em sintonia com uma sensibilidade difundida no interior da Companhia, como em Pererius, Clávio e outros[379], colocam-se do lado da filosofia natural e da investigação matemática, em parte aceitando o desafio do século, e em parte pondo em ordem o léxico aristotélico, que segundo eles, opera ainda de forma eficaz no interior do discurso físico-científico. À suposta "crise" da física aristotélica fundada no *corpus mobile*, que Lohr argumentou com a substituição do termo "corpus" por "ens", vimos que os conimbricenses respondem que se trata apenas de jogos linguísticos: eles negam que mudando o termo "corpus" mude o objeto da filosofia natural. Julgam, antes, que a verdadeira mudança de objeto se produz quando se atribui um significado diferente ao termo "mobile". Isto é, ou Góis não se apercebe da crise da física aristotélica, ou, mais provavelmente, julga-a essencialmente uma desordem lexical na qual é ainda possível ordenar as teorias. O que equivale a dizer que até mudarem a semântica e a sintaxe, a física aristótelica continua a ser a moldura da ciência.

---

[379] Sobre Pererius, veja-se P. R. BLUM, *Philosophenphilosophie und Schulphilosophie*, cit., p. 170: «Benedictus Pererius ia na direção da valorização do método matemático, justamente pelo seu grau de *certitudo*. Infelizmente, porém, a matemática devia a sua certeza ao *subjectum*, ou seja a quantidade, que se distingue pela sua fisicidade e por isso pela facilidade da abstração, mas certamente não ao olhar que traz conhecimento sobre a coisa [...] Por isso a matemática, para ele, não era em sentido restrito uma ciência, porque não demonstrava as causas próprias nem podia demonstrá-las».

As distinções acerca da ordem de dignidade e de doutrina, por trás do inicial e aparente tom conservador, escondem a predileção conimbricense especulativa pela filosofia natural e pela matemática. Dada esta predileção, volta a ser significativa a ausência da *Metafísica* no *Cursus*: não apenas motivos editoriais ou biográficos; não apenas motivos curriculares (a metafísica ensinada só no último semestre do curso de Artes); não apenas por razões de oportunidade (a metafísica de Fonseca já tratava a disciplina)[380]; mas também razões culturais e especulativas podiam afastar a edição de um volume específico do projeto conimbricense. O mesmo princípio, de resto, pode ser aplicado à *Ética*: a leveza e a concisão do Comentário à *Ética* coincidem com a escassa consideração na *ordo dignitatis* exposta por Góis e confirmada por Couto.

À questão colocada – primeiro de forma quase explícita e depois de forma cada vez mais implícita – pela especulação de Pererius, depois de Góis, e por fim de Suárez, seu aluno infiel ("Existe então um lugar para a metafísica entre as ciências humanas não reveladas?"), a resposta dos conimbricenses é: não; porque não existe ciência do que não tem causas próximas e imediatas, e tudo o que não é causado já tem a sua resposta na Revelação. Mas a arquitetura aristotélica, língua e estrutura do conhecimento, pode ser mantida com uma simples substituição: à metafísica de carácter aristotélico, tornada indispensável pelo advento do cristianismo, sucede a ontologia, na variante, predileta pelos jesuítas, da semântica dos entes, que substitui a verdade historicizável da linguagem com a correspondente anistórica das substâncias separadas. O resultado torna-se ainda mais evidente pela particular atenção que os conimbricenses prestam ao significado cognitivo da ordem, que para eles é elemento basilar do

---

[380] «Notoriamente [Fonseca] não conseguira na empresa [de escrever a metafísica para o *Cursus*], e assim a Lógica tornou-se cada vez mais "metafísica" e a Metafísica cada vez mais restrita» [Ibid., p. 173].

conhecimento. Este garante quer a unidade de uma disciplina, quer o encadeamento das ciências: ou seja é, ao mesmo tempo, elemento de coesão e diversificação de todo o conhecimento do homem, e do processo através do qual este o adquire. Parece então evidente como o problema da "secularização" das ciências modernas, e da atribuição de tal processo a uma possível data inicial, está mal colocado: não se trata de negar ou admitir a presença divina nos objetos do conhecimento humano, mas sim de tornar possível um processo do conhecimento totalmente transmissível e codificável, exterior aos campos do inefável e do revelado. Este objetivo já estava plenamente realizado na estrutura do *Cursus*.

5.2. Causas segundas, segundos fins

Voltamos então ao tema da causa. Os conimbricenses julgam tê-lo tratado em abundância na *Física*, e a relevância desta opção demonstra-a mais uma vez Couto na *Dialéctica*, quando, ao ter de definir a ciência enquanto tal, escreve um longo parágrafo no qual o termo "causa" aparece em cada frase. A conclusão mais geral que se retira, seguindo os *interpretes ad ordinem mentis aspicientes* das definições dadas pelo Filósofo, é também a mais relevadora:

> Scire est cognoscere rem necessariam per causam illius proximam, & immediatam[381].

Não existe ciência a não ser *per causam*; e a causa, segundo uma distinção tipicamente escolástica, deve ser quer *in essendo* quer *in cognoscendo*; ou seja, de um necessário efeito deve ser encontrada

---

[381] *In Univ. Dial.*, II, "In capite II De scientia, et demonstratione", Quaest. I, Art. II, p. 349: «Saber é conhecer todas as coisas através da causa necessária delas mais próxima, e imediata».

a sua necessária causa, dada quer no mundo da *res* quer do ato cognitivo intencional. Mais, a causa da qual se fala na ciência, não pode ser a última (isto é a Primeira), mas a próxima e imediata.

A articulação da estrutura da causa explana-se escolasticamente em definição, enumeração, atribuição de peculiares modalidades de causar aos géneros referidos (as causalidades), e descrição do ato causativo em relação à causa primeira e às causas segundas. O *Cursus* retoma todos esses problemas, aparentemente para voltar a arrumar e precisar as definições da tradição escolástica, na realidade com o objetivo, muito mais ambicioso, de propor um quadro completamente novo no qual a primazia das causas extrínsecas como chave cognitiva, e o livre arbítrio do homem no agir e no causar, conseguirão de alguma forma harmonizar-se com a exigência de confirmar a existência de Deus e o seu controlo sobre a criação.

Des Chene esclareceu o movimento histórico do debate escolástico do século XVI em direção à *res extensa* cartesiana, pelo qual o sistema da física aristotélica tradicional se transforma num mundo povoado de relações de causa-efeito marcadas apenas pela eficiência e, sobretudo, desprovido de fins. É de grande relevância o facto de Descartes ter tido, como leituras na escola, os conimbricenses, Fonseca e Suárez: a construção do seu pensamento não pode não ter dívidas para com eles. E, de facto, sobre o problema da causa é possível registar entre os jesuítas relacionados com Coimbra uma inequívoca sintonia, feita muitas vezes de citações ou do reaproveitamento de blocos de pensamento.

Aqui tem pouca importância a cronologia: isto é, quem seja mais devedor dos outros. Fonseca, Molina, Góis e Suárez (mas mereceria uma atenção particular também João de São Tomás) todos escreveram, com interesses não idênticos, acerca da causa. O primeiro para argumentar a concórdia entre os dons da graça e o livre arbítrio, o segundo para introduzir a causa exemplar no quaternário aristotélico (e traçar um caminho, através de Henrique de Gand, em direção à saída cartesiana); Góis com um interesse fisiológico, e todavia retomando com particular clareza todos os temas dos outros; o último, por fim, para dar vida à ontologia moderna.

Esta diversidade de interesses corresponde, na realidade, a mínimas variações sobre o tema da causa mas, a meu ver, mais de tónica do que de substância; e quando se encontram variações significativas, como no caso da acentuação radical que a causa eficiente sofre (ou a subsunção da causa exemplar no género da eficiente) em Suárez[382], estas presumidas novidades estão nitidamente enxertadas no tecido especulativo preparado pelos outros. Por isso, quando encontramos na bibliografia tentativas de ligar o pensamento cartesiano à escolástica anterior, o que vale para Suárez vale também para Coimbra e os seus filósofos:

> The replacement of final by efficient causes – ideas where rational agents are concerned, blind pushes where natural agents are concerned, was already occurring among the Aristotelians. [...] Suárez has to exercise his subtlety in order to show that ends envisioned by rational agents are not merely efficient causes. Descartes's views here are rather the culmination of a trend than a radical departure[383].

É evidente que se não se reconstruir o pensamento de Suárez a partir da *Metafísica* de Fonseca, e dos seus reflexos no *Cursus*, não se pode entender plenamente a intenção do autor em relação às causas segundas. Estas, quando são racionais, *lege* humanas, agem

---

[382] Sublinhou esta diferença E. ELORDUY MAURICA, "Influjo de Fonseca en Suárez", *Revista Portuguesa de Filosofia*, 11 (1955), pp. 507-519. Sobre o modelo da causa eficiente em Suárez, veja-se A. J. FREDDOSO, "Suarez on Metaphysical Inquiry, Efficient Causality, and Divine Action," in FRANCISCO SUAREZ, *On Creation, Conservation, and Concurrence: Metaphysical Disputations 20, 21, and 22*, St. Augustine's Press, South Bend 1999.

[383] D. DES CHENE, *Physiologia...*, cit., p. 394.

segundo Fonseca através de um concurso imediato do seu livre arbítrio e da causa primeira, isto é, Deus.

Por isso a função da causalidade exemplar, como veremos, não é redundante em relação aos outros quatros géneros: serve para especificar a *actio* do agente racional como imagem de Deus, e para elevar o seu operar à possibilidade particular de agir juntamente com o universal sem ser por este arrastado ou utilizado como banal instrumento[384]. A relação entre causa primeira e causas segundas, portanto, é pensada não sob o signo de uma primazia ou autonomia, mas sob o signo do concurso e da cooperação. O mesmo dirá Molina e o mesmo repetirão, como veremos, os conimbricenses, extraordináriamente hábeis em resumir e traduzir para os seus estudantes uma posição específica, se quisermos, muito controversa, no interior do pensamento católico.

Entre as várias definições de causa, Góis propende para esta: «Causa est id, a quo aliquid per se pendet»[385]. Onde o "per se" visa excluir as causas *per accidens* e as condições (*conditiones,* ou seja aquilo sem o qual não se cria a ocasião das coisas ou sem o qual a ação não procede diretamente[386]). *Pendere*, por seu lado, é neste caso entendido no sentido de receber o ser.

O debate em torno da definição da causa continuava vivo, dado que o texto aristotélico (todos os comentadores queixavam-se disso) não oferecia uma definição unívoca do termo. A definição de Góis decalca a de Fonseca nos seus comentários à *Metafísica*, e utiliza um verbo, "depender" (*pendet*), não muito habitual na literatura anterior. Para encontrar um ilustre precursor é preciso remontar ao

---

[384] Sobre o problema da causa em Fonseca, veja-se A. M. MARTÍNS, "A Causalidade em Pedro da Fonseca", *Veritas,* 54 (2009), pp. 112-127.
[385] *Physic.*, Lib. II, Cap. VII, Quaest. I, Art. I., p. 260.
[386] *Physic.*, Lib. II, Cap. VII, Quaest. I, Art. I., pp. 260-61.

Fons Vitae de Ibn Gabirol, que escolhe este vocábulo para designar a relação entre o cosmo e a vontade de Deus.

Fonseca, por seu lado, argumentara acerca da analogia do termo "causa" e do tradicional desacordo sobre a sua definição, enumerando duas das posições mais conhecidas (a atribuída ao *Liber de causis*, em que se julga causa "id, ad quod aliud sequitur"; e a segunda a qual causa é "id, propter quod res est), rejeitando-as[387], e apresentando a sua como a mais clara. Na expressão "id a quo aliquid per se pendet", especificava Fonseca, o verbo indica a necessária diversidade das essências envolvidas na relação de causa-efeito[388], enquanto o "per se" era oportuno para excluir as causas *per accidens*[389].

Para responder a algumas objeções acerca da definição de "causa", Góis remete para este passo da *Metafísica* de Fonseca, onde «multo uberior, & illustrior explicatio tradita est». É todavia revelador que, ao remeter para Fonseca, Góis aproveite a ocasião para introduzir o tema fundamental da causa exemplar, e que o faça no interior de um argumento no qual declara explicitamente afastar-se dos tomistas e aceitar uma opinião de Durando.

---

[387] A primeira definição – informam os conimbricenses na *Física* – tinha sido admitida por Tomás e outros peripatéticos. A exclusão da segunda é operada por Fonseca com um argumento de carácter gramatical. Propriamente falando, diz, a partícula "propter quod" pode referir-se só à causa final. Com efeito, «nec enim dicimus rem esse propter materiam, sed ex materia; nec propter formam, sed per formam; nec vero propter efficiens, sed ab efficiente» [*In Metaph.*, Lib. I, Cap. VII, Quaest. I, Sect. III, p. 244]. Duvido que à sensibilidade linguística de Fonseca pudessse escapar o facto de a conjunção "ab", em regra associada à causa eficiente, ser a mesma que ele utilizara na definição geral do termo "causa".

[388] «Necesse est ut sit diversae numero essentiae ab eo, a quo pendet; quo pacto nulla res ad se ipsa affecta esse potest» [*In Metaph.*, Lib. I, Cap. VII, Quaest. I, Sect. III, p. 244]. A preocupação que anima Fonseca era sobretudo de carácter teológico: estava em discussão a relação trinitária entre as pessoas que, não se distinguindo por essência, não podiam ser consideradas causa uma da outra.

[389] «Addita est particula, per se, ut reijciantur causae per accidens, cuius generis est privatio, quae non nisi ratione materiae, cui accidit, potest dici causa rerum naturalium; itemque ea omnia, quae vocantur causae sine quibus non, ut locus, & tempus, quia non sunt re vera causae, sed alia ratione ad rem efficiendam necessaria» [*Ibidem*].

Góis está a responder à objeção segundo a qual existem umas causas das quais não dependem outras coisas *per se*, e que, portanto, a definição não se aplica ao conceitos, por exemplo, de Sol ou de Todo, conceitos "primeiros" na ordem causal e por isso não diretamente ligados a tudo o que segue deles. Segundo Durando, o que é primeiro é causa do que se segue só se for primeiro num género de causalidade (por exemplo, a causa eficiente exige que a superior seja a primeira; enquanto a causa final exige que a superior seja a última). Para explicar este conceito, Góis serve-se da causa exemplar, dando dela uma espécie de primeira definição:

> Acrescentamos aliás que o que é primeiro pode num certo sentido ser chamado causa exemplar das outras coisas, dado que é como uma medida, com a qual se avalia a perfeição delas, pela sua maior ou menor proximidade [dela]; e nesta base, deve dizer-se que as outras coisas de alguma forma dependem [dela][390].

Em relação ao termo "causa", Francisco Suárez mostrará as suas dívidas para com o *Cursus,* e, também, para com Fonseca, retomando a sua definição nas *Disputas* (mas atribuindo-a a uns indefinidos *modernos*):

> A causa é aquilo relativamente ao qual alguma coisa depende de *per se*. Isto certamente, pelo que respeita à coisa, aprovo-o; mas preferia descrevê-la deste modo: a causa é um princípio que por si mesmo confere [*per se influens*] o ser a algo; porque em lugar do género julgo mais conveniente que se ponha o nome comum que mais de perto e imediatamente convém à coisa definida;

---

[390] «Addimus tamen id, quod ita primum est, posse utcunque vocari caussam exemplarem aliorum, quatenus est veluti mensura, cuius maiori, minorive propinquitate eorum perfectio aestimatur; secundum quam considerationem alia quoquo modo pendere dicenda sunt» [*Physic.*, Lib. II, Cap. VII, Quaest. I, Art. III, p. 262].

deste modo o princípio é confrontado com a causa; com efeito o ente e o seu relativo, que em sentido absoluto lhe equivale, estão muito distantes. Graças àquela partícula "que por si só confere" [*per se influens*] exclui-se a privação, e todas as causas por acidente, que por si só não levam ou induzem o ser noutras coisas. É preciso tomar essa palava "confere" [*influens*] não em sentido restrito, como se faz especialmente para a causa eficiente, mas mais em geral, no sentido em que esse verbo equivale a levar ou comunicar o ser a algo[391].

Afirmou-se que com Suárez termina o debate escolástico sobre a causalidade ou, ao contrário, que nos encontramos justamente no começo do século da causalidade[392]. Num caso ou noutro, é interes-

---

[391] *Disputatio XII*, Sectio II – Utrum sit aliqua communis ratio causae, et quaenam et qualis, Quaestionis resolutio: «Causa est id a quo aliquid per se pendet. Quae quidem, quod ad rem spectat, mihi probatur; libentius tamen eam sic describerem: Causa est principium per se influens esse in aliud; nam loco generis existimo convenientius poni illud nomen commune quod propinquius et immediatius convenit definito; hoc autem modo comparatur principium ad causam; nam ens et illud relativum id, quod absolute positum illi aequivalet, remotissimum est. Per illam autem particulam, per se influens, excluditur privatio, et omnis causa per accidens, quae per se non conferunt aut influunt esse in aliud. Sumendum est autem verbum illud influit non stricte, ut attribui specialiter solet causae efficienti, sed generalius prout aequivalet verbo dandi vel communicandi esse alteri». No prosseguimento da argumentação, Suarez oferece uma interessante perspetiva sobre a sua epistemologia, em clara divergência com os conimbricenses: «Ad declarandum vero amplius hanc partem definitionis, advertendum est, si philosophice ageremus de solis causis et principiis naturalibus seu quae naturali lumine cognosci possunt, sufficienter videri causam definitam illis verbis et distinctam ab omnibus principiis quae verae causae non sunt; quia tamen nostra physica et metaphysica deservire debet theologiae, talem oportet causae definitionem tradere quae Patri aeterno, ut est principium Filii, vel Patri et Filio, ut sunt unum principium Spiritus Sancti, non conveniat, et hoc est quod facessit nobis negotium, nam persona producens videtur principium per se influens esse in aliam personam, atque ita videtur illi convenire tota definitio causae, cum tamen causa non sit, ut ex recepta sententia theologorum constat».

[392] Veja-se V. CARRAUD, *Causa sive ratio. La raison de la cause, de Suarez à Leibniz*, PUF, Paris 2002. Carraud, relativamente ao lugar de Suárez no século da causalidade, escreve: «En développant un immense traité *de causis* affranchi de la forme du commentaire de la *Métaphysique* d'Aristote, Suarez mène à son apogée l'empire déjà séculaire de la *causa* sur le *principium*, c'est-à-dire de la problématique de la cause comme ce par quoi l'existence est produite sur celle du fond comme ce

sante notar como o século é marcado por esta definição de Fonseca, certamente não neutra em relação ao sucessivo desenvolvimento da conceção da causa. A opção de Fonseca, depois dos conimbricenses e por fim de Suárez, pela enunciação do conceito de causa como dependência, revela que eles entendiam a relação de causalidade antes de mais como uma relação entre essências diferentes e por isso sob o signo do extrínseco.

Para perceber esta deslocação da atenção dos filósofos naturais do intrínseco para o extrínseco, e o resultado acabado que se verifica com Descartes, é necessário voltar ao texto aristotélico.

Se faltava a definição geral de "causa", e o Estagirita tinha pressuposto e defendido a sua analogia, mas sem reunir num único *statement* esta abundância semântica, na *Metafísica*, Aristóteles detivera-se antes de mais no problema do número, e afirmara que as causas eram quatro: formal e material, eficiente e final. Apesar disso, o debate medieval e o posterior em torno do tema desenvolveu-se à volta da interpretação correta da divisão apresentada pelo Filósofo: houve os apoiantes da ideia de que a causa era, em definitivo, única (muitas vezes a formal, como veremos); houve outros que julgavam que as causas eram três; outros, por fim, fizeram distinções no interior do quadrado das causas, edificando sobre esta base verdadeiros poliedros que chegaram a ter oito faces.

Em relação à autoridade de Aristóteles sobre o tema, Avicena, que distinguira entre causas intrínsecas (formal e material) e causas extrínsecas (agente/eficiente e final) tinha com certeza confirmado as quatro causas, mas, de facto, apenas em homenagem a uma tradição: Avicena, de facto, conferira à causa material o duplo estatuto de intrínseca e extrínseca, aumentando desta forma para cinco o

---

de quoi advient l'être; désormais la primauté n'est plus accordée à la question de la forme, c'est-à-dire de l'essence, en tant qu'elle fonde l'étant en s'autodéployant, mais à celle de l'efficience en tant qu'elle effectue l'existence en lui demeurant extrinsèque» [Ibid., pp. 103-104].

número total das causas. Para além disso, a causa agente gozava de duas aceções: física (como princípio do movimento) e metafísica (como princípio de existência). Nesta última aceção a causa agente alcançava o grau máximo de extrinsecismo: produz uma existência diferente da sua essência. Mas justamente o conceito de "produção" era submetido em Avicena a um rigoroso esclarecimento semântico: a causa não produz sobre o efeito alguma passagem do não-ser para o ser (que Avicena exclui), mas é causa aquilo «do qual depende continuadamente a *existência* de uma determinada coisa»[393].

Naturalmente, em Avicena latejava a conceção, clássica para a tradição peripatética, do necessitarismo e da pressuposição da existência da matéria. Assim, o movimento do mundo era gerado por um mecanismo de causas intermédias interpostas entre a causa primeira e os efeitos últimos que constituía um dúplice problema para a filosofia cristã, baseada no conceito de criação livre, e por isso em conflito, quer com a existência de algo fora do alcance de Deus, quer com a necessidade absoluta das relações causais.

Tomás de Aquino respondera a esta preocupação oferecendo uma solução que, embora declaradamente crítica em relação a Avicena,

---

[393] P. PORRO, "Cenni sulle principali trasformazioni del concetto di causa nel Medioevo", in R. KIRCHMAYR, E. MANGANARO FAVETTO, P. A. ROVATTI, M. SBISÀ (A CURA DI), *Esercizi Filosofici*, 6 (2002), Università degli studi di Trieste 2003, pp. 91--101; É. GILSON, "Avicenne et les origines de la notion de cause efficiente", in AA.VV., *Atti del convegno internazionale di Filosofia*, Sansoni, Firenze 1961, pp. 121-130; ID., *Tommaso contro Agostino*, cit.; ID., "Notes pour l'histoire de la cause efficiente", *Archives d'histoire doctrinale et littéraire du moyen âge*, 29 (1962), pp. 7-31. É justamente acerca da relação entre contingência e necessidade do efeito, todavia, que surgem na escolástica cristã os conflitos mais duros, porque neste ponto está em causa o Deus livre criador. Tomás de Aquino pagará as consequências: a maioria das proposições condenadas pelo bispo Tempier incide neste ponto. O Aquinate colocara o triplex *gradus causarum* com base na perfeição das causas operantes, procurando escapar ao perigo do motor imóvel e do necessitarismo absoluto. À causa primeira, com efeito, Tomás atribuía a faculdade de dispor as causas inferiores de maneira que pudessem operar também de modo contingente. Contra o Deus dos filósofos, peripateticamente operante através de causas intermédias e segundo a necessidade, avançariam depois Duns Escoto e Ockham, em nada satisfeitos com a solução apresentada por Tomás.

de facto acolhia os seus elementos essenciais. Foi justamente a não exclusão do determinismo causal por parte de Tomás que levou à famosa condenação de 1277 de muitas das suas proposições. Ao ordenar de forma descendente três graus de causas com base na sua perfeição e imutabilidade, Tomás procurara também graduar a acidentalidade dos eventos e dos efeitos por eles causados; todavia, Tomás negara explicitamente que as causas, como por exemplo as Inteligências, fossem *causae essendi*, e deixara só a Deus o poder de produzir o ser. Deste modo, criticava Avicena dando-lhe, na realidade, em parte razão. Acerca do problema da enumeração, Tomás confirmara a existência das quatro causas nalguns passos, como por exemplo em *Contra gentiles* («Omnis causa vel est materia, vel forma, vel agens, vel finis»[394]), contrariamente ao que propusera Alberto Magno, que falara de forma explícita de cinco causas[395].

Enquanto Avicena duplicara o conceito de causa material e Alberto o de causa eficiente, Henrique de Gand utilizou um tema querido do agostinismo, o de Deus como causa exemplar, para torná-la a quinta entre as causas aristotélicas. Henrique distinguiu a causa exemplar da causa formal, e atribuiu à causalidade exemplar divina a capacidade de conferir o ser essencial às coisas, deixando à vontade de Deus a capacidade de conferir, de forma contingente e temporal, o ser atual às mesmas. A formulação de Henrique de Gand será decisiva para Fonseca e os conimbricenses, cujas reflexões girarão à volta da resposta a dar ao exemplarismo de Henrique. Fonseca argumenta na sua *Metafísica* contra a ideia que os géneros de causas são cinco,

---

[394] *Contra Gentiles*, Lib. III, Cap. 10, n. 5. Veja-se também *Sententia lib. Metaph.*, Lib. V, Lect. 2, n. 13 e Lect. 3, n. 1; *In Physic.*, Lib. II, Lect. 11, n. 1.

[395] O passo em que Alberto fala de cinco é *Metaph.*, Lib. V, Tract. 1, n. 3, pp. 212-216. Ver P. PORRO, "Cenni sulle principali trasformazioni del concetto di causa nel Medioevo", cit., p. 97. E W. DUNPHY, *St. Albert and the Five Causes,* Vrin, Paris 1967. Alberto, porém, não duplicara a causa material, mas sim a eficiente. Curiosamente, os conimbricenses indicam Alberto entre as autoridades que tinham confirmado as quatro causas.

como afirma Henrique de Gand, embora produza uma teoria na qual a autonomia da *causa exemplaris* em relação às outras resulta no fim bastante evidente. Cassiano Abranches resumiu eficazmente a tese de Fonseca:

> Pedro da Fonseca admite cinco géneros de causas, pois defende a irredutibilidade da causa exemplar a qualquer outro género de causas. Mas o peso da Tradição e o respeito à letra de Aristóteles move-o a não se afastar do modo antigo de falar, dizendo que os géneros de causas são quatro: final, eficiente, formal e material[396].

São várias as razões que levam, segundo Fonseca, a aceitar a tradicional divisão dos géneros de causas: a simetria entre efeitos e causas, alguns passos aristotélicos como argumentos de autoridade, a relação entre as *res naturales* como compostos e os géneros de causas, e por fim as próprias definições dos géneros dadas por Aristóteles. Segundo estas últimas, escreve Fonseca, a causa material torna-se evidente pelo facto de a matéria ser *primum subjectum, ex quo aliquid ita sit* (e acrescenta: «ut non per accidens insit»); a forma é *ratio quidditatis*; eficiente é o *primum mutationis principium*[397]; fim é, por sua vez, chamado *id, cuius gratia aliquid sit*.

O conflito de Fonseca com a teoria mais radical de Henrique é resolvido pelo próprio Fonseca defendendo a necessidade de conciliar os grandes sistemas que, aparentemente, contrastam na admissão da causa exemplar: o platónico (que traduz exemplar por ideia e transforma-a, de facto, na única verdadeira causa) e o aristotélico.

---

[396] C. ABRANCHES, "A Causa exemplar em Pedro da Fonseca", *Revista Portuguesa de Filosofia*, XIV, 1 (1958), p. 9

[397] «Si igitur ab agente primum oritur actio; non dubium est, quin ab eo per se pendeat effectus. Sublata enim prima actionis origine, ne intelligi quidem potest, quomodo aliquid fiat per se» [*In Metaph.*, Lib. I, Cap. VII, Quaest. I, Sect. IIII, p. 246].

Fonseca, com efeito, julga que excluir a causa exemplar das causas verdadeiras com o argumento de que ela não é causa *per se*, quanto *per accidens* (como no caso da arte), não é aceitável:

> de facto todo o efeito, que deriva de uma causa que age através do intelecto, depende de *per si* de um qualquer exemplar[398].

Põe-se então o problema de colocar a causa exemplar numa relação nova com um dos géneros causais comummente admitidos. Fonseca opta por reformular a estrutura da causa formal, duplicando-a em duas espécies, intrínseca e extrínseca, e fazendo coincidir a causa exemplar com esta última. Deve ser recusada a redução da causa exemplar à final, como propusera Alexandre de Afrodísia; e ainda mais a proposta por Escoto, formulada em antítese a Henrique de Gand, da causa exemplar à eficiente, que muitos (segundo Fonseca) seguiram. Segundo estes, com efeito,

> como a forma natural é superior aos agentes naturais, assim a forma intelectual (que chamamos exemplar, ou seja ideia) é superior aos agentes intelectuais[399].

Segundo Fonseca, a distinção entre a causa exemplar e a causa eficiente deriva com evidência da distinção entre as duas causalidades com as quais as duas causas operam. Como é sabido, a tradição escolástica estendia (e em parte fundava) a analogia do termo "causa" às específicas modalidades nas quais os géneros causais operam em relação aos efeitos. Ou seja a cada género de causa corresponde uma específica modalidade operativa (causalidade).

---

[398] *In Metaph.*, Lib. I, Cap. VII, Quaest. I, Sect. V, p. 248: «Omnis enim effectus, qui sit a causa agente per intellectum, pendet per se ab aliquo exemplari».

[399] «Quod praestat forma naturalis agentibus naturalibus, id praestat forma intellectualis (quam vocamus exemplar, sive ideam) agentibus per intellectum» [*Ibidem*].

O da causa exemplar, segundo Fonseca, não é certamente um *principium efficiendi*[400], mas uma certa *imitatio passiva*, que concorre para a ação como princípio extrínseco, *terminans*. A causalidade da causa exemplar é a do ser imitado, um princípio que não tem um influxo direto e imediato sobre o objeto[401]. Claramente, dados o princípio da *imitatio* e o extrinsecismo da causa em relação ao seu efeito, o problema que se coloca a Fonseca é o de distinguir a causa exemplar da Ideia de Platão, «qui primus exemplarem causam videtur invenisse, eam vocavit Ideam, Formam, & Speciem»[402]: em Aristóteles, com efeito, a ideia platónica parece esgotar-se na causa formal, e o Estagirita nunca utiliza a expressão "causa exemplar", o que leva a pensar na concidência desta com a causa formal. Fonseca procura sair deste dédalo de problemas com uma solução que visa mais objetivos: obter um lugar para a causa exemplar no interior da formal, distingui-la do significado tradicional atribuído à causa formal, defender a *concordia Platonis & Aristotelis* sobre este ponto, onde, pelo contrário, parece ser máxima a distância entre os dois.

Fonseca admite que a causa exemplar é ideia, mas introduz uma distinção entre formas reais e formas inteligíveis que, de facto, traçam uma linha de separação no mundo das ideias platónicas e dividem o género da causa formal em duas espécies:

> todos os Filósofos, e Teólogos, quando falam das verdadeiras ideias, asseveram que as ideias são as formas principais, e que por imitação delas as formas reais são induzidas na matéria; com efeito os exemplares, que são tais por si só e por sua natureza,

---

[400] «...quasi ab eo, ut tale est, influxus oriatur, sed esse id, ad quod agens agendo respicit» [Ibid., p. 250].

[401] C. ABRANCHES, "A Causa exemplar em Pedro da Fonseca", cit., p. 7.

[402] *In Metaph.*, Lib. I, Cap. VII, Quaest. I, Sect. V, p. 249.

não são outra coisa senão verdadeiras ideias, mas não como as considerava Platão[403].

Daqui deriva que a definição, antes dada, de forma como *ratio quidditatis* deve conter duas especificações no seu interior:

> A razão [*ratio*] da quididade, que é a definição da causa formal, não só abrange a forma real e informante, mas também a inteligível, ou seja exemplar[404].

A ideia platónica, então, é transformada por Fonseca em forma principal, *ratio prototypa* da essência da coisa. Por outro lado, a forma real ou informante pertence também ela à *ratio quidditatis*, mas no sentido tradicional: ou seja enquanto a sua conjunção com a matéria cumpre (*absoluit, ac complet*) a quididade da coisa.

Deste modo o quadro de Fonseca torna-se claro: do ponto de vista do número dos géneros, as causas permanecem quatro (duas intrínsecas e duas extrínsecas); mas se contarmos o número das suas espécies, Fonseca julga serem cinco (as duas intrínsecas: material e formal interna; as três extrínsecas: eficiente, final, e formal exemplar). Com esta solução ele julga ter conciliado Platão com Aristóteles, e, sobretudo, ter conciliado a sua posição com a de Henrique de Gand, ao qual dedica a conclusão desta secção:

> Ninguém quererá lutar contra as coisas que foram ditas por Henrique de Gand, insigne entre os antigos Escolásticos, o qual

---

[403] «Omnes quotquot Philosophi, ac Theologi de veris ideis loquuntur, asserunt, ideas esse principales formas, & quarum imitatione formae reales inducantur in materiam; exemplaria vero, quae per se, & suapte natura talia sunt, nihil aliud sunt, quam verae ideae, tametsi non tales, quales Plato extimabat» [Ibid., p. 250].

[404] «Ratio quidditatis, quae est definitio formalis causae, non modo formam realem, atque informantem, sed etiam intelligibilem, sive exemplarem complectitur» [*Ibidem*].

no Quodlib. 9 escreve que os géneros das causas, incluída a exemplar, são cinco; mas antes se apoie aquela hipótese, segundo a qual o exemplar é uma espécie de género principal, nem substitua a causa eficiente ou a formal interna[405].

Encontramos a mesma atitude mediadora de Fonseca no texto conimbricense, que confirma o número de quatro[406] como estabelecido pelo Estagirita, invoca as *auctoritates* Alberto Magno, Tomás de Aquino, Simplício e Avicena, e aceita a distinção deste último entre causas intrínsecas e extrínsecas. Todavia, assim como o quaternário vacilara em Fonseca, da mesma forma vacila no texto conimbricense, dado que acerca da causa exemplar Góis admite uma dificuldade de atribuição que precisa de esclarecimentos específicos. Nesses esclarecimentos emerge de forma inequívoca uma genealogia que une a teoria da causa exemplar de Góis à de Fonseca e, mais livremente exposta do que fizera este último, com a de Henrique de Gand. A causa exemplar é verdadeira causa, segundo Góis, relacionada directamente e não *reductitie* (como se fosse um apêndice, ou no máximo uma concausa) com a causa formal, da qual é uma espécie autónoma e alternativa à forma informante. As duas espécies distinguem-se, assim como Fonseca propusera, como formas reais e formas inteligíveis, e, afirma Góis, a causalidade das formas inteligíveis antecede a das formas reais: a imitação passiva, modalidade como vimos da causa exemplar, antecede sempre a forma real da coisa criada. A forma inteligível é a que orienta, na sua inteligibilida-

---

[405] «Nec vero quicquam pugnare cum ijs, quae dicta sunt, Henricum Gandavensem ex veteribus Scholasticis egregium auctorem, qui Quodlib. 9 scribit quinque esse causarum genera adiuncto exemplari; sed potius ea ratione favere, quatenus facit exemplar principale quoddam genus, neque illud ad causam efficientem, aut ad formalem internam revocat» [Ibid., p. 251].

[406] *Physic.*, Lib. II, Cap. VII, Quaest. II, Art. I, p. 263.

de, o projeto do artífice, e esta antecipação teórica antecede sempre a forma efetiva da coisa realizada. A causa exemplar é

> a razão prototípica da essência da coisa, da qual é exemplar; com efeito a forma induzida pelo agente, é uma certa semelhança participada do exemplar, a qual informando a matéria cumpre a sua essência[407].

A função prototípica do *exemplar* é um aspeto que, a não ser que se aceite totalmente a posição platónica, deve ser esclarecido. Este é um dos principais motivos pelos quais Pererius excluíra a causa exemplar de constituir um género à parte: por outro lado, ele confirmava que nem sequer era possível deduzir a autonomia da causa exemplar da doutrina aristotélica, dado que quer a forma que o agente natural imita no seu operar, quer a que o agente dotado de inteligência intui antes de realizar uma coisa, pertencem à causa eficiente (como seus instrumentos)[408]. A causa exemplar implica uma tomada de posição em relação à Ideia (*sive exemplar,* como lembram Pererius, Fonseca e os conimbricenses) como forma. Pererius lembra que, entre os platónicos, Simplício distinguira a quididade das coisas com base na sua tríplice participação: a matéria é o que participa; a *forma naturalis* o que é participado, e o que *a quo sive similitudinem sit participatio, & cuius particeps efficiatur forma quae inducitur in materiam*[409].

---

[407] *Physic.*, Lib. II, Cap. VII, Quaest. IIII, Art. II, p. 271: «Prototypa ratio essentiae rei, cuius exemplar est, forma vero inducta ab agente est participata quaedam illius similitudo, quae materiam informando, essentia complet».

[408] Assim Pererius: «Sicut forma quae est in agente naturali pertinet ad caussalitatem efficientis, nec facit diversum genus caussae, sic Idea quae est in agente per Intellectum non facit quintum quoddam genus caussae separatum ad illis quatuor, sed pertinet ad completam rationem caussalitatis effectivae qua est in agente per Intellectum» [*In Comm.*, Lib. VIII, Cap. I, p. 449].

[409] *Ibidem.*

Góis retoma a triplicidade da relação entre forma e matéria, mas inspirando-se na distinção proposta por Tomás no *De Veritate*:

> A ideia é uma forma, que é imitada de algo, por intenção do agente que determina o seu fim. Para entender bem, é necessário considerar que a forma, pelo que a isso diz respeito, deve ser dividida em três: ou seja forma "pela qual", "da qual" e "na qual"[410].

A forma *a qua* é o princípio da ação que gera o efeito. A forma *ex qua* é a de que consta a coisa. Enquanto a forma *ad quam* é propriamente o exemplar, ou seja aquilo com base em cuja semelhança é feita uma coisa. É por isso evidente que o exemplar é algo de intelectivo, e, segundo Góis, refere-se antes de mais ao agente *per intellectum*, ou seja ao artífice (e o que vale para o divino valerá com maior razão para o humano). O exemplar ou ideia não é, no intelecto do artífice, nem arte, nem espécie, mas sim conceito: trata-se de decidir se o exemplar é conceito formal ou objetivo. Góis julga que o exemplar é um conceito objetivo, porque se encontra no intelecto do artífice não como imagem da coisa a imitar, mas sim como a própria coisa *menti obiecta*. O exemplo, apresentado por Aristóteles, é o do médico, e Góis retoma-o: a saúde do corpo deriva do conceito de saúde que se encontra na mente do médico («quod in medici animo insidet») como exemplar a imitar. Aristóteles não julga este conceito imagem da saúde, mas a própria saúde como é *obiecta* para a mente do médico.

Na realidade, a discussão e os exemplos que Góis refere para relacionar a imitabilidade do exemplar com a razão objetiva e não

---

[410] *Physic.*, Lib. II, Cap. VII, Quaest. III, Art. I, p. 266: «Idea est forma, quam aliquid imitatur ex intentione agentis determinantis sibi finem. Quae, ut intelligatur, advertendum est formam, quod ad rem praesentem attinet, tripartito dividi; scilicet in formam a qua, ex qua, & ad quam».

formal, dizem respeito ao problema teológico colocado ao Deus cristão pela teoria platónica da presença eterna das ideias, ao qual Henrique de Gand dera solução significativa:

> Aquela *ratio* na essência divina, segundo a qual a sua essência è *ratio* para conhecer as coisas diferentes de si, não é mais do que aquela imitabilidade imitada pelas outras coisas, que chamamos ideia. [...] E segundo isto, a ideia nada mais é, na sua razão formal, a não ser no sentido da imitabilidade por consideração do intelecto na essência divina[411].

Os que julgam que o exemplar coincide com a *ratio formalis*, afirmam que se as criaturas concebidas por Deus (Góis dá o exemplo do homem, da águia e do leão) fossem ideias, tiraria das próprias criaturas a *ratio operandi*, e não poderia agir sem elas. Pelo contrário, Góis julga que as ideias divinas não são as próprias criaturas conhecidas por Deus; são todavia as razões objetivas que constituem a essência divina concebida por Deus enquanto imitável pelas coisas criadas. Entre mente divina e mente humana, ou seja entre as duas análogas figuras do artífice, estabelece-se assim uma diferença fundamental: embora a ideia deva ser concebida como *ratio obiectiva* em ambos, a ideia de Deus não é *res*, a coisa que Deus decide produzir, como é a ideia do artífice humano[412]. De facto, na mente do homem o conceito objetivo é a *res ipsa artefac-*

---

[411] *Quodlibet IX*, Quaest. II: «Illa autem ratio in divina essentia, secundum quam sua essentia est ratio qua cognoscit alia a se, nihil aliud est quam imitabilitas qua ab aliis imitetur, quam vocamus ideam. [...] Ut secundum hoc idea nihil aliud sit de ratione sua formali quam respectus imitabilitatis ex consideratione intellectus in ipsa divina essentia».

[412] «Cuius discriminis ea ratio est, quia in essentia divina, quae est primarium divinae intellectionis obiectum, continentur, ac relucent omnia, quae effici possunt; proindeque necesse est ut Deus in quovis opere faciendo ad eam principaliter respiciat, eamdemque primaria ratione imitetur. In artifice vero creato non ita res habet» [*Physic.*, Lib. II, Cap. VII, Quaest. III, Art. II, p. 268].

ta, enquanto o conceito formal é a sua mera imagem. Uma coisa é o ser representativo da coisa que deve ser realizada, que é a característica do conceito formal; outra o ser aquilo que o «artifex intueatur, & imitando exprimat».

Esta diferença não é de menor importância: está em causa a autonomia do homem para agir como causa segunda. A causa exemplar, introduzida por Fonseca e retomada de maneira mais pormenorizada (paradoxalmente, se pensarmos que será Fonseca e não Góis a conquistar a fama, graças a ela, nos séculos sucessivos) no texto conimbricense, constitui uma quinta causa que, se não pode ser considerada género, dado que não concerne aos agentes naturais na sua totalidade, mas apenas aos dotados de razão, certamente representa o fulcro de uma deslocação do eixo na relação entre Deus como causa primeira e os homens como artífices do seu mundo, causas segundas que concorrem com um ato divino constante para agir.

É também relevante que esta deslocação do eixo aconteça concebendo o *exemplar* ou ideia não como princípio formal da coisa realizada, mas como *terminus*, como projeto, propósito intuitivo do homem criador. O que equivale a dizer, segundo uma prática passada definitivamente para a teologia católica: é próprio do ser inteligente agir segundo as ideias concebidas na mente, que por isso são causa exemplar dos efeitos realizados. A passiva imitabilidade que é o modo da causa exemplar, liberta o campo da principal característica das ideias platónicas, a sua atualidade. Assim, a ideia é "humanizada", torna-se propósito da ação e da criação. Não é por acaso que Góis especifica em que medida ela pode ser considerada mais ou menos perfeita do que o seu efeito: na realidade, quando se trata do *exemplar* concebido pelo homem, a sua perfeição – que nas outras causas é sempre maior em relação aos efeitos, segundo uma regra basilar do aristotelismo – pode ser em muitos casos inferior ao seu efeito: a efígie de Alexandre criada por Apeles é certamente sempre inferior ao verdadeiro Alexandre numa perspetiva da nobreza da natureza; mas pode ser diferente quando se trata de outras coisas.

Por vezes existem uns artefactos, como uma casa, à semelhança da qual o artífice guia a sua mão; mas ninguém ignora que o artefacto, que exteriormente é modelado, sai às vezes com maior, igual ou menor perfeição daquele que o artífice se propôs imitar[413].

A deslocação do eixo é confirmada pelo facto de as cinco causas irem em direção a uma consolidação das extrínsecas em relação às intrínsecas; uma consolidação que em Fonseca e Góis toma uma forma mais complexa e articulada do que na sucessiva emergência da única causa eficiente. Existe com efeito uma direcionalidade nesta geometria pentagonal, muitas vezes considerada pela historiografia exangue e esgotada, que vai ao âmago da nova física (e, por conseguinte, metafísica) cartesiana: a relação entre causalidade exemplar e causalidade eficiente elaborada por Fonseca e proposta de novo por Góis reestrutura sob o signo do extrínseco e do *artificium* a relação entre entes naturais, inclusive entre homem e natureza, e as leis que as regem. No extrínseco, abre-se inevitavelmente o espaço da empiria mensurável, quantificável e reproduzível: o espaço da causa eficiente, tal como será concebida por Descartes.

Não por acaso Góis, depois de ter estabelecido a função da causa material, dedica-se imediatamente a estabelecer os vários pendores do conceito de causalidade. Como vimos, a cada género de causalidade corresponde uma causalidade própria, que não pode ser con-

---

[413] *Physic.*, Lib. II, Cap. VII, Quaest. V, Art. I, p. 273: «Nonnunquam, est aliquod artefactum, ut domus, ad cuius similitudinem artifex manum dirigit, nemo autem ignorat artefactum, quod exterius effingitur, alias perfectius, alias aeque, aut minus perfectum evadere, quam id, quod artifici ad imitandum propositum fuit».

fundida com a simples relação entre causa e efeito[414]. A causalidade é antes o fundamento próximo dessa relação, ou seja é algo que pertence à causa e que concorre para produzir o efeito. Dito isto, é justamente na distinção entre os dois possíveis pendores gerais do conceito de causalidade que emerge em Góis a diversidade e, por muitos aspetos, a centralidade da causa eficiente em relação às outras.

> A causalidade em todas as causas, exceto na eficiente, não é uma certa entidade intermédia entre a causa e o efeito, e de ambos distinta; mas é uma certa modalidade do que se chama causa [...][415].

A causalidade é pensada por Góis segundo dois significados possíveis: ou é modo da coisa, e então pode ser considerada *influxum,* ou é *actio*. Enquanto todas as outras operam segundo o primeiro caso, a causa eficiente é a única que produz o efeito através da *actio*. A indicação é significativa numa perspetiva historiográfica, na medida em que – como vimos antes – justamente o *influxum* é o termo que utilizará Suárez para especificar melhor a sua definição de causa, que retirara literalmente do *Cursus* e de Fonseca. Aqui o influxo é eliminado do operar da causa eficiente cuja ação é suficiente para obter o efeito sem que o causante deva sofrer alguma mutação,

---

[414] Segundo Góis, causa material e formal operam segundo duas causalidades: uma em relação à outra (ou seja a matéria em relação à forma ou vice-versa), outra em relação ao composto. A causa exemplar, como vimos, opera segundo imitação passiva. A causa eficiente, vê-lo-emos agora, opera através da ação. Enquanto a causa final opera segundo o que em virtude de cuja *gratia* algo é [*Physic.*, Lib. II, Cap. VII, Quaest. VIII, Art. I, p. 282-3].

[415] *Physic.*, Lib. II, Cap. VII, Quaest. VI, Art. I, p. 276: «Caussalitas in omnibus causis, praeterquam in efficiente, non est aliqua entitas media inter caussam, & effectum ab utroque distincta; sed est modus quidam eius, quod denominatur caussa, idem re ipso».

ainda que meramente modal. A preocupação de Góis dirige-se para o operar de Deus,

> porque é propriamente causa eficiente dado que cria, ou realiza algo, e por isso não condiz com ela esse tal "modo" e "influxo", de outra forma deveria admitir-se que acontece em Deus alguma mutação de modo, quando começa a ter aquele modo real absoluto, que antes não tinha[416].

Muito diferente é a causalidade da causa final, associada à causa eficiente pelo seu extrinsecismo[417], e no entanto submetida em finais do século XVI a um verdadeiro ataque frontal. Góis dedica ao problema as questões conclusivas do comentário ao sétimo capítulo, e até parte da possibilidade de que, afinal, não seja uma verdadeira causa. Góis retoma uma série de distinções admitidas pela tradição relativas ao fim, e utiliza mais uma vez o exemplo de Deus como causa final de tudo, para afirmar não apenas a verdade da causa final, mas também a sua primazia em relação às outras, quer pelo que concerne a ordem "de origem", quer pelo que diz respeito à ordem de dignidade. Em relação à ordem "de origem", para Góis o fim antecede o agente, a matéria e, portanto, a forma. Na *Ética*, Góis

---

[416] *Physic.*, Lib. II, Cap. VII, Quaest. VI, Art. II, pp. 278-9: «Quia est proprie caussa efficiens dum creat, aut aliquid efficit, & tamen haud ei tunc talis modus, sive influxus convenit, alioqui admittendum esset cadere in Deum, aliquem mutationis modum, cum nempe habere inciperet modum illum realem absolutum, quem antea non habebat». Mas há uma razão também ética para negar que a causa eficiente opera por *influxum*: se os homens, enquanto causas agentes, operassem por meio do *influxum*, resultaria disso que os atos morais veriam deslocada a razão do bem e do mal das suas ações (escolhidas por livre arbítrio, um dos pilares teológicos da Companhia de Jesus) para o influxo, ao qual *statim sequitur actionem*.

[417] «Omne quod habet finem, habet etiam causam efficientem. Rursus quod nulli rei causa efficiens conveniat, cui non etiam finis competat» [*Physic.*, Lib. II, Cap. VII, Quaest. IX, Art. II, p. 286]. A reciprocidade de causa final e causa eficiente é demonstrada, segundo Góis, também por uma mútua relação de ser e causalidade: «Finis est causa efficientis quoad eius causalitatem, non tamen quoad esse [...] Efficiens est causa finis quoad esse; non tamen quoad eius causalitatem» [Ibid., p. 285].

reafirma que, se entendermos a expressão *propter finem* em sentido absoluto, todos os agentes naturais agem *propter finem*. Todavia, se por fim entendermos aquilo para cujo alcance um agente se dispõe dirigindo-se – que é o sentido mais próprio do termo – então agir *propter finem* é característica circunscrita às naturezas intelectuais[418]. Disso, Góis tira a conclusão que todos os entes agem com vista ao fim, mas os que não dispõem de intelecto e liberdade, como os animais e as plantas, são descritos metaforicamente como a flecha lançada contra o alvo, e por isso instrumentos dirigidos por Deus: «Unde opus naturae, dicitur opus intelligentiae»[419]. Mas, apesar de atestada esta relevância, é evidente que a causa final, enfraquecida pelo debate geral, mas também por duas precisas opções de Góis em favor da causa eficiente e da inserção da causa exemplar entre os géneros extrínsecos, sofre também no *Cursus* um processo que mina radicalmente as suas bases naturais.

O problema emerge em toda a sua evidência quando se trata de definir a causalidade da causa final. Antes, Góis afirmara que o fim é aquilo em vista do qual algo é. Onde o verbo ser indica, naturalmente, o movimento (*fieri*). Em relação ao movimento, causa final e causa eficiente são especulares. E especular será a solução proposta por Góis para descrever a sua causalidade:

> É preciso considerar que a moção é dúplice: uma em sentido próprio, que acontece por ação concreta e verdadeira, como quando o fogo aquece a água; outra em sentido impróprio e

---

[418] *In Eth.*, Disp. II, Quaest. II, artt. I e II, pp. 15-17. Góis escreve: «Omnia agentia, dum operantur, intendunt aliquod bonum, ad quod vel se ipsa dirigunt, vel ad auctore naturae diriguntur: operari autem hoc modo est propter finem operari» [Ibid., p. 16].

[419] *Ibidem*. Acerca do agir *propter finem* dos entes não racionais segundo os conimbricenses, cf. D. DES CHENE, *Physiologia*, cit., pp. 189-191.

metafórico, como quando se diz que "move" quem, induzindo em outrem o amor, o atrai para si [420].

A primeira, *vera & germana actio,* é o modo próprio da causa eficiente. A segunda, a da causa final, é uma *motio metaphorica* que dificilmente cabe no quadro da investigação natural. Góis admite a dificuldade, e apresenta uma série de proposições conclusivas que visam, essencialmente, separar a causalidade dos fins dos agentes naturais da causalidade de Deus, que não pode submeter a sua ação a movimentos metafóricos e ainda menos a apetites para coisas a ele externas[421]. Assim, a causalidade da causa final aplica-se apenas aos agentes criados, dado que é aquela por meio da qual a coisa conhecida solicita o apetite: mas a *motio metaphorica* opera deste modo só *per translationem.* Como disse Des Chene: «Speaking of the action of ends as metaphorical opens one avenue to solving the problem of the non-existence of ends. If one could make sense of metaphorical action, perhaps one could make for them a reasoned exception to the rule that causes must exist to act»[422].

---

[420] *Physic.*, Lib. II, Cap. VII, Quaest. XXI, Art. I, pp. 333-334: «Animadvertendum est [...] duplicem esse motionem, unam propriam, quae sit per veram, & germanam actionem, ut cum ignis aquam calefacit; aliam impropriam, & translatitiam, cuiusmodi est ea, qua movere dicitur id, quod sui amorem inijcendo allicit, trahitque ad sese».

[421] Góis precisa, todavia, em que termos é correto falar de um Deus que age *propter finem*: «non quidem propter finem operantis; quasi ipse fine perficiatur, aut ad aliquem finem ordinetur, ut res creatae; nec quasi desiderio finis agat; cum ei nihil desit, proindeque desiderare, nihil possit; sed quia externas suas actiones, & opera ad finem destinat amore suae bonitatis comunicandae» [*Physic.*, Lib. II, Cap. VII, Quaest. XXII, Art. II, p. 341].

[422] D. DES CHENE, *Physiologia,* cit., p. 190. Na *Ética,* Góis reafirma a metaforicidade da causalidade final, aplicando-a à definição plotiniana (e depois de Dionísio) de bem como o que é *diffusivum sui*: «Cum bonum dicitur diffusivum sui, id sub quadruplici causarum genere intelligi posse. Sub genere causae finalis, quatenus motione metaphorica allicit appetitum. Sub genere causae efficientis, quatenus aliud quidpiam efficit, ut lux lucem. Sub genere causae formalis, prout se se alteri tribuit ipsum actuando & perficiendo [...]. Sub genere causae materialis, prout se alteri dat fovendo, sustinendove illud. [...] Ut igitur dicatur diffusivum sui, sat est aliquo horum modorum posse diffundi» [*In Eth.,* Disp. I, Quaest. I, Art. II, p. 8].

Os conimbricenses apercebem-se do problema e, naturalmente, distinguem o seguinte, relativamente a este modo de existência do fim: uma coisa é a existência inteligível e objetiva, ou seja na mente do homem, outra a existência real *in rebus ipsis*. Góis deve necessariamente afirmar a existência real do fim, analogamente de resto com o que propusera para a causa exemplar, mas articulando o *esse reale* segundo duas possibilidades: 1) no sentido do ente verdadeiro e positivo, independente do intelecto; e 2) no sentido mais amplo, ou seja que reúne todo o ser, quer positivo e real, quer inteligível «quod quoquo modo est possibile obtineri, vel saltem tanquam possibile, aut non impossibile offertur appetitui». É neste segundo modo, obviamente, que deve ser entendida a existência do fim referida ao seu ser causa.

No texto conimbricense encontramos assim aquela extensão do *esse reale* que, detetável também em Fonseca, chega a incluir a existência futura (os futuros contingentes), a existência potencial ou possível, e até aquela aparentemente possível[423]. Essa dilatação, aliás, corresponde a uma redução real do leque de aplicação da *motio metaphorica*, ou melhor, do reino físico dos fins. O *esse reale* estendido até ao ponto em que o leva Góis implica, como condição, a cognição dos futuros e possíveis, onde por possível deve entender--se, *de facto,* de novo o pensável: e assim encontramo-nos de novo na possibilidade de poder admitir que um fim pode não ter em sentido restrito o *esse reale* e todavia operar como causa *secundum esse reale*. Mas o facto de recuperar o pensável (todos os fins) no interior do *esse reale* – fique claro, sempre continuando contraditoriamente a pensá-lo como independente da mente – e aplicando-lhe uma força motiva meramente metafórica, limita o campo operativo das causas finais aos agentes naturais dotados de intelecto e von-

---

[423] Ibid., p. 193.

tade. Daí, o passo para a declaração de não existência dos fins ser realmente breve:

> Since the Aristotelians themselves agree that the cognition of an end is a *conditio sine qua non* for its being a cause, the Anti-Aristotelian need only argue that the cognition is not just a condition of, but the cause of the volition that was said to result from the metaphorical movement of the will by ends, and that the cognition of an end will have been efficiently caused by the end. Though there is still reason to talk of ends, final causality is eliminated in favor of efficient causality[424].

Dada a articulação de causas e causalidade desta maneira, aos conimbricenses só resta tirar as conclusões a respeito da relação entre causa primeira e causas segundas, o problema que mais implicações tem em questões teológicas de grande atualidade na altura da publicação do *Cursus* e que se exemplificam perfeitamente na já mencionada disputa *de auxiliis*.

Góis tem diante de si duas opções fundamentais: uma, muito comum no século XIII e difundida em particular entre os teólogos de cultura agostiniana (Guilherme de Auvergne, por exemplo), que amplifica o papel da causa primeira negando o operar autónomo e a consistência real das causas segundas. Outra, apoiada por Durando, que encontra um papel de todo autónomo para o agir das causas segundas e que julga indigna de um Deus racional uma criação incapaz de operar racionalmente sem necessidade de ulteriores ajudas divinas. Góis, aqui sem dúvida influenciado quer por Fonseca quer pela recente publicação da *Concordia* de Luís Molina, adere com força à teoria do concurso das causas em cada ato, recusando soluções unívocas e abrindo o campo para uma série de conclusões

---

[424] Ibid., p. 191.

que dizem respeito em particular à relação entre homem e Deus, jesuiticamente pensado sob o signo do livre arbítrio.

Não admira, por isso, que na antiga questão acerca da conservação das coisas no seu ser, Góis siga um caminho já trilhado, quer por Tomás, quer por Henrique de Gand, mas que, na realidade, encontre em Boaventura a mais clara expressão, demonstrando como as coisas não podem consistir sem a vontade de Deus para as manter no seu ser: «creaturae cessante Dei concursu in nihilum recident»[425]. E não admira, porque é a base para a afirmação da necessidade de um concurso entre causa primeira e causas segundas no agir dos agentes naturais. Com efeito, Góis distingue dois modos que Deus tem para conservar as coisas no seu ser: ou *immediate,* ou seja através de uma sua ação directa, ou *mediate,* isto é através de uma virtude por ele imprimida nas coisas, que permanece nos efeitos. Considera-se do primeiro género a conservação de algumas criaturas[426], como é o caso das naturezas angélicas ou de efeitos naturais produzidos diretamente pela vontade de Deus (mas que parecem dizer respeito mais ao milagre do que ao regular decurso dos eventos); do segundo, a conservação das coisas naturais («alias, concurrentibus etiam causis secundis, in suo esse [Deus] tuetur»).

A referência a Boaventura é propedêutica à exclusão por parte de Góis da teoria, durante muito tempo cultivada nos ambientes próximos de Boaventura, segundo a qual as causas segundas de facto não operam nada, e podem ser definidas no máximo como instrumentos da causa primeira. Contra esta teoria, apoiada na cultura árabe

---

[425] E continua: «Quare recte D. Bonaventura [...] comparavit esse creaturarum in ordine ad primam causam cum figura impressa in aquam a sigillo, & cum pondere, quod in aere manu tenetur: ut enim sublato sigillo confestim figura in aqua evanescit, & amota manu pondus ruit, ita si vel momento conservantis Dei concursus abesset a rebus creatis, confestim omnes ad nihilum abirent» [*Physic.*, Lib. II, Cap. VII, Quaest. X, Art. II, pp. 289-290].

[426] «Quia licet rebus a sui ortus primordio ea contulerit, quae ipsarum incolumitas requirebat, easdem nihilominus per se, intimoque illapsu conservat in suo esse» [Ibid., p. 291].

por Avicebron e duramente censurada por Tomás de Aquino, Góis lança uma verdadeira invetiva, de tal modo que omite, na questão "Utrum causae secundae re vera aliquid agant, an non?", a habitual análise integral da sua posição antes de avançar com a solução dos argumentos contrários, e substitui-a com um artigo *destruens,* de desconstrução da teoria avicebroniana[427]. O texto conimbricense segue, por vezes esclarecendo-o, o texto correspondente de Fonseca (*In Metaph.* Lib. V, Cap. II, Quaestio VII, Sect. II). E entende-se bem a alegria jesuíta por este tema: se se aceitar Avicebron, com efeito, desaparecem as bases para a ciência (faculdade e essência das coisas manifestam-se apenas através dos seus próprios efeitos e das suas próprias ações) e para o livre arbítrio[428], fundamentos culturais da Companhia e, nomeadamente, do Colégio conimbricense.

> É preciso responder que convém a Deus um perfeitíssimo modo de agir, mas isto não consiste no facto de Deus não admitir a colaboração de outras causas eficientes, porque assim não admitiria o que depende delas; ou que não poderia produzir sozinho, sem elas, os mesmos efeitos; mas que Deus concede às causas

---

[427] Nestas páginas, Góis não poupa adjetivos, sinal que o tema, embora antigo, devia ser ainda atual. Que as causas segundas não operem nada, escreve Góis: «nihil tamen ridiculum & absurdum esse, quin aliquem Philosophorum auctorem & defensorem aliquando habuerit». No artigo *destruens,* o tom torna-se mais azedo: «Utriusque tamen sententiae dogma perabsurdum est, & Philosopho indignum, ac merito stultitiae nomine coarguitur a S. Thoma & ab Averroe». A execração dos dois gigantes do racionalismo árabe e cristão não esmagara o inimigo, se alguns expoentes do nominalismo a exumaram; como refere Góis, «hanc sententiam iam pridem e scholis eiectam, & sepultam ab inferis revocare ac tueri velle aut certe ad eam inclinare Alicensis in 4 sent. D. I, q. I [Pierre d'Ailly] & Gabriel [Gabriel Biel] d. 2 q. I & 3» [Ibid., pp. 293-294].

[428] A doutrina ocasionalista, segundo Fonseca, «vertit funditus omnem rationalis creaturae libertatem, cum ex ea sequatur, creaturam rationalem non agere, sed agi: quo etiam nihil indignius humana natura ab homine dici potest. Ita tollitur de medio meritum omne, omnis culpa, omnis iusta laus, ac reprehensio, quae non debentur nisi bene, aut male agentibus: quodque horrent autres, sit Deus author peccati, quod nescio quo pacto non advertunt catholici, qui opinionem hanc verisimilem faciunt» [*In Metaph.* Lib. V, Cap. II, Quaestio VII, Sect. II, p. 88].

esta dignidade, e uma tal forma de agir que não implica algum defeito ou fraqueza da sua potência [429].

Esta é a exposição principal da doutrina conimbricense sobre a "reductio causarum ad primam". A. J. Freddoso delineou de forma clara as posições possíveis acerca deste problema, denominando *ocasionalismo,* a segundo a qual só a Causa primeira opera; *mero conservadorismo,* a segundo a qual o operar de Deus limita-se apenas ao ato de conservar em ser a coisa; *concursualismo* ("concurrentism"), a solução intermédia[430]. Se Góis recusa a posição "ocasionalista" de Avicebron, recusará também a "conservadorista", apoiada por Durando, para responder à qual todavia não considerará ser necessário usar impropérios[431]. A tese de Durando[432] diz que Deus, criadas as causas segundas, dotou-as do poder de agir autonomamente («causas secundas per se effecta sua producere»), sem necessidade de um influxo divino imediato para operar[433]. A tese de Góis é diferente,

---

[429] *Physic.*, Lib. II, Cap. VII, Quaest. XI, Art. III, pp. 296: «Respondetur convenire Deo perfectissimum agendi modum, sed hunc non in eo consistere, ut Deus non admittat consortium aliarum causarum efficientium, cum eas non admittat, quoad ab illis dependeat; vel quod absque earum ope se solo eadem effecta producere non possit; sed ut ipsis eam dignitatem impertiat; quae agendi ratio nullum arguit potentiae defectum, aut imbecillitatem».

[430] A. J. FREDDOSO, "God's General Concurrence with Secondary Causes: Pitfalls and Prospects", http://www.nd.edu/~afreddos/papers/pitfall.htm.

[431] Este caminho, de resto, tinha sido aberto por Tomás de Aquino, e trilhado também por Fonseca [*In Metaph.* Lib. V, Cap. II, Quaestio VII, Sect. II, p. 87].

[432] Explanada em *In Sent. Theol. Petri Lombardi Libri Quatuor,* Lib. II, Dist. I, Quaest. II, pp. 107-109.

[433] Segundo A. J. FREDDOSO, Durando era um exemplo de "conservadorismo", ou seja de um modo de entender a relação entre causa primeira e causas segundas baseado no mero influxo divino para a conservação como condição para o operar das causas segundas. Ao "conservadorismo" opõe-se o ocasionalismo, enquanto o *Concurrentism* é a corrente que procura uma mediação entre as partes. Deve dizer-se que, por sua vez, o *Concurrentism* é um universo multifacetado, no qual se encontram os intérpretes fiéis de Tomás de Aquino, como Domingo Bañez, por exemplo; e os jesuítas como Fonseca, Molina e os conimbricenses, cuja posição é inconciliável com a de Bañez. Segundo Freddoso, que se foca sobretudo na posição de Suárez, algumas questões da *Concordia* de Molina e das *Disputationes* de Suárez não apresentam diferenças de relevo em relação à doutrina tomista: disso

confirmada segundo ele por um largo conjunto de autoridades, por trás das quais se escondem Molina e certamente também Fonseca: o concurso da causa primeira e das causas segundas é garantido não só pelo influxo para a conservação do ser por parte de Deus, que Góis demonstrou pouco antes contra o ocasionalismo, mas também por um ato imediato diferente do ato de conservação.

Se o concurso de Deus e das causas segundas para produzir o efeito não é uma novidade no âmbito do debate filosófico e teológico, novo é o modo como os conimbricenses, seguindo estritamente a linha traçada por Fonseca e por Molina, entendem o modo como acontece esse concurso. A sua conceção coloca-os em direto conflito com Tomás de Aquino, segundo o qual (e segundo os seus comentadores)

> todas as causas segundas antes de operar recebem de Deus um certo influxo, e movimento, que é como que um "ser intencional" da virtude divina, pelo qual as ações são incitadas a realizar-se 434.

A teoria de Tomás, retomada por Bañez para criticar Molina, era que a causa segunda – neste caso, o homem – para agir devia esperar uma prémoção física por parte de Deus e que, portanto, a causa primeira não era primeira apenas *in essendo,* mas também

---

ele deduz ser possível falar de uma *mainline* dos aristotélicos cristãos contra o desvio representado pelo conservadorismo de Durando. Se forem consideradas abstraindo da controvérsia *de auxiliis,* em relação à qual – por exemplo – Suárez teve uma posição diferente em relação aos molinistas, como fizeram também poucos outros jesuítas (Bellarmino, para lembrar um nome), as diferenças no interior do concursualismo podem ser indevidamente atenuadas. Veja-se A. J. FREDDOSO, "God's General Concurrence with Secondary Causes: Why Conservation is not Enough", http://www.nd.edu/~afreddos/papers/conserv.htm.

[434] *Physic.*, Lib. II, Cap. VII, Quaest. XIII, Art. I, pp. 302: «Omnes causas secundas antequam operentur accipere a Deo influxum quendam, & motum, qui sit quasi esse intentionale virtutis divinae, quo ad promendas actiones excitentur».

in operando. O influxo para a conservação do ser não era portanto condição suficiente para se poder falar do concurso de Deus e das causas segundas: era necessária uma ulterior acção *elicita* por parte de Deus para encetar o processo de causar. Mas, argumentavam os tomistas, com este ulterior ato a causa segunda encontra-se na mesma situação do machado que o serralheiro criou dotando-o da possibilidade de cortar a madeira, mas que precisa da ação ulterior do serralheiro para poder efetivamente operar. A esta possibilidade já Molina na sua *Concordia* respondera que atribuir a Deus uma ação *excitans* deste tipo no processo de causar tinha um corolário inaceitável do ponto de vista moral: significava que também os atos viciosos eram induzidos por Deus. O machado, afirma Góis, é coisa diferente daqueles entes que por natureza são dotados da virtude *ad operandum*. Aquele é instrumento, estes são causas segundas.

A palava chave é a imediatez do concurso divino. Um modo diferente de interpretar o ato imediato é responsável pela divisão no campo *concursualista* entre fiéis ao ditado tomista e jesuítas (os que mais tarde seriam chamados molinistas).

> The philosophical problem for the concurrentist is to formulate a satisfactory metaphysical characterization of this complementarity – a characterization that will not dissolve into occasionalism by rendering the secondary causes's immediate contribution superfluous and that will not dissolve into mere conservatorism by rendering God's immediate contribution superfluous[435].

---

[435] A. J. FREDDOSO, "God's General Concurrence with Secondary Causes: Pitfalls and Prospects", p. 8. Do mesmo autor, e para uma distinção pormenorizada entre Molina e as teorias ocasionalistas, por exemplo, de Gabriel Biel, veja-se "Medieval Aristotelianism and the Case Against Secondary Causation in Nature", em T. V. MORRIS (ed.), *Divine and Human Action: Essays in the Metaphyisics of Theism*, Cornell University Press, Ithaca 1988, pp. 74-118.

Molina traçara o caminho com muita clareza[436], e a sua resposta às teses de Durando apresenta notáveis e numerosas repetições no texto conimbricense. Molina resumia as razões apresentadas por Durando em apoio do seu conservadorismo nestes termos: Deus causa os efeitos das causas segundas não *immediate,* mas apenas por meio das causas segundas, e por isso *mediate,* de maneira que, enquanto causa primeira, lhes confere o ser e as forças para operar, e conserva-as; a ação de Deus sobrepõe-se e é distinta daquela com a qual a causa segunda opera, e por isso é supérflua, exceto pelo acto de manutenção conservadora; a ordem dos agentes corresponde à dos fins, mas de uma coisa não pode haver dois fins *immediati & perfecti,* mas sim mais fins parciais. Molina julga errada a posição de Durando,

> por isso não pode haver algum efeito na natureza, se Deus não conservar imediatamente o seu influxo no género da causa eficiente[437].

Molina estabelecia um princípio fundamental na sua teoria, capaz de, a seguir, o orientar nos meandros das distinções escolásticas relativas à semântica do conceito de "imediatez": o que é necessário para a conservação da coisa, é com maior razão necessário para a primeira produção da coisa. Nada pode ser produzido pela causa segunda, sem a contemporânea intervenção de um influxo atual imediato da causa primeira. O problema era entender bem a modalidade desse concurso, para evitar a multiplicação inessencial dos agentes nos atos particulares. A Disputatio XXVI da *Concordia* é dedicada a este tema, ou antes é dedicada a responder à tese de

---

[436] *Concor.,* Quaest. XIV, Art. XIII, Disp. XXV, pp. 105-108.

[437] *Concor.,* Quaest. XIV, Art. XIII, Disp. XXV, p. 107: «Quoniam nullus omnino effectus esse potest in rerum natura, nisi Deus suo influxu eundem in genere causae efficientis immediate conservet».

Tomás de Aquino, que Molina considera errada: segundo o Aquinate o concurso geral de Deus para o operar da causa segunda era um *influxus in causas*, ou seja aplicando às causas segundas as formas e virtudes próprias para operar. Serve, mais uma vez, o exemplo do machado. A batalha da imediatez é travada por Molina (e por conseguinte por Góis) quer contra Durando quer contra o próprio Tomás e os tomistas *à la* Bañez, ao qual, aliás, Molina deverá responder acrescentando na segunda edição uma disputa em apêndice justamente à XXVI.

À tese de Tomás, Molina objeta distinguindo duas classes de instrumentos: os que não possuem toda a virtude para operar, como o machado ou os instrumentos artesanais, e os instrumentos que ou possuem toda a virtude para operar (como a semente) ou que são a própria virtude (como o fogo e outras virtudes naturais). Esta segunda classe de objetos, segundo Molina, não precisa de um segundo movimento ou aplicação que vem da causa primeira. Aliás, se se aceitar a teoria de Tomás, será necessário concluir que Deus não concorre *immediate immediatione suppositi* para os atos e efeitos das causas segundas, mas apenas *mediate*, que é a tese de Durando já criticada. Para Molina,

> assim, Deus com um certo concurso geral influi imediatamente com ela na própria operação, e por meio dessa operação ou ação produz o seu fim e o seu efeito. Acontece, então, que o concurso geral de Deus não é o influxo de Deus na causa segunda, como se esta previamente por ele movida agisse e produzisse o seu efeito, mas é um influxo com a causa imediato na ação e efeito dela[438].

---

[438] *Concor.*, Quaest. XIV, Art. XIII, Disp. XXVI, p. 109: «Sic Deus concursu quodam generali immediate influat cum ea in eandem operationem, & per operationem seu actionem terminum illius atque effectum producat. Quo fit ut concursus Dei generalis non sit influxus Dei in causam secundam, quasi illa prius eo mota agat, & producat suum effectum, sed sit influxus immediate cum causa in illius actionem & effectum».

Deste modo opõe-se à tese do *influxus in causam secundam*, a ideia de *influxus* (*immediate*) *cum causa secunda*, que segundo Molina não se afasta muito da interpretação dada por Caetano ao passo do Aquinate. A alusão a Caetano é importante porque confirma a consideração de ortodoxia tomista de Tomás de Vio aos olhos de Molina e dos jesuítas contemporâneos, inclusive os conimbricences (como já constatámos). Com efeito, Molina diz de Caetano «qui modum loquendi Divi Thomae servat».

O concurso das causas é por isso uma participação simultânea de duas causas parciais, das quais uma é universal e é o influxo divino, e uma particular, ou seja a ação da causa segunda. Essa simultaneidade e parcialidade, que, segundo Molina, torna não redundante a duplicação das causas para a produção de um único efeito, nega a existência de uma prioridade temporal de um movimento de causa em relação a outro: se houvesse uma prioridade, como sustenta Tomás de Aquino, deveríamos afirmar que o influxo geral da causa primeira move imediatamente a causa segunda a agir e, através dela (ou seja, *mediate*), produz o efeito. Diversamente, para Molina, o concurso geral de Deus com as causas segundas é «immediatus immediatione suppositi in actiones & effectus»[439]: concorre de forma plenamente simultânea e imediata para a produção do ato e dos seus efeitos[440].

Isto significa que o modo geral do concurso divino para a causa não *determina* os efeitos, que são determinados pelo influxo particular da causa segunda.

---

[439] Ibid., p. 110.

[440] O que é válido para a conservação no ser, afirma Molina, é com maior razão válido para a primeira produção da coisa: ação e efeito precisam do influxo conservador da primeira causa para lá da cessação do influxo da causa segunda para a sua produção.

Com efeito é sempre a causa particular que determina o influxo da causa universal sobre a espécie e o efeito da ação, quando a causa universal concorre, não como particular, mas mesmo como universal[441].

Esta consideração é muito importante porque revela o ponto que mais interessa a Molina, e é válida igualmente quer para Fonseca quer para os conimbricenses: com ela afirma-se o livre arbítrio do homem e, ao mesmo tempo, retira-se a Deus a responsabilidade das ações pecaminosas:

> Se a causa fosse livre, estaria no seu poder influir a fim de que se produzisse uma ação em lugar doutra [...], ou este artefacto em vez de outro, ou também suspender qualquer influxo, para que não aconteça alguma ação[442].

Naturalmente, seria justamente este ponto a desencadear as reações dominicanas, sintetizadas pela obra de Bañez, devidas ao pelagianismo implicado por essa teoria. Molina, para evitar este perigo, volta com mais *disputationes* (XXIX-XXXIII) ao problema, antecipando as objeções e declarando um *latissimum discrimen* entre o que é válido para o concurso para as obras "naturais" das causas segundas, inclusive as dos agentes livres, e o concurso para as obras "sobrenaturais" do homem, ou seja a disposição para receber a graça justificante. Segundo Molina, no operar natural, o concurso de Deus e das causas segundas para o efeito não implica alguma

---

[441] *Concor.*, Quaest. XIV, Art. XIII, Disp. XXVI, p. 111: «Semper namque particularis causae est determinare influxum causae universalis ad speciem actionis & effectus, quando universalis causa, non ut particularis, sed ut universalis causa concurrit».

[442] «Si causa libera sit, in ipsius potestate est ita influere ut producatur potius haec actio quam illa [...], nempe hoc artefactum potius, quam aliud, vel etiam suspendere omnino influxum ne ulla sit actio» [Ibid., p. 110].

prioridade nem de natureza nem temporal entre os dois movimentos de causalidade, um depende do outro. No caso da disposição para a graça justificante, que é operação sobrenatural, não se pode dizer que o livre arbítrio do homem concorre da mesma forma como a causa segunda nos atos naturais: neste caso a causa primeira opera através de um *auxilium* particular, que é a graça preveniente (que será objeto de chacota por parte de Pascal nas *Provinciais*),

> por meio da qual Deus suscita e coadjuva o livre arbítrio para as obras sobrenaturais do crer, esperar, amar e arrepender-se, tal como é necessário para a salvação[443].

Diversamente do concurso geral de Deus para os atos naturais, esse auxílio, todavia, é

> *uma certa moção* [i.n.], que suscita e previne o livre arbítrio, e o torna capaz de cooperar ulteriormente, com a ajuda do seu livre influxo, naqueles atos sobrenaturais por meio dos quais, de perto ou de longe, estamos dispostos para a graça *gratum faciens*[444].

A distinção visa antecipar a resposta a um perigoso problema teológico, que todavia não convencerá os opositores, os quais não conseguiam ver justificada por Molina a diversidade da relação entre causa primeira e segundas nos atos naturais e nos atos sobrenaturais. Nos primeiros, o homem dotado de livre arbítrio agiria com o

---

[443] *Concor.*, Quaest. XIV, Art. XIII, Disp. XXIX, p. 122: «Qua Deus liberum arbitrium ad opera supernaturalia credendi, sperandi, diligendi, ac poenitendi, ut ad salutem oportet, evehit & coadjuvat».

[444] «*Motio quaedam* [i.n.], qua liberum arbitrium excitatur & praevenitur, potensque redditur, ut ita adjutum libero suo influxu cooperetur ulterius ejusmodi supernaturales actus quibus proxime aut remote ad gratiam gratum facientem disponatur» [*Ibidem*]. Para uma análise mais pormenorizada do problema da graça justificante e das graças *gratisdatae*, remeto para a Introdução a A. POSSEVINO, *Coltura degl'ingegni*, cit., em particular pp. 72-81.

concurso imediato *immediatione suppositi*, ou seja com um ato em relação ao qual não existe primazia nem prioridade entre os concorrentes (Deus e o homem); nos segundos, o homem dotado de livre arbítrio dispõe-se para a graça livremente após uma moção da graça preveniente causada nele por Deus. Molina terá de especular para delinear com precisão esta causa preveniente: a qual, aliás, numa outra perspetiva desempenhará a mesma função da graça suficiente, sobre cuja definição os protagonistas do *de auxiliis* discutirão com furor e, como vimos, sem chegar a uma conclusão.

Para os objetivos do nosso estudo, todavia, este tipo de problemas e, sobretudo, o tema da presciência divina retomado pela questão da molinista ciência média, afastar-nos-ia demasiado das preocupações manifestadas no *Cursus* e, nomeadamente, da fisiologia conimbricense. Mas é necessário tê-los em conta quando Góis se detém no tema da mediação e da imediatez, ampliando a distinção às possíveis combinações lógicas das díades mediação/imediatez e virtude/suposto[445], e apostando tudo no concurso imediato de Deus e da causa segunda.

De resto, Fonseca tinha feito o mesmo, sem se poupar a razões[446] para afirmar a necessidade do concurso imediato de Deus na ação da causa segunda, entre as quais:

1) o argumento da perfeição: o concurso imediato do primeiro agente, ou seja Deus, para a *actio,* não lhe causa alguma imperfeição; pelo contrário, causa-lhe uma eminentíssima perfeição aumentando a dependência em relação a ele das criaturas agentes (as causas segundas) quanto àquela que teriam para com ele se dependessem apenas pelo ser;

---

[445] *Physic.*, Lib. II, Cap. VII, Quaest. XIV, Art. I, pp. 305-306.
[446] *In Metaph.* Lib. V, Cap. II, Quaestio IX, Sect. II, pp. 106-109.

2) O argumento da conservação no ser: dado que os agentes que concorrem para a conservação dos efeitos no ser concorrem também para a produção, Deus concorre imediatamente para produzir todos os efeitos das criaturas agentes, e por conseguinte para todas as suas acções;

3) O argumento da subordinação essencial: dado que cada agente criado é essencialmente subordinado ao primeiro agente, que é Deus, é necessário que Deus aja imediatamente com cada agente criado.

Góis expressará o mesmo conceito na *Física*: «Respondemus Deum cum quovis agente creato operari immediate immediatione virtutis, & suppositi»[447]. A mesma expressão voltará em Suárez, que dedicará a XXII *Disputatio* ao concurso da primeira causa com as segundas, e concluirá o argumento da imediatez da mesma maneira que Fonseca e Góis[448], traçando mais uma vez uma linha de continuidade "conimbricense" sobre o tema da causa[449]. As variações de Suárez sobre o esquema admitido pelos jesuítas portugueses (inclusive Molina) são na realidade mínimas se comparadas com o *mainstream* seguido em Coimbra, de modo que, sobre o tema da causa, podemos considerar unitário o impacto das doutrinas de Fonseca, Molina, Góis e Suárez no público contemporâneo. Do qual fazia parte também o

---

[447] *Physic.*, Lib. II, Cap. VII, Quaest. XIV, Art. II, p. 306. Góis, como Molina e antes dele Fonseca, insistia na imediatez, tendo bem clara a necessidade de negar a solução do Ferrariense ao problema colocado por Durando: o Ferrariense propusera-se especificar o concurso divino para o operar da causa segunda, definindo-o como ação intencional, e reafirmando o exemplo do machado movido pelo serralheiro. Para os três uma solução desta natureza multiplicaria sem necessidade as ações interagentes no ato particular, que, ao contrário, é fruto duma cooperação simultânea de níveis de causas diferentes e recíprocos.

[448] «Simpliciter ergo dicendum est Deum agere cum omnibus agentibus creatis immediatione virtutis et suppositi» [*Disput. Metaph.,*XXII, 17].

[449] Veja-se por exemplo S. MANZO, "Causalidad eficiente y concurso divino en las Disputationes Metaphysicae de Francisco Suárez y en el comentario conimbricense a la Física de Aristóteles", *Patristica et Mediaevalia*, 32 (2011), pp. 51-66.

jovem Descartes[450], como já vimos leitor aborrecido mas atento de todos estes autores: a tese que no sistema cartesiano, como quer Helen Hattab, «the laws of nature are the secondary and particular causes of particular motions and changes in motion», não pode ser afirmada a não ser reforçando a sua dependência do *corpus* conimbricense, onde já são evidentes as tensões a que é sujeita a relação de concorrência entre causa primeira e causas segundas[451]. A insistência sobre o concurso das causas, no *Cursus*, não visa apenas recolocar o tema na exegese da *Física* aristotélica, mas sim nobilitar a ação humana como objeto de um possível conhecimento. A presença coadjuvante da causa primeira liberta o homem de incluir o fim último no seu conhecer e agir, e assim prepara o terreno para tomar em consideração a desativação do conceito de causa final. Os conimbricenses procuram preencher o vazio que se vai criando no sistema do conhecimento com a inserção da causa exemplar; mas de facto, com a recusa do ocasionalismo, o homem reivindica a sua capacidade de possuir um pleno conhecimento do mundo, causado

---

[450] Sobre a relação entre Suárez e Descartes relativamente ao problema da causa, Vincent CARRAUD propõe uma leitura projetada para os sucessivos desenvolvimentos do conceito de razão suficiente em ID., "Descartes et le principe de raison sufficiente", *Laval théologique et philosophique*, 53, 3 (1997), pp. 725-742.

[451] Acerca da receção cartesiana da segunda escolástica em relação ao problema da causa, desenvolveu-se recentemente um debate suscitado pelas teses de DES CHENE. V.de H. HATTAB, "The Problem of Secondary Causation in Descartes: A Response to Des Chene", *Perspectives on Science*, 8, 2 (2000), pp. 93-118; S. MENN, "On Dennis Des Chene's Physiologia", *Perspectives on Science*, 8, 2 (2000), pp. 119-143; D. DES CHENE, "On Laws and Ends: A Response to Hattab and Menn", *Perspectives on Science*, 8, 2 (2000), pp. 144-163; H. HATTAB, "Conflicting Causalities: The Jesuits, Their Opponents and Descartes on the Causality of the Efficient Cause", in D. GARBER – S. NADLER (eds.), *Oxford Studies in Early Modern Philosophy*, Oxford, Clarendon Press, 2003; A. PESSIN, "Descartes' Nomic Concurrentism: Finite Causation and Divine Concurrence", *Journal of the History of Philosophy*, 41, 1 (2003), pp. 25-49; H. HATTAB, "Concurrence or Divergence? Reconciling Descartes' Physics with his Metaphysics", *Journal of the History of Philosophy*, 45 (2007), pp. 49-78. Riferimenti alle tesi della Hattab anche in M. SANTIAGO DE CARVALHO, "As palavras e as coisas...", cit., sobretudo pp. 236-237. Sobre a relação causas-forças na Física quinhentista, veja-se W. A. WALLACE, "Causes and forces in Sixteenth-Century Physics", *Isis*, 69, 3 (1978), pp. 400-412.

por ações racionais e voluntárias que quando muito dependem de um modelo interior de inspiração divina, e que Deus não determina, mas limita-se a encorajar. A física do *Cursus* inaugura, na elaboração tranquilizadora de uma escolástica sistematizada e aparentemente esterilizada de cada possível germe de pensamento, uma história nova: uma viragem do cosmo na rede mais ou menos organizada das determinações humanas, que Descartes desenvolve e articula de forma acabada, sem que lhe atribuamos a pesada responsabilidade de ter provocado, ou de representar, de alguma forma, uma qualquer mudança de paradigma.

5.3. Imprevistos e probabilidades

O problema do fim último volta naturalmente no comentário à *Etica,* onde os conimbricenses repetem o esquema concursualista apresentado na *Física* para explicar o movimento em geral:

> As causas segundas não movem, nem fazem nada, se não concorre e move a primeira; assim como não moverão as coisas apetecíveis criadas e secundárias, se não for o fim último a mover[452].

Condição necessária para que os "segundos fins" movam o agir humano é o concurso com o fim último, que aqui coincide[453] com

---

[452] «Ut causae secundae non movent, aut quicquam agunt, nisi concurrente ac movente prima, ita creata & secundaria appetibilia non movebunt, nisi movente fine ultimo» [*In Eth.*, Disp. II, Quaest. III, Art. I, p. 18].

[453] Pouco antes [Disp. II, Quaest I, artt. I e II], com efeito, Góis enumerara as razões da distinção entre o conceito de *finis* e de *bonum*, lembrando que a razão formal de ambos é diferente, e que os atos internos de Deus não têm fim (enquanto os externos têm-no), embora sejam idênticos em relação a um aspeto do agir das criaturas (as causas segundas): «Bonum actu & finis actu coimparatione creaturarum non idem sunt quoad reciprocationem: sunt tamen aliquo modo idem, si secundum potestatem sumantur» [Ibid., p. 14].

o Sumo Bem, cuja existência em cada acto do homem é garantida – segundo Góis – pelo mesmo raciocínio com o qual se demonstra o motor imóvel: a inadmissibilidade do *regressus ad infinitum*[454]. Esta é a motivação pela qual o agir do homem, embora inconscientemente, tende sempre para o fim último:

> para tender para o sumo bem, não é necessário pensar nele, nem dirigir com acto explícito as próprias acções para ele: mas é suficiente desejar algo bom, ou que tenha o aspeto de bem, porque necessariamente ele participa de alguma forma do sumo bem[455].

É evidente, então, que do conceito de bem dependerá a moralidade do agir, e sabe-se quanto devem as vicissitudes históricas da Companhia de Jesus a esta variável e matizada interpretação. Os conimbricenses estabelecem que a razão formal do bem é a conveniência (*convenientia*)[456], dado que o bem é apetecido na base do que é (ou é julgado) conveniente para o homem. A apetecibilidade é portanto uma propriedade do bem, como a visibilidade é da cor. O princípio mais importante, todavia, é o da participação dos bens particulares no Sumo Bem, que reconduz a tendência fundamental de todos os apetites para este último:

> porque em todas as coisas é inata a inclinação para o bem, e todas as ações tendem para um bem: e em todos os bens há

---

[454] Góis dá o exemplo do avarento: a insaciabilidade em relação aos bens particulares, no avarento, não demonstra a inexistência do fim último, que por definição é o lugar onde deve pousar o apetite, dado que os bens particulares adequam-se ao fim último por participação.

[455] «Ut quis in summum bonum tendat, non opus esse de eo cogitare, vel ad ipsum actiones suas actu explicito dirigere: sed sat esse appetere aliquid bonum, vel quod boni speciem habeat, cum id omne necessario summum aliquo modo partecipet» [*In Eth.*, Disp. II, Quaest. III, Art. II, p. 19].

[456] Se for considerado do ponto de vista da sua razão formal, segundo Góis o bem é «id, quod cuique conveniens est» [*In Eth.*, Disp. I, Quaest. I, Art. II, p. 7].

alguma participação do sumo bem; por conseguinte todas as coisas, pelo menos nas intenções e implicitamente, tendem para o sumo bem[457].

Góis recusa a identificação que remonta a Diógenes de *bonum* e *absolutum*, dado que a razão formal do bem implica uma relação de conveniência que não pode ser estabelecida com o que é perfeito. A relatividade do bem, e o alinhamento de cada bem particular com o Sumo Bem, faz com que, para Góis, o mal nunca seja apetecido por si só, mas na medida em que toma alguma forma de bem[458]. Também em relação à vontade do homem, Góis diz que, como o intelecto tende para a verdade, e quando afirma o falso, isto acontece porque se lhe apresenta como verdade, da mesma forma a vontade do homem «abraça só o que se lhe apresenta como bem, e recusa o que se lhe apresenta com o aspeto do mal»[459]. A apetição para o bem é portanto inata, embora existam também apetites suscitados (*eliciti*) – como o amor, a esperança e outras afeições da alma – por meio dos quais o intelecto empurra o homem para as coisas desejadas.

O apetite inato é uma disposição infundida por Deus através da qual um indivíduo se inclina para o que lhe é conveniente. Divide-se

---

[457] «Nam cum omnibus rebus ingenita sit inclinatio ad bonum, omnisque actio in bonum feratur: & omne bonum sit quaedam summi boni partecipatio: consequens est, ut omnia, saltem virtute, & implicite in summum bonum tendant» [*In Eth.*, Disp. I, Quaest. I, Art. II, p. 7].

[458] Ibid., p. 8. Já Tomás, na *Summa Theologiae*, afirmara: «Voluntas est appetitus quidam rationalis. Omnis autem appetitus non est nisi boni. Cuius ratio est quia appetitus nihil aliud est quam inclinatio appetentis in aliquid. Nihil autem inclinatur nisi in aliquid simile et conveniens. Cum igitur omnis res, inquantum est ens et substantia, sit quoddam bonum, necesse est ut omnis inclinatio sit in bonum» [I^a-II^{ae}, Quaest. 8, Art. 1, Resp.]. Segundo Góis, este argumento não afecta a liberdade do homem, que para ser tal deve poder prever a possibilidade de operar o mal; todavia, «hoc non est velle malum, sed ut apparet bonum, seu prout ob experientiam libertatis delectabile sit» [*In Eth.*, Disp. I, Quaest. II, Art. II, p. 11].

[459] «Non amplectitur nisi id, quod ei tanquam bonum obijcitur, nec repudiat nisi id, quod ipsi proponitur sub specie mali» [*In Eth.*, Disp. I, Quaest. II, Art. II, p. 11].

em apetite natural, sensível, e inteletivo: o primeiro diz respeito a todos os entes, dado que é o apetite inato através do qual todas as coisas (*absque ulla notitia*) tendem para o que lhe convém; o segundo diz respeito aos seres animados, dado que é a mesma tendência do anterior, anterior à cognição dos sentidos. É o apetite irascível e concupiscível. O terceiro apetite é a vontade, e concerne apenas aos seres racionais, dado que segue a cognição inteletiva. Todos os apetites, Góis afirma-o com convicção, tendem para o bem; o que não está em contradição com a doutrina do Concílio de Trento, segundo a qual a concupiscência, ou seja o apetite sensível, é pecado. Neste caso a concupiscência tende para um bem que lhe parece desejável, mas que não o é do ponto de vista da "reta razão" e da lei divina[460]. Evidentemente neste caso ou se chega a negar que a acção do homem tende sempre para o fim último (o que foi excluído pelo próprio Góis) ou incluem-se também os apetites "desviados" para os bens terrenos no percurso acidentado mas inevitável em direcção à virtude. O problema, como veremos a seguir, não é apenas de relativismo moral – agimos sempre seguindo *aparências* de bem e por isso somos sempre justificados – mas também de relativismo cognitivo no seu complexo.

Posto isto, a argumentação, que os conimbricenses seguem para delinear o perfil da felicidade para o homem, reproduz o desenvolvimento do texto aristotélico e os mais comuns comentários à *Etica Nicomachea*. A felicidade não consiste na posse de bens externos enquanto acessórios e acidentais, e não consiste em bens corporais porque comuns ao ser racional e aos animais[461]. A felicidade *(bea-*

---

[460] «Sicque adhuc ratum manet appetitum esse inclinationem ad bonum, accepta late boni appellatione, sive id a recta ratione deflctat, sive non» [*In Eth.*, Disp. I, Quaest. I, Art. III, p. 9].

[461] Góis detém-se sobretudo na inconsistência da voluptuosidade em relação à felicidade, servindo-se também de citações em métrica, e disserta sobre a tristeza que segue necessariamente os prazeres dos corpos [*In Eth.*, Disp. III, Quaest. II, Art. III e IV, pp. 23-24].

titudo) consiste aristotelicamente nos bens da alma, que consistem nas suas operações e potências; ou melhor, a máxima felicidade coincide com o exercício das funções próprias da alma, na sua atualidade. Mas aqui, justamente no esclarecimento dos diferentes significados do termo *beatitudo,* Góis manifesta um interesse específico para temas que, naturalmente, não podiam ser extraídos do texto aristotélico, mas que interessam mais ao aceso debate teológico do século XVI: os atos meritórios do homem e a superioridade da caridade no âmbito das virtudes teologais.

A *beatitudo* é ou sobrenatural ou natural. Mas diferentes são as bem-aventuranças sobrenaturais alcançáveis neste estado de vida e as que se podem conseguir na outra vida. Em relação a esta última, Góis retoma e relança o conceito tomista da contemplação intuitiva (puramente intelectual) de Deus contra a ideia escotista do ato de amar Deus *clare visum* e contra a ideia de Boaventura na qual se misturam ato inteletivo tomista e amor escotista. Em relação à bem-aventurança sobrenatural alcançável neste estado de vida, Góis exclui que possa consistir no conhecimento sobrenatural de Deus ou no dom da sabedoria. Ela consiste, antes, no exercício atual da caridade, forma das outras virtudes, dado que a suprema felicidade «sobretudo acontece através dos atos meritórios, em parte suscitados e em parte impostos pela caridade»[462]. Segundo Mário Santiago de Carvalho, esta afirmação revela uma posição específica de Góis: «A sua proposta evidenciará o compromisso crítico de uma teologia das bem-aventuranças e, portanto, de uma teologia da caridade e do *homo viator,* com uma teologia da visão inteletiva»[463]. A atenção aqui dirige-se totalmente para o ato meritório, que na teologia pós-tridentina corresponde ao bom uso do livre arbítrio por parte do homem com

---

[462] «Maxime sit per actus meritorios, quos partim elicit, partim imperat charitas» [*In Eth.,* Disp. III, Quaest. III, Art. II, p. 27].

[463] M. SANTIAGO DE CARVALHO, "Metamorfoses da ética peripatética", in ID., *Psicologia e ética...,* cit., p. 134.

vista à salvação. O ato meritório revela um deus juíz "razoável", cuja sanção é previsível – ao menos por analogia – por parte da criatura. Acerca do "mérito" como problema, a escolástica exercitar-se-á em abundância, distinguindo as categorias *de congruo* e *de condigno*, e especulando à margem sobre a obrigação racional-moral de Deus de premiar a criatura que livremente operou o bem. Algo bem diferente da severa teologia luterana e, ainda mais, calvinista, onde o único "mérito" neste mundo se encontrava no sacrifício de Cristo, causa meritória da salvação de poucos, predestinados *ab ovo* à contemplação eterna de Deus e, na sua existência, à construção do projeto divino com atos, obviamente previstos e predeterminados, *ad maiorem Dei gloriam*. Os conimbricenses aqui não fazem mais do que centrar a felicidade sobrenatural alcançável no estado terreno na virtude teologal que o catolicismo deve enfatizar para responder à *sola fide*.

Se considerarmos, aliás, a peculiar posição jesuíta na geografia teológica do catolicismo, não admira a tónica na caridade que encontramos no texto conimbricense e que vai a par e passo com a tónica no livre arbítrio que pode ser observada nos maiores filósofos e teólogos "portugueses": tema que, como vimos anteriormente, vai produzindo ao longo dos anos de redação do *Cursus* glórias e desgraças para a Ordem.

A caridade, todavia, é virtude sobrenatural, e a *beatitudo* é a forma que toma a felicidade no seu máximo grau. Em relação à felicidade natural, com a qual acaba o texto aristotélico, ela é ou prática ou contemplativa. Mas esta última que devia consistir na contemplação de Deus e das substâncias separadas, não é possível neste estado de vida. Isto é, sofre na *Ética* o mesmo processo que já vimos noutros comentários do *Cursus* para a metafísica como ciência: apesar de ser a mais nobre das operações do intelecto especulativo,

> neste estado, com as faculdades de natureza (não nos referimos à outra vida, para a qual tendemos, e na qual esperamos participar

da bem-aventurança sobrenatural) não possuímos Deus da forma mais perfeita[464].

Diferente é o destino para a felicidade prática, que segundo Góis coincide com a *prudentia*, e que, longe de ser uma virtude entre as outras, é a sua *regula* e «inter eas principatum obtinet»[465]. Qual é a definição que Góis dá de *prudentia*? Escreve: «A prudência é o hábito para agir *segundo a verdadeira razão* [i.n] em relação às coisas que são boas ou más para o homem»[466]. A prudência é um hábito prático, distinto da ciência e da sabedoria, ou seja dos hábitos contemplativos, mas também da *ars*, que não concerne tanto a *actio* quanto a *effectio*, e a obra externa.

O problema (e a característica mais significativa) da definição apresentada por Góis reside na expressão "vera cum ratione", dado que o campo prático no qual se aplica e manifesta a prudência é ocupado pelos contingentes, que por natureza podem ser quer falsos quer verdadeiros, e acerca dos quais o intelecto pode naturalmente errar. Góis faz intervir de novo a distinção, em torno do conceito de verdade, entre prática e especulativa. É especulativa a verdade na qual o intelecto se conforma com a coisa conhecida (a tradicional teoria da *adequatio rei et intellectus*), e cuja condição depende do objeto; é prática a verdade na qual a razão se adequa ao apetite reto, ou seja não enganado pelas aparências de bem das coisas apetecidas:

> O hábito prático e contingente, se tende para um objeto qualquer, pode apesar de tudo ser conforme com a verdade, se se

---

[464] «Nec in hoc statu (nulla habita ratione alterius vitae, ad quam tendimus, & in qua supernaturalem beatitudinem nos adepturos speramus) secundum naturae vires perfectiori modo Deum possidemus» [*In Eth.*, Disp. III, Quaest. III, Art. II, p. 28].

[465] *Ibidem*.

[466] «Prudentia est habitus agendi *vera cum ratione* [c.n.] circa ea, quae homini bona, aut mala sunt» [*In Eth.*, Disp. VIII, Quaest. I, Art. I, p. 78].

adequar ao reto apetite, abstraindo da conformidade [do hábito] com o objeto considerado em si e segundo a sua natureza[467].

No saber prático, o intelecto não deve adequar-se à coisa, dado que, por exemplo, a *mediocritas* exigida pela virtude da temperança não reside numa quantidade objetiva e invariável de comida, mas é em razão das circunstâncias, e depende da conformidade não tanto com o objecto, quanto com o apetite reto, que conduz com certeza o homem prudente no discernimento das circunstâncias em que opera.

Tal como a caridade para as virtudes sobrenaturais, assim a prudência ocupa o lugar mais eminente entre as virtudes naturais: todavia, ela não estabelece o fim das outras virtudes, tarefa que pertence à sindérese (ou razão natural), que está para a prudência como a inteleção dos princípios para a ciência. A prudência, por seu lado, está relacionada com os meios da ação: considera-os («consultare & inquaerere»), seleciona-os com vista ao fim («iudicare, quaenam e medijs inventis ad finem adipiscendum magis conducant») e dirige («praecipere et imperare») as outras virtudes morais de forma a alinhar os meios mais idóneos para o alcance dos seus fins específicos[468].

Se estes são os atos que compõem a prudência, Góis sente a necessidade de distinguir também as partes, ou seja o que concorre necessariamente para a perfeição do ato da prudência (*partes integrantes*), os campos de aplicação da prudência (*partes subiectae*) e por fim os hábitos que, uma vez presentes, aperfeiçoam o exercício

---

[467] «Practicus vero quamvis tendat in obiectum contingens possit nihilominus esse veritati consentaneus, si recto appetitui adaequetur, quicquid sit de conformitate ad obiectum secundum se & ex sua natura spectatum» [*In Eth.*, Disp. VIII, Quaest. I, Art. II, p. 79].

[468] *Ibidem*.

dos três atos de prudência (*partes potentiales*)⁴⁶⁹. Em relação às partes integrantes, Góis retoma a lista apresentada por Tomás na *Suma*, que, porém, lida no *Cursus* parece um perfeito decálogo de psicologia jesuíta: cinco partes integrantes dizem respeito ao ato cognitivo (ou seja indagação e seleção dos meios com vista ao fim), nomeadamente a memória, a inteligência, a *docilitas*, a solércia, a razão; três as partes integrantes relativas à aplicação da prudência, nomeadamente a *providentia, circunspectio, & cautio*⁴⁷⁰. Enquanto a memória evoca os meios do passado, a inteligência é o ato com o qual se investigam os do presente; enquanto a docilidade é o hábito apreendido *per disciplinam* de ouvir e aprender com facilidade as sentenças alheias, a solércia é a agilidade com a qual o sujeito encontra *per inventionem* os meios mais aptos. E aqui, nas três partes integrantes relativas à aplicação, podemos ouvir o eco maior dos valores transmitidos nas salas dos colégios da Ordem:

> E a fim de que [a razão] perceba corretamente, precisa de três coisas, a saber, a providência, a circunspeção e a cautela. A providência, para dispor e ordenar as coisas de forma conveniente para o fim. A circunspeção para se ocupar das circunstâncias dos negócios com cautela e diligência. A cautela, para evitar e remover os obstáculos que podem surgir⁴⁷¹.

---

⁴⁶⁹ Os hábitos potenciais são: «Eubulia: ad bene iudicandum de ijs, quae lege aliqua definita sunt, Synesis: ad ferendum vero iudicium de ijs, quae non sunt lege aliqua determinata, & tamen in praxim veniunt, in quibus maior occurrit difficultas, Gnomi» [*In Eth.*, Disp. VIII, Quaest. II, Art. III, p. 82].

⁴⁷⁰ *In Eth.*, Disp. VIII, Quaest. II, Art. II, p. 81.

⁴⁷¹ «Et vero haec, ut recte percipiat, tribus indiget, nimirum providentia, circunspectione, & cautione. Providentia, ut res futuras ad finem accomodate disponat & ordinet. Circunspectione, ut negotiorum circunstantias caute diligenterque attendat. Cautione, ut impedimenta, quae accidere possunt, declinet, ac removat» [*Ibidem*].

São os valores que, mais do que todos os outros, condizem com o agir do homem político, cujo saber só pode ser prático e – para defini-lo com a taxonomia huartiana – imaginativo. Os campos de aplicação da prudência são certamente o privado e o doméstico (*oeconomicus*), mas sobretudo o militar, o régio, próprio do príncipe, e por fim o mais geralmente político, próprio também dos súbditos[472].

Segundo os conimbricenses, a *Etica Nicomachea* olha para o homem político, empenhada em estabelecer uma axiologia própria para quem se considera comprometido na condução da República, uma axiologia que, fundada na *mediocritas* (e quanto os jesuítas estiveram ligados a este valor, testemunha-o Inácio de Loyola), não desdenha o concurso dos bens exteriores para a realização da vida boa[473].

Aristóteles, na verdade, no primeiro livro da *Ética*, cap. 8, afirma que para a felicidade, não uma qualquer mas a do homem político que se destaca na República, exigem-se os bens externos, como instrumentos para defender a República, para exercer a beneficiência, para repelir os assaltos; e outros dons semelhantes. Esta sentença é verdadeira: ninguém alcança a felicidade externa e política, se não tiver bens para este fim[474].

---

[472] «In ipsis vero subditis dicitur politica, qua prudenter se gerunt Principi obtemperando communis boni gratia. Sed ut subditis erga principem, ita & in alijs erga eos, a quibus reguntur, sua etiam prudentia necessaria est» [*In Eth.*, Disp. VIII, Quaest. II, Art. III, p. 82].

[473] Este discurso vale com maior razão para o problema das paixões do homem virtuoso e prudente, que Góis prevê, na ótica de uma ética eudemonista. Cf. M. SANTIAGO DE CARVALHO, Metamorfoses da ética peripatética", in ID., *Psicologia e ética...*, cit., p. 107-40. Sobre o tema das paixões, veja-se ID., "Des passions vertueuses? Sur la réception de la doctrine thomiste des passions à la veille de l'anthropologie moderne", em J.F. MEIRINHOS (ed.), *Itinéraires de la Raison. Études de philosophie médiévale offertes à Maria Cândida Pacheco*, Louvain-la-Neuve, 2005, pp. 379-403.

[474] «Re vera tamen Aristoteles I. Lib. Ethic. cap. 8 censuit ad felicitatem non qualecumque sed, hominis politici & qui in Reipublicae luce versatur, requiri ex-

O valor da *mediocritas* é compreensível do ponto de vista aristotélico onde são claros e logicamente contrapostos os excessos viciosos a evitar. Torna-se um problema, porém, quando um dos dois extremos a evitar não é vício, mas sim uma virtude. É o caso, não despiciendo para o homem político, da justiça, que deveria ser médio entre a avareza em devolver o devido e a prodigalidade. Para resolver o problema, Góis enuncia politicamente o conceito de justiça como o valor principal, com exceção da prudência, da vida ativa: «A justiça é a virtude que atribui a cada um o seu»[475]. Deste ponto de vista, a justiça coincide com a *aequalitas* do homem que se relaciona juridicamente com os outros cidadãos. Sendo esta de dois tipos, distributiva e comutativa, assim será também a justiça, que mudará por isso o seu modo de ser *media* consoante o sentido dos dois que lhe for atribuído: a justiça distributiva é com efeito a do homem de governo que distribui equitativamente segundo os méritos das pessoas (*remunerativa*) ou inflige a punição ao réu (*punitiva*), e obedece à regra da proporção geométrica; a justiça comutativa diz respeito às trocas e às vendas, e obedece à regra da proporção aritmética.

É natural que por trás das distinções internas ao conceito de justiça distributiva surja analogicamente para Góis o complicado problema da justiça divina referente à salvação. Onde as proporções dizem respeito a prémios e castigos de maior dimensão em relação à administração da justiça humana. A justiça divina exerce-se sobre os atos do homem, e para respeitar a proporção geométrica fixada, deve tratar dos méritos, de atos bons e maus realizados pelo homem

---

terna bona, tanquam instrumenta ad defendendam Rempublicam ad beneficentiam exercendam, ad propulsandas iniurias, aliaque munera eiusmodi. Qua sententia vera est: etenim nemo externam & politicam felicitatem obtinere dixerit eum, qui bonis ad haec praestanda destitutus sit» [*In Eth*. Disp. III, Quaest. IV, Art. II, p. 31].

[475] «Iustitia est virtus quae suum cuique ius tribuit» [*In Eth*. Disp. IX, Quaest. I, Art. I, p. 83].

sem constrangimento. E voltamos mais uma vez ao problema do livre arbítrio. A bondade e a maldade de cada ato humano, afirma Góis, residem formalmente no movimento interno da vontade e materialmente no objeto, que constitui em relação ao ato a causa formal extrínseca[476], ou seja (para utilizar a distinção explanada nos capítulos anteriores) a causa exemplar. É o caso do dinheiro desejado pelo indivíduo, que não é objeto bom ou mau em si, mas em relação à sua maior ou menor conveniência com *recta ratio & lex divina*.

Dado que a bondade e a maldade são diferenças essencias das ações humanas, não existem para Góis ações *in singularibus* indiferentes ao bem ou ao mal moral[477]. O merecimento ou o desmerecimento que o Deus sumamente justo julgará, reside, então, antes de mais na liberdade do ato da volição e, em segundo lugar, na bondade ou maldade do objeto desejado por parte do homem (como causa exemplar do seu agir); todavia, o cruzamento destes dois fatores que concorrem para o ato moral, segundo Góis, deve ter em conta um terceiro fator, não menos relevante na definição essencial da bondade ou maldade de cada ato: trata-se das circunstâncias.

> A bondade e a maldade das ações humanas dependem das circunstâncias: por vezes aumentam e diminuem a bondade e a maldade, e frequentemente levam a espécies diferentes[478].

---

[476] *In Eth.* Disp. V, Quaest. I, Art. I, p. 42.

[477] Góis dá o exemplo seguinte: se alguém objetar que, enquanto a bondade implica um ato positivo, enquanto a maldade, sendo privação de bem, nunca pode ser realmente, responder-se-á que a "privação de bem" deve ser entendida não *privative,* mas *contrarie* opositiva. De resto, afirmar a existência positiva do mal no ato moral não significa atribuir a maldade do pecado a Deus, dado que para Góis o pecado é próprio da vontade criada, sendo o pecado uma falha moral que Deus, ser perfeitíssimo, não pode ter.

[478] «Bonitatem & malitiam humanarum actionum pendere etiam a circunstantijs: quandoquidem hae tamen bonitatem & malitiam augere, & minuere, atque interdum ad diversam speciem trahere solent» [*In Eth.,* Disp. V, Quaest. II, Art. II, p. 47].

A inserção deste fator aparentemente acidental como constitutivo do ato moral é emblemática da ética jesuíta para lá do *Cursus conimbricensis*. A bitola do juízo divino (mas com reflexo também humano, ou seja do confessor que deverá julgar a confissão do pecador e administrar o sacramento da reconciliação), em vez de endurecer-se calvinisticamente sobre um facto indiscutível, deve adaptar-se à plasticidade da ação humana, na qual triangulam a intenção do réu, a qualidade moral do objeto realmente desejado, as circunstâncias exteriores que alteram o tipo de ação. É a premissa indispensável para os desenvolvimentos probabilísticos da ética jesuíta do século XVII, além de sintoma filosófico da casuística em teologia moral. Mas há mais, em relação à justificação, em sede de preparação filosófica, da moral "jesuíta"; sugere-se de forma implícita que o mundo dos fenómenos, o mundo terreno (a *verdadeira escola* do homem segundo Possevino) não conhece *recta ratio* mas apenas a entropia ingovernável dos infinitos destinos humanos, que só é possível tentar intuir com "ciência média", e navegar com sagacidade. E se o mundo das causas segundas não conhece lei nem admite absolutos critérios de verdade, também a causa primeira da qual dependem todas as causas começa perigosamente a vacilar.

Góis, que articula a questão das circunstâncias de uma forma muito mais concisa em relação ao que fizera, por exemplo, Molina, julga que as circunstâncias («que estão à volta das ações humanas como se fossem o extrínseco da sua substância ou essência»[479]) que incidem na ação moral são de três tipos. Do primeiro tipo são as que aumentam ou diminuem a bondade e a maldade, e ficamos assim a saber, por Góis, que a quantia de dinheiro roubado é uma circunstância que pesa de forma essencial na gravidade do roubo

---

[479] «Quod circunstent actiones humanas quasi extrinsecus se habentes ad earum substantiam sive essentiam» [*In Eth.*, Disp. V, Quaest. II, Art. I, p. 45].

em si⁴⁸⁰. Do segundo tipo são as circunstâncias que introduzem uma bondade ou maldade diferente por espécie no mesmo ato: por exemplo, um diferente tipo de arma utilizada não altera a gravidade de um homicídio, enquanto o roubo acrescenta ao homicídio um vício de nova espécie. Do terceiro tipo são, por seu lado, as circunstâncias que introduzem uma diferença de espécie no ato moral, implicando um *specialis ordo conformitatis vel difformitatis ad rectam rationem, & legem Dei*. O juízo divino sobre o ato moral do homem resulta drasticamente "humanizado": falta nestas disputas do *Cursus* a referência à intervenção sobrenatural da graça, como se o moral fosse um domínio integralmente humano em relação ao qual o criador deixa as causas segundas jogar autonomamente as suas cartas para a sua salvação (ou ruína). Delineia-se uma psicologia humana simétrica em relação às dinâmicas da ação do Deus criador, que oscilam entre intelecto e vontade; psicologia na qual se procura, justamente em virtude desta simetria, responder ao problema da relação entre liberdade criatural e omnipotência/omnisciência divina. Livres consideram-se os atos humanos enquanto derivam da vontade, numa peculiar relação de interdependência com o intelecto:

> respondemos que todos os atos humanos provêm da livre vontade, e portanto demonstra-se como, ainda que a raiz da liberdade esteja no intelecto, a liberdade formal só deriva da vontade⁴⁸¹.

---

⁴⁸⁰ «Enim vero cum, exempli gratia, alter furto accepit mille aureos: alter quadrantem: quantitas pecuniae in priori furto reddit illud notabiliter grave: in posteriori minime» [*In Eth.*, Disp. V, Quaest. II, Art. I, p. 46]. Mas dever-se-á perguntar, também aqui, a proporção do que foi tirado em relação às propriedades da vítima; questão que Góis deixa de lado.

⁴⁸¹ «Respondemus omnes actus humanos proficisci a libera voluntate, quod ex eo ostenditur, quia etsi radix libertatis sit in intellectu, formalis tamen libertas a sola voluntate est» [*In Eth.*, Disp. IV, Quaest. I, Art. II, p. 33].

Humanos podem ser definidos os atos de duas formas: ou enquanto operações que derivam das faculdades específicas do homem em relação aos animais, como o raciocínio, ou enquanto modos de agir nos quais o indivíduo tem pleno e livre poder. A liberdade parece por isso associar-se à determinação da vontade individual, mas Góis precisa que a liberdade «concerne algo que escolhemos de boa vontade: a escolha vai em direção ao bem, por isso qualquer que seja o objeto da vontade, segue-se que a liberdade formal concerne a vontade»[482]. A questão que se coloca é então a de uma mais exacta definição da relação entre vontade e intelecto a respeito da liberdade, dado que para Góis é livre (ou *deliberata*) a vontade que é antecedida por uma deliberação do intelecto[483], o que, todavia, complica o quadro, dado que uma vontade determinada por uma opção do intelecto não parece absolutamente livre, mas sim condicionada pelo intelecto. O problema é de longa data, e os sistemas agostinianos e tomistas, escotistas e ockhamistas debateram demoradamente qual dos dois aspetos, voluntarista ou inteletivo, era prioritário em Deus: uma opção ou outra mudava o eixo de gravitação da teologia (e dos seus saberes auxiliares).

Góis escolhe o caminho da vontade: garante à vontade o movimento inicial («a vontade enquanto exercício move o intelecto, como fazem as outras faculdades enquanto atos humanos»[484]), ou seja o impulso sobre o intelecto para que aja, atualize a sua função. Esse impulso, todavia, age de forma geral, e implica uma reação inteletiva que especifique a determinação de realizar um ato particular

---

[482] «Qua aliquid, ut libet eligimus: electio autem fertur in bonum, quod cum sit obiectum voluntatis, consequens est ut formalis libertas pertineat ad voluntatem» [*Ibidem*].

[483] «Ulla actio dicatur a libera voluntate proficisci, quae a voluntate intellectus deliberationem sequente elicitur, aut imperatur» [*Ibidem*].

[484] «Voluntas quoad exercitium movet intellectum, sicuti & reliquas potentias quoad actus humanos» [*In Eth.*, Disp. IV, Quaest. II, Art. I, p. 34].

(«O ato do intelecto enquanto espécie move a vontade»[485]); esse ato será então realizado por uma segunda intervenção da vontade, que não deve ser confundida com a inicial.

O mesmo se afirma no *De anima,* onde os conimbricences colocam o problema da dignidade na relação entre intelecto e vontade. O motivo voluntarista, de longa tradição agostiniana, recebera impulso e firme apoio na especulação de Henrique de Gand, Boaventura, Escoto e, naturalmente, Ockham. Por outro lado, o intelectualismo tomista obtivera confirmações em Durando e Capréolo. Os conimbricenses, fiéis ao originário vínculo inaciano à doutrina de Tomás, servem-se ainda da *ordo dignitatis* para ultrapassar as dificuldades: em relação à dignidade, o intelecto é mais nobre do que a vontade[486].

Análoga argumentação voltará na *Dialética* de Couto[487]. A afirmação da maior nobreza do intelecto não é então sintoma de servil tomismo: a modalidade operativa que conduz ao ato humano verá, também no *De anima,* uma espécie de inversão dos valores, embora matizada. O texto, com efeito, prossegue redesenhando imediatamente os papéis do intelecto e da vontade sob o signo

---

[485] «Intellectus quoad speciem actus movet voluntatem» [*Ibidem*].

[486] «Iam vero quod actiones intellectus sublimiores sint, ostenditur, quia tametsi voluntas alias potentias, ipsamque vim intellectricem quoad exercitium actu & hac parte praecise spectatu intellectu voluntati cedat; tamen intellectus alium movendi modum altiorem vendicat; cuius merito voluntatem sibi subiectam habet, eamque simpliciter dignitate vincit» [*De An.*, Lib. III, Cap. XIII, Quaest. II, Art. II, p. 425].

[487] Couto, todavia, que não utiliza o problema da relação entre intelecto e vontade apenas como exemplo para responder a outra questão, deixa de lado num primeiro momento o papel da vontade como ativante do intelecto: «Intellectus non dicitur prior natura voluntate prioritate participationis, sed vel nobilitatis, vel subiecti; quatenus voluntas, ut operari nequit, nisi praevio intellectu, ita convenire subiecto non potest, cui prius intellectus non deveatur» [*In Dial.*, II, "De propos. term. et syllog.", Cap. III, Quaest. I, Art. III, p. 183]. Volta sobre a propedeuticidade da vontade mais à frente [*In Dial.*, II, "De scientia et opinione", Cap. XXVI, Quaest. I, Art. IIII, p. 502].

do concurso, como fossem respetivamente forma e matéria do ato moral:

> A vontade move ordenando, governando, mandando, como uma espécie de Rainha: mas cega, porque lhe falta a luz intelectual; enquanto o intelecto é o imperador, que a lei da vontade estabelece e confirma[488].

Aprofundando ulteriormente a relação entre intelecto e vontade, os conimbricenses estabelecem uma mais exata definição do papel concorrente das duas potências na produção de um ato moral, propondo o que me parece uma espécie de inversão dos papéis, ao menos pelo que diz respeito à ordem cronológica e à ordem lógica. Tendo que defender a distinção das duas potências contra a opinião neoplatónica e dionisiana da sua identidade, os conimbricenses escrevem: «a vontade na verdade [...] move o intelecto, e o intelecto dirige a vontade»[489]. No concurso das duas potências, a vontade não apenas age primeiro, mas sem ela o intelecto ficaria totalmente inativo, enquanto a vontade sem intelecto agiria na mesma, ainda que correndo o perigo de agir mal.

A primazia da vontade em relação ao intelecto não corresponde a uma primazia da vontade em relação a outras potências da alma. A relação entre vontade e estas últimas estrutura-se de forma totalmente simétrica à investigada pelo *Cursus* na *Física* entre causa primeira e causas segundas, demonstrando o paralelismo consciente entre o microcosmo moral da alma e o funcionamento do macrocosmo físico. A vontade não move as outras potências aplicando-as,

---

[488] «Movet enim ordinando, regendo, imperando, ut ita sit quidem voluntas Regina, sed caeca, intellectuali egens luce, ipse vero intellectus sit imperator, qui voluntati leges figit, atque refigit» [*De An.*, Lib. III, Cap. XIII, Quaest. II, Art. II, p. 425].

[489] «Voluntas vero [...] movet intellectum, & intellectus dirigit voluntatem» [*De An.*, Lib. III, Cap. XIII, Quaest. III, Art. II, p. 428].

não age por *previa motio*[490] sobre elas, mas, como se verifica com a ação da causa primeira, concorre para o agir das outras potências:

> A vontade move as outras potências concorrendo com elas como causa mais universal; de tal forma a ação emana da faculdade com a qual a vontade concorre, e que com a mesma vontade forma uma causa única e idêntica. Demonstra-se a verdade deste enunciado antes de mais pela analogia, que ocorre entre as outras causas universais e particulares, sobretudo entre Deus e as causas segundas: dado que a vontade conduz em direção ao bem em geral, como as outras faculdades em direção aos bens particulares; assim atua em relação às outras faculdades como a causa universal em relação às particulares[491].

A analogia com o mecanismo das causas leva a ler a relação entre a vontade e o intelecto humanos analogamente ao que acontece em Deus. Todavia, sobre este argumento o *Cursus* sobrevoa muitas vezes, sem entrar no cerne de uma questão que, claramente, diz respeito à teologia. Apesar disso, como vimos nos capítulos anteriores e, para os problemas relacionados com a moral, neste capítulo, é possível afirmar que a doutrina teológica da ciência média, embora não declarada, atravessa a argumentação dos conimbricences a cada

---

[490] «Quia talis motio superflua omnino est, cum absque illa possit voluntas potentias movere: quo in Physicis ex professo tractavimus, com ostendimus causam primam non excitare agentia naturalia ad suas actiones, praecedente aliqua motione, ut plerique D. Thomae sectatores arbitrati sunt. Est enim quoad hoc par ratio in Deo, quatenus cum causis secundis concurrit, & in voluntate, ut cum potentijs» [*In Eth.*, Disp. IV, Quaest. III, Art. I, p. 36].

[491] «Voluntas movet alias potentias concurrendo cum illis tanquam causa universalior; ita ut ex potentia, cum qua voluntas concurrit, & ex ipsa voluntate fiat una integra causa, a qua una eademque numero actio manat. Huius pronuntiati veritas ostenditur, primum ex analogia, quae est inter alias causas universales, & particulares, praesertim Deum, & causas secundas: quandoquidem voluntas, ut fertur in bonum in commune, aliae vero potentiae in bona peculiaria, ita sese habet ad alias potentias, ut universalis causa ad particulares» [Ibid., pp. 36-37].

passo, sintoma da influência e da presença de Molina e de Fonseca no colégio das Artes.

Na *Física*, Góis faz uma alusão ao problema da liberdade de Deus. Para responder a este problema, todavia, Góis é forçado a retomar a distinção tradicional no conhecimento de Deus, entre *scientia simplicis intelligentiae* e *scientia visionis*: «Dado que é necessário que todas as coisas, enquanto são em Deus, tenham o ser, nem por isso existam em si mesmas; disso deriva que, nem tudo o que Deus quer, necessariamente o quer, enquanto todas as coisas que sabe, necessariamente as sabe»[492]. A ciência à qual se faz referência aqui, diz Góis, é a de simples inteligência (ou *abstractiva*), antecedente a qualquer ato da divina vontade, com a qual Deus compreende as coisas segundo a sua essência. Se, com efeito, se trata da ciência de visão (ou *de notitia intuitiva*) «que tende para as coisas enquanto existem a uma certa distância de tempo»[493], então Deus conhece as coisas não de necessidade absoluta, mas *necessitate hypothesis*, «ou seja pressupondo a sua livre vontade, que leva as coisas a ser na natureza»[494].

A sucessiva definição da liberdade de Deus em relação à do ser humano pode dar-nos indicações interessantes sobre a consistência do livre arbítrio humano em relação ao conhecimento de Deus, e ao angustiante problema *de auxiliis* em torno da criação do indivíduo por parte de Deus *pre* ou *post praevisa merita*. Está em discussão, com efeito, o âmago da ciência média que, como vimos anteriormente, é a introdução de uma terceira modalidade cognitiva de Deus relativa aos futuros contingentes e, sobretudo, ao

---

[492] «Cum omnia prout in Deo sunt, necessario esse habeant, non autem prout sunt in se ipsis: inde est, quod Deus non quaecunque vult, necessario vult, esto quaecunque scit, necessario sciat» [*Physic.*, Lib. VIII, Cap. II, Quaest. V, Art. I, p. 730].

[493] «Quae tendit in res prout in aliqua temporum differentia existunt» [*Ibidem*].

[494] «Hoc est supposita libera sua voluntate, qua eis esse in rerum natura confert» [*Ibidem*].

comportamento livre do homem que não invalida nem a omnisciência divina, nem tão-pouco a consistência da criatura como "causa segunda" na sua salvação. Neste sentido, a liberdade humana deve manter o mais possível uma espécie de imprevisibilidade objetiva, sob pena de admitir a predestinação de matriz luterano-calvinista. A solução da ciência média, segundo a qual Deus cria o homem *ante praevisa merita*, permitia a Molina (e a Fonseca) salvaguardar ambas as instâncias.

Em relação ao *Cursus,* Amândio Coxito fixou de modo adequado os termos da questão: «Um ponto básico de doutrina que importa destacar é o que respeita ao livre arbítrio, que é entendido como um poder do homem que não é eliminado pelo poder finalista do universo, nem pela presciência divina, nem sequer pela graça enquanto ajuda extraordinária de Deus concedida gratuitamente»[495]. Podemos encontrar, apesar de serem raras as passagens explícitas acerca disso (mas raras, porque não diretamente concernentes às disciplinas do *Cursus*), alguns vestígios da partilha da doutrina molinista justamente quando Góis, tendo que responder, na realidade, à questão da necessidade da criação, distingue as liberdades de Deus e do homem:

> Entende que o livre arbítrio é diferente em nós e em Deus: nós queremos livremente, não apenas no sentido de nos virarmos ou não para este ou aquele objeto; mas somos também capazes de mudar ou inibir o mesmo ato de volição. Deus, por seu lado, efetua um único simples e imutável ato de volição, e aquele ato é por sua natureza livre e indiferente para com este ou aquele hábito, como acontece nas criaturas: nunca lhe é subtraída nem a imutabilidade da liberdade, nem a liberdade imutável. Portanto a

---

[495] A.A. COXITO, "A Filosofia no Colégio das Artes», in *Historia da Universidade em Portugal,* I, tomo II (1537-1771), Coimbra 1997, p. 751.

vontade divina possui um arbítrio de maneira mais nobre do que a nossa. A nossa tem o poder de escolher este ou aquele ato; o que implica imperfeição e mutabilidade: enquanto a divina persevera no mesmo ato, é indiferente aos objetos dela distintos, todavia não ao próprio ato na medida em que respeita à substância[496].

A imperfeição que o texto pressupõe no livre arbítrio do homem é na realidade a imperfeição que tinha sido celebrada por Pico na *Oratio* e que outros jesuítas contemporâneos dos conimbricenses, por exemplo Antonio Possevino na sua *Coltura degl'ingegni,* vão afirmando como uma espécie de *slogan* na antropologia da Companhia. A imperfeição é garantia da existência de um campo de exercício no qual o homem pós-adâmico tem a faculdade de decidir ou não um objeto moral, de persegui-lo ou de opor-se a ele, e – esta a radical diferença com um Deus antes de mais "razoável" – também de mudar de opinião, perseverar ou abandonar o ato *elicito*. A extensão da liberdade torna-se desta forma radical, talvez demasiado em relação à ortodoxia antipelagiana, mas, como vimos nas questões morais, provavelmente o segmento puramente humano do saber, as disciplinas abrangidas pelo *Cursus,* deixam uma margem de "humana" ambiguidade. Não é por acaso que este tema parece desaparecer na análise do *De anima,* onde talvez fosse expectável um maior interesse. E voltamos assim ao tema da vontade.

---

[496] «Intelliges aliter sese habere in nobis, aliter in Deo arbitrij libertatem: nos enim ita libere volumus, ut non solum in hoc, vel illud obiectum ferri, aut non ferri; sed ipsum volendi actum, quoad suam positivam entitatem mutare, aut inhibere valeamus: Deus vero licet uno simplicissimo & incommutabili actu in res feratur, eiusmodi tamen actus ad hanc vel illam habitudinem, quam erga creaturas habet, ex sua natura indifferens est atque adeo liber: itaut nec ei libertas immutabilitatem, nec immutabilis libertatem adimat. Sicque divina voluntas nobiliori modo, quam nostra, arbitrij compos est. Nostra enim est in potestate ad hunc vel illum actum eliciendam; quod mutabilitatem, & imperfectionem importat: at divina sub eodem actum perseverans, indifferentiam quidem habet circa obiecta a se distincta, non tamen circa suum actum quoad substantiam consideratam» [*Physic.,* Lib. VIII, Cap. II, Quaest. V, Art. I, pp. 730-31].

Ao peso da liberdade humana segue necessariamente a consideração que a vontade humana não é totalmente corrupta e que, pelo contrário, o pecado original, *de facto*, não lhe tocou. Esta afirmação é propedêutica para um terceiro elemento necessário para a completa descrição do ato moral no qual a liberdade humana é considerada fundamento central: as virtudes do homem não são naturais senão coincidindo com atos voluntários. A este propósito Góis precisa que a naturalidade das virtudes pode ser entendida de duas formas: duma primeira forma, enquanto se entende ser natural o que convém à natural inclinação do homem, como a cognição da verdade; duma segunda forma, enquanto se entende ser natural o que difere do voluntário, «por exemplo aquelas coisas que são em nós inatas e congénitas pelos princípios de natureza, são chamadas naturais, desde a origem primordial, tal como o instinto da alimentação»[497].

Góis recusa atribuir a esta segunda forma o conceito de virtude, justamente porque assim negar-se-ia o mérito da ação humana, derivante de um ato livre de vontade. A respeito da primeira forma, Góis expõe coerentemente o tema da educabilidade moral do indivíduo, após ter honrado o lugar-comum da naturalidade, para o homem, de viver segundo razão. Escreve, com efeito, que o homem é por sua natureza um ser aperfeiçoável, porque as virtudes não existem perfeitas nele, mas só como gérmens (retomando, sem o explicitar, o tema das razões seminais):

> diz-se que no homem as virtudes não são postas pela natureza de forma perfeita e acabada, mas como esboços e na raíz, para levar ao ato com o exercício da disciplina e das ações virtuosas[498].

---

[497] «Quo pacto ea, quae nobis a primaeva origine, & ex principiis naturae innata sunt, & congenita, naturalia dicuntur, ut vis nutriendi» [*In Eth.*, Disp. VII, Quaest. III, Art. I, p. 65].

[498] «Dicuntur inesse homini virtutes a natura, non perfecte & complete, sed inchoatione quadam, & tanquam in radice, e qua accedente disciplina & studiosarum

Enquanto as virtudes naturais são reduzidas a virtudes seminais, sujeitas a aperfeiçoamento, o mais amplo leque das virtudes adquiridas, com maior razão objeto de educação, cobre a amplitude das qualidades e dos hábitos morais do homem prudente, isto é sumamente moral. As virtudes aprendem-se através de atos acompanhados dos hábitos morais: sendo adquiridas, estas virtudes são como os conhecimentos (e os seus hábitos) que vimos nos capítulos anteriores serem fruto da transmissão docente-estudante, relação central tanto na cultura jesuíta como no *Cursus* conimbricense. No Proémio escrevia Góis:

> O sujeito de toda a ciência moral é o homem, enquanto age livremente e é possível cultivar nele os bons costumes, e obter a felicidade humana[499].

A felicidade humana é fruto de educação, quer nos seus aspetos dianoéticos quer nos éticos. A ciência moral, pelo que diz respeito a estes últimos, tem por finalidade «ensinar a viver honestamente, conformar a probidade dos costumes e levar ao estado mais feliz»[500], e dado que o homem pode ser educado ou em relação a si, ou em relação à multidão, ou à vida doméstica, ou por fim ao corpo político, assim a ciência moral divide-se em *Ethica sive monastica, Oeconomica, Politica*. Uma subdivisão que condiz perfeitamente com o sistema de classes sociais dominantes do *ancien régime* (clero,

---

actionum exercitatione in actum prodeant» [Ibid., pp. 65-66]. A afirmação baseia-se no princípio mais geral segundo o qual as virtudes são naturais para o homem «quia id, quo unumquodque secundum naturae suae gradum perficitur, est illi secundum naturam conveniens, homo autem secundum gradum suae naturae virtutibus acquisitis perficitur & excolitur».

[499] «Subiectum totius Moralis scientiae est homo, ut libere agit, & ut potest bonis moribus excoli, humanamque felicitatem obtinere» [*In Eth.*, Proem., p. 3].

[500] «Honeste vivendi docere, probitate morum informare, atque ad felicem statum perducere» [*Ibidem*].

burguesia produtiva, intelectuais da corte) e que configura de facto três sistemas completamente diferentes de critérios de verdade. Como se o homem caído não tivesse outra escolha a não ser perseguir indícios, "sementes" de uma verdade ofuscada através dos caminhos tortuosos da moral prática terrena e, incapaz de se orientar, não pudesse ser formado para uma possível liberdade a não ser através duma escola de doutrina: a ética conimbricense constitui-se na aceitação deste paradoxo. Aceitação que poderia ser vivida em todo o arco dos sentimentos humanos, desde a consciência trágica até à confortável solução do ateísmo prático. Mas permanece o problema educativo: a consciência de uma formação não tanto para os "valores" quanto para determinadas habilidades sociais codificadas. A solução jesuíta nasce justamente do entusiasmo da militância e do potencial criativo dos seus membros que lidavam com este novo desafio; e, talvez, também da ilusão de poder verdadeiramente, aperfeiçoando cada vez mais as armas dialécticas e psicológicas, governar igualmente o imponderável da história e do espírito humano.

À distância de décadas, depois de séculos da contingência histórica que permitira a "solução jesuíta", esgotada a energia propulsiva, ficou apenas a caixa formal do sistema: aquela pela qual não existe algum saber a não ser o transitoriamente funcional para a gestão de um corpo social, que nesse saber e nas suas instituições se autolegitima. Ficou, por fim, apenas isto, ou seja a educação exclusivamente como legitimação da instituição educativa que a ministra. Chegada a este ponto, a Ordem jesuíta teve o bom senso de se deixar suprimir. Mas em que medida o sistema formativo "leigo" confia ainda em mecanismos deste tipo? A uma interrogação séria sobre o tema, o *cursus* revela-se por aquilo que é, não um vestígio de uma página fechada da história mas sim uma das fontes obscuras do sentido, da própria definição de cultura no Ocidente europeu.

BIBLIOGRAFIA

Os commentarios

Commentarii Collegii Conimbricensis Societatis Jesu in octo libros Physicorum Aristotelis Stagyritae, Coimbra, A. Mariz, 1592.

Commentarii Collegii Conimbricensis Societatis Iesu in quattuor libros De Coelo Aristotelis Stagiritae, Lisboa, S. Lopes, 1593.

Commentarii Collegii Conimbricensis S. I. in libros Metereororum Aristotelis Stagiritae, Lisboa, S. Lopes, 1593.

Commentarii Collegii Conimbricensis S. I. in libros Aristotelis qui Parva Naturalia appellantur, Lisboa, S. Lopes, 1593.

In libros Ethicorum Aristotelis ad Nicomachum aliquot Conimbricensis Cursus disputationes, in quibus praecipua quaedam Ethicae disciplinae capita continentur, Lisboa, S. Lopes, 1593.

Commentarii Collegii Conimbricensis S. I. in duos libros de generatione et corruptione Aristotelis Stagiritae, Coimbra, A. Mariz, 1597.

Commentarii Collegii Conimbricensis S. I. in tres libros De anima Aristotelis Stagiritae, Coimbra, A. Mariz, 1598.

Commentarii Collegii Conimbricensis S. I. in universam Dialecticam Aristotelis, Coimbra, D. G. Loureiro, 1606.

Commentariorum PETRI FONSECAE d. theologi Societatis Iesu in libros methaphysicorum Aristotelis Stagiritae, Tomus Primus, Apud Franciscus Zanettum, Romae MDLXXVII.

Commentariorum PETRI FONSECAE doctori theologi Societatis Iesu in Libros Methaphysicorum Aristotelis Stagiritae, Tomus Secundus, Lugduni, ex Officina Iuntarum, MDXC.

Commentariorum PETRI FONSECAE doctori theologi Societatis Iesu in Libros Methaphysicorum Aristotelis Stagiritae, Tomus III, Coloniae, Imprensis Lazari Zetzneri Bibliopolae, MDCIIII.

Commentariorum PETRI FONSECAE doctori theologi Societatis Iesu in Libros Methaphysicorum Aristotelis Stagiritae, Tomus IV, Coloniae, Imprensis Lazari Zetzneri Bibliopolae, MDCXIII.

Institutionum Dialecticarum Libri Octo auctore PETRO FONSECA Doctore Theologo Societatis Iesu, Apud Gosuinum Cholinum, Coloniae MDXCIV.

Edições de livros citados

BENEDICTI PERERII societatis Iesu De communibus omnium rerum naturalium principijs & affectionibus, libri XV. Qui plurimum conferunt ad eos octo libros Aristotelis, qui De physico audito inscribuntur, intelligendos. Adiecti sunt huic operi tres indices, vnus capitum singulorum librorum, alter quaestionum, tertius rerum, Lugduni, sumptibus Sib. A Porta, 1585.

COLLEGII CONIMBRICENSIS Societatis Iesu Commentarii doctissimi In Universam Logicam Aristotelis, nunc primum editi, I-II, ex Bibliopolio Frobeniano, 1604.

De arte rhetorica libri tres. Ex Aristotele, Cicerone, et Quinctiliano praecipue deprompti. Auctore CYPRIANO SOARIO, Parmae, apud Seth Viottum, MDLXV.

EMMANUELIS ALVARI e Societate Iesu, De Institutione Grammaticae Libri Tres, Venetiis, apud Iacobum Vitalem, MDLXXV.

FRATRIS DOMINICI BANES Sacrae Theologiae Salmanticae Primarii Professoris. Super Primam Partem Divi Thomae a Quaestione Sexagesimaquinta usque in finem Commentariorum, Tomus ultimus, Ioannes & Andreas Renaut, Salmanticae, MDLXXXVIII.

FRANCISCI SYLVESTRI Ferrariensis Totius Ordinis Praedicatorum Generalis Magistri, Theologi, ac Philosophi praestantissimi, Quaestiones Luculentissimae in Octo Libros Physicorum Aristotelis, Venetiis, apud Scotum, MDCXIX.

FRANCISCII TOLETI Societatis Iesu Commentaria, Una cum Quaestionibus. In Universam Aristotelis Logicam, Venetiis, apud Iuntas, MDLXXX.

FRANCISCII TOLETI Societatis Iesu Commentaria, Una cum Quaestionibus. In Octo Libros Aristotelis De Physica Auscultatione, Venetiis, apud Iuntas, MDLXXIII.

LIBERI ARBITRII cum Gratiae donis, Divina Praescentia, Providentia, Praedestinatione et Reprobatione, CONCORDIA, [...] D. LUDOVICO MOLINA, Primario quondam in Eborensi Academia Theologiae Professore e Societate Jesu, Auctore, Ex Officina Typ. Joachimi Trognaesii, Antverpiae MDXCV.

Logica PAULI VALLII Romani, Societatis Iesu, duobus tomis distincta. Quorum Primus Artem Veterem, secundus novam comprehendit, Tomus secundus, Lugduni, Ludovici Prost Haeredis Rouille, MDCXXII.

PETRI RAMI VEROMANDUI dialecticae institutiones, ad celeberrimam, et illustriβimam Lutetiæ Parisiorum academiam, Jacobus Bogardus, Parigi 1543.

Reverendi Patris DOMINICI SOTI Segobiensis Theologi ordinis praedicatorum super octo libros Physicorum Aristotelis Quaestiones, Salmanticae, ex Officina Ildefonsi a Terranova & Neyla, MDLXXXII.

R.P. IOANNIS LORINI Avenionensis Societatis Iesu, In Universam Aristotelis Logicam. Commentarii cum annexis disputationibus Romae ab eodem olim praelecti, et nunc primum ad instantiam celebrium virorum in lucem editi, Coloniae, sumptibus Petri Cholini, MDCXX.

Edições modernas de livros antigos

AQUINO, TOMMASO DI, *De magistro,* a cura di E. DUCCI, Anicia, Roma, 1995.

BAÑEZ, DOMINGO, *Apología de los hermanos dominicos contra la Concordia de Luis de Molina,* Traducción, Introducción y Apéndice por J. A. HEVIA ECHEVARRÍA, Fundación Gustavo Bueno, Oviedo, 2002.

THE CONIMBRICENSES. *Some Questions on Signs,* J. DOYLE (ed.), Marquette University Press, Milwaukee, 2001.

GALILEI, GALILEO, *Tractatio de praecognitionibus et praecognitis and Tractatio de demonstratione,* trad. W. F. EDWARDS, introduzione, note e commento di W.A. WALLACE, Antenore, Padova 1987.

MOLINA, LUÍS DE, *Concordia del libre arbitrio con los dones de la gracia y con la presciencia, providencia, predestinación y reprobación divinas,* Traducción y Introducción por J. A. HEVIA ECHEVARRÍA, Fundación Gustavo Bueno, Oviedo, 2007.

MONTAIGNE, MICHEL DE, *L'educazione. Saggi 25-29. Traduzione di Girolamo Canini (1633),* a cura di C. CASALINI e L. SALVARANI, Anicia, Roma, 2010.

POSSEVINO, ANTONIO, *Coltura degl'ingegni,* a cura di C. CASALINI e L. SALVARANI, Anicia, Roma, 2008.

SUÁREZ, FRANCISCO, *Disputazioni Metafisiche,* a cura di C. ESPOSITO, Bompiani, Milano, 2007.

Literatura secundária

AA.VV., *Historia da Universidade em Portugal,* Fundacão Calouste Gulbenkian, Coimbra, 1997.

ABRANCHES, C., "Origem dos Comentários à Metafisica de Aristóteles de Pedro da Fonseca", *Revista Portuguesa de Filosofia,* II (1946), pp. 42-57.

ID., "Pedro da Fonseca e a Renovação Escolástica", *Revista Portuguesa de Filosofia,* IX, 1/2 (1953), pp. 355-373.

ID., "A Teoria dos Universais em Pedro da Fonseca", *Revista Portuguesa de Filosofia,* XII, 3 (1956), pp. 291-298.

ID., "A Causa exemplar em Pedro da Fonseca", *Revista Portuguesa de Filosofia,* XIV, 1 (1958), pp. 5-10.

ID., "Pedro da Fonseca. Valor e projecção da sua obra", *Revista Portuguesa de Filosofia,* XVI, 2 (1960), pp. 116-123.

AHO, T., "The Status of Psychology as Understood by Sixteenth-Century Scholastics", in S. HEINÄMAA – M. REUTER (eds.), *Psychology and Philosophy,* Springer, Dordrecht, 2009, pp. 47-66.

ALDEN, D., *The Making of an Enterprise. The Society of Jesus in Portugal, Its Empire, and Beyond, 1540-1750,* Stanford University Press, Stanford, 1996.

ALVES, M. dos Santos, "Pedro da Fonseca e o 'Cursus Collegii Conimbricensis'", *Revista Portuguesa de Filosofia*, XI, 3/4 (1955), pp. 479-489.

AMALOU, T., *Une concorde urbaine. Senlis au temps des Réformes (1520-1580)*, Pulim, Limoges, 2007.

ANDRADA PACHECO, P. R. DE, "Experiência como fator de conhecimento na psicologia--filosófica aristotélico-tomista da Companhia de Jesus (séculos XVI-XVII)", in *Memorandum*, 7 (2004), pp. 58-87.

ANDRADE, A.A., "Teses fundamentais da Psicologia dos Conimbricenses", in ID., *Contributos para a História da Mentalidade Pedagógica Portuguesa*, Imprensa Nacional-Casa da Moeda, Lisboa, 1982, pp. 99-141.

ASHWORTH, E. J., "Petrus Fonseca on objective concepts and the analogy of Being", in P. EASTON, A. ATASCADERO (eds.), *Logic and the workings of the mind: the logic of ideas and faculty psychology in early modern philosophy*, Ridgeview, Atascadero (CA) 1997, pp. 47-63.

BACELAR E OLIVEIRA, J., "Filosofia Escolástica e Curso Conimbricense. De uma Teoria de Magistério à sua sistematização Metodológica", *Revista Portuguesa de Filosofia*, XVI, 2 (1960), pp. 124-141.

BARBERA, M., *La Ratio Studiorum e la Parte Quarta delle Costituzioni della Compagnia di Gesù*, CEDAM, Padova, 1942.

BARBOSA MACHADO, D., *Bibliotheca Lusitana. Historica, Critica, e Cronologica*, Tomo I, Lisboa Occidental, 1741.

BATAILLON, M., "Un document portugais sur les origines de la Compagnie de Jésus", *Miscelânea Scentifica e Literária, dedicada ao Doutor J. Leite de Vasconcelos*, Vol. I, Coimbra 1934, pp. 89-96.

ID., *Études sur le Portgual au temps de l'humanisme*, Imprensa de Coimbra, Coimbra, 1952.

BENIGNO ZILLI, J. *Introducción a la Psicologia de los Conimbricenses y su influjo en el sistema cartesiano*, Doctoral Rheinische Friedrich-Wilhelms-Universität zu Bonn, Bonn, 1960.

BIANCHI, A. (a cura di), *Ratio atque institutio studiorum Societatis Iesus. Ordinamento degli studi della Compagnia di Gesù*, Rizzoli, Milano, 2002.

BLACKWELL, C., "Thomas Aquinas against the Scotists and Platonists. The Definition of Ens: Cajetano, Zimara, Pereiro 1495-1576", *Verbum*, VI, 1 (2004), pp. 179-188.

BLACKWELL, C., & KUSIKAWA, S. (eds.), *Philosophy in the Sixteenth and Seventeenth Centuries. Conversations with Aristotle*, Variorum, Aldershot, 1999.

BLUM, P. R., "L'enseignement de la métaphysique dans les collèges jésuites d'Allemagne au XVIIe siècle", in L. GIARD (sous la direction de), *Les jésuites à la Renaissance. Système éducatif et production du savoir*, Presses universitaires de France, Paris, 1995, p. 93-106.

ID., *Philosophenphilosophie und Schulphilosophie. Typen des Philosophieren in der Neuzeit*, Steiner, Stuttgart, 1998.

ID., "Benedictus Pereirus: Renaissance Culture at the Origins of Jesuit Science", *Science & Education*, 15 (2006), pp. 279-304.

BRAGA, T., *História da Universidade de Coimbra nas suas Relações com a Instrução Pública Portuguesa*, 4 voll., Academia Real das Sciencias, Lisboa, 1892-1902.

BRANDÃO, M., *O Colégio das Artes. I (1457-1555), II (1555-1580)*, Coimbra, 1924--1933.

ID., *O Processo na Inquisição de Mestre Diogo de Teive*, Coimbra, 1943.

ID., *O Processo na Inquisição de Mestre João da Costa*, Coimbra, 1944.

ID., *A Inquisição e os Professores do Colégio das Artes*, 2 voll., Coimbra, 1948--1969.

BRANDÃO, M. and CRUZ L. (eds), *Actas dos Conselhos da Universidade de 1537 a 1557*, Arquivo da Universidade, Coimbra, 1941-1976.

BRIZZI G. P. (a cura di), *La Ratio studiorum: modelli culturali e pratiche educative dei gesuiti in Italia tra Cinque e Seicento*, Bulzoni, Roma, 1981.

CABRAL, P. R., "Filosofia no Colégio das Artes (Século XVI). Subsídios para a sua História", *Revista Portuguesa de Filosofia*, XXXVIII, 4 (1982), pp. 903-908.

CAMPI, E., DE ANGELIS, S., GOEING, A.-S., and GRAFTON, A.T. (eds.), *Scholarly knowledge. Textbooks in early modern Europe*, Droz, Ginevra, 2008.

CAROLINO, L. M., "O ensino de Filosofia Natural nas Universidades Portuguesas: ideias e percursos académicos, 1550-1650", in AA. VV., *Estudos em Homenagem a Luís de Oliveira Ramos*, Faculdade de Letras da Universidade do Porto, 2004, pp. 371-378.

CARRAUD, V., "Descartes et le principe de raison sufficiente", *Laval théologique et philosophique*, LIII, 3 (1997), pp. 725-742.

ID., *Causa sive ratio. La raison de la cause, de Saurez à Leibniz*, PUF, Paris, 2002.

CARVALHO, J. DE, "Pedro da Fonseca, precursor de Suarez na renovação da metafísica", *Revista Portuguesa da Filosofia*, in AA. VV., *Actas del Primero Congreso Nacional de Filosofia, Mendoza, Argentina, marzo-abril 1949*, III, pp. 1927--1930.

CARVALHO, M. S. DE, "Medieval Influences In The Coimbra Commentaries (An Inquiry Into The Foundations of Jesuit Education)", *Patristica et Mediaevalia*, XX (1999), pp. 19-37.

ID., "The Concept of Time According to The Coimbra Commentaries", in P. PORRO (a cura di), *The Medieval Concept of Time. Studies on the Scholastic Debate and Its Reception in Early Modern Philosophy*, Brill, Leiden - Boston - Köln, 2001, pp. 353-382.

ID., *A Síntese Frágil. Uma Introdução à Filosofia (da Patrística aos Conimbricenses)*, Colibri, Lisboa, 2002.

ID., "Filosofar na época de Palestrina. Uma introdução à psicologia filosófica dos 'Comentários a Aristóteles' do Colégio das Artes de Coimbra", *Revista Filosófica de Coimbra*, XI (2002), pp. 389-419.

ID., "http://www.ci.uc.pt/lif/main5.htm. Sobre um Projecto no âmbito da História da Filosofia em Portugal", *Revista Filosófica de Coimbra*, XII (2003), pp. 215--224.

ID., "Des passions vertueuses? Sur la réception de la doctrine thomiste des passions à la veille de l'anthropologie moderne", in J.F. MEIRINHOS (ed.), *Itinéraires de la Raison. Études de philosophie médiévale offertes à Maria Cândida Pacheco*, Brepols, Louvain-la-Neuve, 2005, pp. 379-403.

ID., "Nótulas para o estudo da presença de Aristóteles no Portugal do século XVI", in M.C. DE MATOS (coord.), *A Apologia do Latim. In honorem Dr. Miguel Pinto de Meneses (1917-2004)*. Vol. I, Edições Tavola Redonda, Lisboa, 2005, pp. 283--302.

ID., "Metamorfoses da ética peripatética: estudo de um caso Quinhentista conimbricense: 'As Disputas sobre os Livros da Ética a Nicómaco'", *Revista Filosófica de Coimbra*, XIV (2005), pp. 239-274.

ID., "Introdução à leitura do Comentário dos Jesuítas de Coimbra ao 'De Anima' de Aristóteles (mediante o estudo do tema monopsiquista)", in J.L.B. DA LUZ (a cura di), *Caminhos do Pensamento. Estudos em Homenagem ao Professor José Enes*, Colibri, Lisboa, 2006, pp. 507-532.

ID., "A doutrina do intelecto agente no Comentário ao 'De Anima' do Colégio Jesuíta de Coimbra", in J. FERNANDO SELLÉS (ed.), *El Intelecto Agente en la Escolástica Renacentista*, Ediciones Universidad de Navarra, Pamplona, 2006, pp. 155--183.

ID., "Tentâmen de sondagem sobre a presença dos platonismos no volume do 'De Anima' do primeiro Curso Jesuíta Conimbricense", in J.A.de C.R. DE SOUZA (a cura di), *Idade Média: tempo do Mundo, Tempo dos Homens, Tempo de Deus*, EST Edições, Porto Alegre, 2006, pp. 389-98.

ID., "Intellect et Imagination: la 'scientia de anima' selon les 'Commentaires du Collège des Jésuites de Coimbra'", in M. C. PACHECO et J. F. MEIRINHOS (eds.), *Intellect et imagination dans la Philosophie Médiévale / Intellect and Imagination in Medieval Philosophy / Intelecto e Imaginação na Filosofia Medieval. Actes du XI e Congrès International de Philosophie Médiévale de la S.I.E.P.M.*, Vol. I, Brepols, Turnhout, 2006, pp. 119-158.

ID., "The Coimbra Jesuits' Doctrine on Universals (1577-1606)", *Documenti e Studi sulla Tradizione Filosofica Medievale*, XVIII (2007), pp. 531-543.

ID., "O Lugar do Homem no Cosmos ou o lugar do cosmos no Homem? O tema da perfeição do universo antes do paradigma do mundo aberto, segundo o comentário dos jesuítas conimbricenses", *Veritas*, LIV (2009), pp. 142-155.

ID., "Tra Fonseca e Suárez: una metafisica incompiuta a Coimbra", *Quaestio. Annuario di storia della metafisica*, IX (2009), pp. 41-59.

ID., *Psicologia e ética no curso jesuíta conimbricense*, Colibri, Lisboa, 2010.

ID., "Introdução geral à tradução, Apêndices e Bibliografia", in *Comentários do colégio Conimbricense da Companhia de Jesus sobre os três livros do Tratado da alma de Aristóteles estagirita*, tradução do original latino de Maria da Conceição Camps, Sílabo, Lisboa, 2010.

ID., "Imaginação, pensamento e conhecimento de si no Comentário Jesuíta Conimbricense à psicologia de Aristóteles", *Revista Filosófica de Coimbra*, XIX (2010), pp. 25-52.

ID., "Aos ombros de Aristóteles (Sobre o não-aristotelismo do primeiro curso aristotélico dos Jesuítas de Coimbra", *Revista Filosófica de Coimbra*, 16 (2007), pp. 291-308. Trad. it. "Sulle spalle di Aristotele. Sul non-aristotelismo del primo corso aristotelico dei Gesuiti di Coimbra)", *Lo Sguardo*, V (2011), pp. 45-58.

ID., Introdução geral, in *Comentários a Aristóteles do Curso Jesuíta Conimbricense (1592-1606). Antologia de Textos*, Altera, Coimbra, 2011, pp. 2-12.

CARVALHO, R., "A orientação pedagógica da Companhia de Jesus", in ID., *História do Ensino em Portugal. Desde a Fundação da Nacionalidade até fim do Regime de Salazar-Caetano*, Fund. Calouste Gulbenkian, Lisboa, 1986, pp. 331-358.

CEÑAL, R., "A Doutrina de Pedro da Fonseca: sobre a Liberdade Divina", *Revista Portuguesa de Filosofia*, IX, 4 (1953), pp. 375-395.

CODINA MIR, G., *Aux sources de la Pédagogie des Jésuites. Le «Modus Parisiensis»*, IHSI, Roma, 1968.

ID., "El «Modus parisiensis»", *Gregorianum*, LXXXV, 1 (2004), pp. 43-64.

COIMBRA GONÇALVES, R., "Political Soverignty and Economic Ethics among the Spanish Second Scholasticism: Its Influence on Modern Thought", *International Journal of Arts and Sciences*, IV, 3 (2011), pp. 141-150.

COXITO, A. A., "Método e ensino em Pedro da Fonseca e nos Conimbricenses", *Revista Portuguesa de Filosofia*, XXXVI, 1 (1980), pp. 88-107.

ID., "Góis (Manuel de)" in *Logos. Enciclopédia Luso-Brasileira de Filosofia*, vol. 2, Lisboa, 1990, pp. 873-881.

ID., "A Filosofia no Colégio das Artes", in *História da Universidade em Portugal*, I Volume, tomo II (1537-1771), Coimbra, 1997, pp. 735-761.

ID., "Pedro da Fonseca: A teoria da suposição e o seu contexto escolástico", *Revista Filosófica de Coimbra*, XX (2001), pp. 285-312.

ID., "A restauração da Escolástica. II: O Curso Conimbricense", in P. CALAFATE (a cura di), *História do Pensamento Filosófico Português*, Vol. 2, Lisboa, 2001, pp. 503-543.

ID., "Natureza, Arte, Acaso e Finalidade na 'Física' do Curso Conimbricense", *Revista Filosófica de Coimbra*, XII (2003), pp. 39-68.

ID., "Génese e conhecimento dos primeiros princípios. Um confronto do Curso Conimbricense com Aristóteles e S. Tomás", *Revista Filosófica de Coimbra*, XII (2003), pp. 279-303.

ID., "O que significam as palavras? O Curso Conimbricense no contexto da semiótica Medieval", *Revista Filosófica de Coimbra*, XIII (2004), pp. 31-61.

ID., *Estudos sobre Filosofia em Portugal no Século XVI*, Imprensa Nacional-Casa da Moeda, Lisboa, 2005.

ID., "O método em Pedro da Fonseca e no Curso Conimbricense", in D. FERRER (a cura di), *Método e Métodos do Pensamento Filosófico*, Imprensa da Universidade de Coimbra, Coimbra, 2007, pp. 71-78.

DAINVILLE, F., *L'éducation des Jésuites (XVI-XVIII siècles)*, Edition de Minuit, Paris, 1978.

DEELY, J., *Four Ages of Understanding. The first postmodern history of philosophy from ancient times to the turn of the 21st century*, St. Augustine's Press, South Bend, 2001.

ID., "The Semiotic Animal. A postmodern definition of human being superseding the modern definition 'res cogitans'", in AA. VV., *Congresso Tomista internazionale. L'umanesimo cristiano nel III Millennio: Prospettiva di Tommaso d'Aquino*, Roma, 21-25 Settembre 2003.

DES CHENE, D., *Physiologia. Natural Philosophy in Late Aristotelian and Cartesian Thought,* Cornell University Press, Ithaca & London, 1996.

ID., "On Laws and Ends: A Response to Hattab and Menn", *Perspectives on Science,* 8 (2000), pp. 144-163.

ID., *Life's Form. Late Aristotelian Conceptions of the Soul,* Cornell University Press, Ithaca & London, 2000.

ID., "Aristotelian natural philosophy: body, cause, nature", in J. CARRIERO & J. BROUGHTON (eds.), A *Companion to Descartes,* Blackwell, Malden – Oxford – Victoria, 2007, pp. 17–32.

DIAS, J. de OLIVEIRA, "Ainda a Controvertida Paternidade da chamada Ciência Media", *Verbum,* 18 (1951), pp. 367-382.

ID., "Em torno do Duelo Fonseca-Molina, uma Argumentação Suscinta", *Verbum,* 21 (1954), pp. 37-63.

ID., "Fonseca e Molina. Os últimos Ecos dum Litígio Plurissecular", *Revista Portuguesa de Filosofia,* XI (1955), pp. 64-77.

ID., "Liquidação Final de uma Controvérsia", *Verbum,* 22 (1955), pp. 207-228.

DINIS, A., "Tradição e Transição no Curso Conimbricense", *Revista Portuguesa de Filosofia,* XLVII, 4 (1991), pp. 535-560.

ID., "O Comentário Conimbricense à Física de Aristóteles", *Brotéria,* 134 (1992), pp. 398-406.

ELORDUY MAURICA, E., "Influjo de Fonseca en Suárez", *Revista Portuguesa de Filosofia,* XI, 3/4 (1955), pp. 507-519.

FAVRE, P., *Mémorial,* (a cura di M. De Certeau), Desclée de Brouwer, Paris, 2006.

FERNANDES, G., *"De Institutione Grammatica Libri Tres (1572)* de Manuel Álvares (1526-1583)", [http://dlac.utad.pt/14.%20Manuel%20%C1vares.pdf], pp. 85-99.

FERRATER MORA, J., "Suárez and Modern Philosophy", *Journal of the History of Ideas,* 14, 4 (ott. 1953), pp. 528-547.

ID., "On the Early History of Ontology", *Philosophy and Phenomenological Research,* 24, 1 (1963), pp. 36-47.

FORLIVESI, M., "Impure Ontology. The Nature of Metaphysics and Its Object in Francisco Suárez's Texts", *Quaestio,* 5 (2005), pp. 559-586.

ID., "Francisco Suárez and the 'rationes studiorum' of the Society of Jesus", in M. SGARBI (ed.), *Francisco Suárez and His Legacy. The Impact of Suárezian Metaphysics and Epistemology on Modern Philosophy,* Vita e Pensiero, Milano, 2010, pp. 77-90.

ID., "Approaching the Debate on the Subject of Metaphysics from the Later Middle Ages to the Early Modern Age: The Ancient and Medieval Antecedents", *Medioevo,* 34 (2009), pp. 9-59.

FREDDOSO, A. J., "Medieval Aristotelianism and the Case Against Secondary Causation in Nature", in T. V. MORRIS (ed.), *Divine and Human Action: Essays in the Metaphyisics of Theism,* Cornell University Press, Ithaca, 1988, pp. 74-118.

ID., "God's General Concurrence with Secondary Causes: Pitfalls and Prospects" [http://www.nd.edu/~afreddos/papers/pitfall.htm].

ID., "Suarez on Metaphysical Inquiry, Efficient Causality, and Divine Action," in FRANCISCO SUAREZ, *On Creation, Conservation, and Concurrence: Metaphysical Disputations 20, 21, and 22,* , St. Augustine's Press, South Bend, 1999.

FRIAS, A. G., "Anthropolgie historique des traditions universitaires de Coimbra et Salamanca: l'example de l'investiture du docteur", *Centro de Estudos Ibéricos*, pp. 1-12 [http://www.cei.pt/pdfdocs/Anibal%20Frias.pdf].

GANSS, G. E., *Saint Ignatius' Idea of a Jesuit University: a Study in the History of Catholic Education, Including Part Four of the Constitutions of the Society of Jesus*, Marquette University Press, Milwaukee, 1956.

GARIN, E., *L'educazione in Europa (1400-1600)*, Laterza, Roma-Bari, 1957.

GAULLIEUR, E., *Histoire du Collège de Guyenne*, Sandoz et Fischbacher, Paris, 1874.

GIACON, C., "O Neo-aristotelismo de Pedro da Fonseca", *Revista Portuguesa de Filosofia*, IX, 4 (1953), pp. 407-417.

GIARD, L. (ed), *Les jésuites à la Renaissance. Système éducatif et production du savoir*, Presses universitaires de France, Paris, 1995.

ID., "La constitution du système éducatif jésuite au XVIe siècle", in O. WEIJERS (ed.), *Vocabulaire des collèges universitaires (XIIIe – XVIe siècles) - Actes du colloque, Leuven 9-11 avril 1992*, Brepols, Turnhout, 1993, pp. 131-148.

ID., "Sur le cycle des 'artes' à la Renaissance", in O. WEIJERS & L. HOLTZ (eds.), *L'enseignement des disciplines à la Faculté des arts (Paris et Oxford XIIIe – XVe siècles)*, Brepols, Turnhout, 1997, pp. 511-538.

GILBERT, N. W., *Renaissance Concepts of Method*, Columbia University Press, New York & London, 1960.

GILSON, É., *Études sur le Rôle de la Pensée Médiévale dans la Formation du Système Cartésien*, Paris, 1930.

ID., "Avicenne et les origines de la notion de cause efficiente", in AA.VV., *Atti del convegno internazionale di Filosofia*, Sansoni, Firenze 1961, pp. 121-130.

ID., "Notes pour l'histoire de la cause efficiente", *Archives d'histoire doctrinale et littéraire du moyen âge*, 29 (1962), pp. 7-31.

ID., *Tommaso contro Agostino*, a cura di C. Casalini, Medusa, Milano, 2010.

GOMES, J. P., "Os Professores de Filosofia do Colégio das Artes", *Revista Portuguesa de Filosofia*, XI, 3/4 (1955), pp. 520-545.

GOMES, P., *Os Conimbricenses*, Guimarães Editores, Lisboa, 1992.

GOMES DOS SANTOS, D. M., "O Curso Conimbricense. Expressão do Patriotismo Português", *Revista Portuguesa de Filosofia*, XI, 3/4 (1955), pp. 458-467.

ID., "Francisco Titelmans O.F.M. e as origens do Curso Conimbricense", *Revista Portuguesa de Filosofia*, XI, 3/4 (1955), pp. 468-78.

ID., "Buchanan e o ambiente coimbrão de século XVI", *Humanitas*, Coimbra, XV-XVI (1963), pp. 261-327.

GONÇALVES, N. DA SILVA, "Jesuits in Portugal", in T. MC COOG S.J. (ed.), *The Mercurian Project. Forming Jesuit Culture 1573-580*, IHSI – The Institute of Jesuit Sources, St. Louis – Rome, 2004.

ID., "Political Sovereignty and Economic Ethics among the Spanish Second Scholasticism: Its Influence on Modern Thought", *International Journal of Arts & Sciences,* IV, 3 (2011), pp. 141-150.

GRAFTON, A., and JARDINE, L., *From Humanism to the Humanities: Education ant the liberal arts in Fifteenth and Sixteenth-Century Europe,* Harvard University Press, Cambridge (MA), 1986.

GRENDLER, P. F., *Schooling in Renaissance Italy: Literacy and Learning, 1300-1600,* John Hopkins University Press, Baltimore, 1989.

ID., *Renaissance Education between Religion and Politics,* Ashgate, Aldershot, 2006.

GRYŻENIA, K., "The Concept of Universals at the Beginnings of Jesuit Philosophy", *Studies in Logic Grammar and Rhetoric,* 20, 33 (2010), pp. 49-64.

HACHMANN, B., and CARVALHO, M. SANTIAGO DE, *Os Conimbricenses e Pedro da Fonseca como leitores de Henrique de Gand, Mediaevalia,* III (1993), pp. 207--212.

HATTAB, H., "One Cause or Many? Jesuit Influences on Descartes's Division of Causes", in S.F. BROWN (ed.), *Meeting of the Minds.The Relations between Medieval and Classical Modern European Philosophy,* Brepols, Turnhout, 1998, pp. 105-120.

ID., "The Problem of Secondary Causation in Descartes: A Response to Des Chene", *Perspectives on Science,* 8 (2000), pp. 93-118.

ID., "Conflicting Causalities: The Jesuits, Their Opponents and Descartes on the Causality of the Efficient Cause", in D. GARBER – S. NADLER (eds.), *Oxford Studies in Early Modern Philosophy,* Oxford, Clarendon Press, 2003.

HENRIQUES, G. J. C., *George Buchanan in the Lisbon Inquisition,* Typ. da Empreza da Historia, Lisboa, 1906 (rist. Kessinger Publishing 2010).

HERNANDES, P. R., "A Companhia de Jesus no Século XVI e o Brasil", *Revista HISTEDBR On-line,* Campinas, 40 (2010), pp. 222-244.

HEVIA ECHEVARRÍA, J. A., "La polémica de auxiliis y la Apología de Bañez", *El Catoblepas,* 13 (2003), p. 1 [http://www.nodulo.org/ ec/2003/n013p01.htm].

KAGAN, R. L., *Students and Society in Early Modern Spain,* The John Hopkins University Press, Baltimore, 1974.

LAVAJO, J. C., "Molina e a Universidade de Évora", in I. BORGES-DUARTE (a cura di), *Luís de Molina regressa a Évora,* Fundação Luis Molina, Évora, 1998, pp. 99-122.

LEITE, S., *Cartas dos primeiros jesuítas do Brasil – 1538-1553,* Comissão do IV centenário da cidade de São Paulo, São Paulo, 1954.

ID., *Estatutos da Universidade de Coimbra de 1559,* Por orderm da Universidade, Coimbra, 1965.

LOHR, C. H., "Jesuit Aristotelianism and the Sexteenth-Century Metaphysics", in H. G. FLETCHER III – M.B. SCHULTE (eds.), *Paradosis: Studies in Memory of Edwin A. Quain,* Fordham University Press, New York, 1976, pp. 203-220.

ID., "Les Jésuites et l'Aristotélisme du XVIe siècle", in L. GIARD (sous la direction de), *Les jésuites à la Renaissance. Système éducatif et production du savoir,* PUF, Paris 1995, pp. 79-92.

LOPES, A., "Caminhada Pedagógica dos Jesuítas em Portugal", *Brotéria*, 132, 4 (1991), pp. 363-378.

MADEIRA, J., "Bibliografia de e sobre Pedro da Fonseca", *Revista Filosófica de Coimbra*, XXIX (2006), pp. 195-208.

ID., *Pedro da Fonseca's Isagoge Philosophica and the Predicables from Boethius to the Lovanienses*, doctoral dissertation presented at the Katholieke Universiteit Leuven, 2006.

MANZO, S., "Causalidad eficiente y concurso divino en las Disputationes Metaphysicae de Francisco Suárez y en el comentario conimbricense a la Física de Aristóteles", *Patristica et Mediaevalia*, 32 (2011), pp. 51-66.

MARQUES, J. F., "Os Jesuítas, confessores da Corte portuguesa na Época Barroca (1550-1700)", *Revista da Faculdade de Letras*, 12 (1995), Oporto, pp. 231--270.

MARTÍNS, A. M., "The Conimbricenses. Introductory note to the *Commentarii Collegii Conimbricensis Societatis Iesu*", in Mª C. PACHECO et J. MEIRINHOS (eds.), *Intellect et imagination dans la Philosophie Médiévale / Intellect and Imagination in Medieval Philosophy / Intelecto e Imaginação na Filosofia Medieval. Actes du XIe Congrès International de Philosophie Médiévale de la S.I.E.P.M. (Porto, du 26 au 31 août 2002)*, Brepols, Turnhout, 2006, pp. 101-117.

ID., "A causalidade em Pedro da Fonseca", *Veritas*, LIV, 3 (2009), pp. 112-127.

MASSEBIAU, L. (ed), "Schola Aquitanica. Programme d'études du collège de Guyenne au XVIe siécle", *Revue Pédagogique*, fasc. n.º 7, 1866.

MATOS, L. de, *Le Portugais à l'Université de Paris, entre 1500 et 1550*, Coimbra, 1950.

MCCOOG, T. (ed.), *The Mercurian Project. Forming Jesuit Culture. 1573-1580*, IHSI – The Institute of Jesuit Sources, Roma – St. Louis, 2004.

MENDEROS, J. F., "O oliventino Sebastião do Couto, mestre insigne da Universidade de évora e alma dal altercações de 1637", Academia portuguesa da história, *Anais*, 18 (1969), pp. 17-32.

MENN, S., "On Dennis Des Chene's *Physiologia*", *Perspectives on Science*, 8 (2000), pp. 119-143.

NAVARRO-BROTÓNS, V. (ed), *Universities and Science in Early Modern Period*, Springer, 2006.

OAKLEY, F., "The Absolute and Ordained Power of God in Sixteenth- and Seventeenth--Century Theology", *Journal of the History of Ideas*, 59, 3 (1998), pp. 437-461.

O'MALLEY, J. W., *I primi gesuiti*, Vita e Pensiero, Milano, 1991.

O'MALLEY, J. W. (ed), *The Jesuits. Cultures, Sciences, and the Arts, 1540-1773*, University of Toronto Press, 1999.

OLIVEIRA, J. BACELAR E, "Filosofia Escolástica e Curso Conimbricense. De uma teoria de Magistério à sua sistematização Metodológica", *Revista Portuguesa de Filosofia*, XVI, 2 (1960), pp.124-141.

ID., "Sobre a noção de ciência na Lógica Conimbricense", *Revista Portuguesa de Filosofia*, XIX, 3 (1963), pp. 278-285.

OSBORNE, T., "The Concept as Formal Sign", *Semiotica*, 179, 1/4 (2010), pp. 1-21.

PELLERIN, A., *Les Portugais à Paris au fil des siècles & des arrondissementes*, Chandeigne, Paris, 2009.

PIAIA, G. (a cura di), *La presenza dell'aristotelismo padovano nella filosofia della prima modernità*, Antenore, Padova, 2002.

QUICHERAT, J., *Histoire de Sainte Barbe: collège, communauté, institution*, L. Hachette, Paris, 1860.

RABENECK, I., "De Ludovici de Molina studiorum philosophiae curriculo", *Archivum Historicum Societatis Jesu*, 6 (1937), pp. 291-302.

RODRIGUERA-SAN PEDRO, L. E., "Poderes y corpus normativo en la Universidad de Salamanca (Siglo XV-XVIII)", in *Cuadernos del Instituto Antonio de Nebrija*, I, 1998, pp. 289-308.

RODRIGUES, F., "O Dr. Gouveia e a entrada dos jesuítas em Portugal", *Brotéria*, Caminha, 2 (1926), pp. 267-274.

ID., *História da Companhia de Jesus na Assistência de Portugal*, 2 t., 4 voll., Apostolado da Imprensa, Porto, 1931-50.

ROMÃO, R. B., "Montaigne, le Portugal et les Portugais", *Journal de la Renaissance*, III (2005), pp. 247-256.

SANI, R., *Unum ovile et unus pastor. La compagnia di Gesù e l'esperienza missionaria di padre Matteo Ricci in Cina, tra* reformatio Ecclesiae *e* inculturazione del Vangelo, Armando, Roma, 2010.

SCAGLIONE, A., *The Liberal Arts and the Jesuit College System*, John Benjamin, 1986.

SCHMITT, C. B., *Problemi dell'aristotelismo rinascimentale*, Bibliopolis, Napoli, 1985.

SCHMITT, C. B. – COPENHAVER, B., *Renaissance Philosophy*, Oxford Paperbacks, 1992.

SCHMITT, C. B., SKINNER, Q., KESSLER, E., KRAVE, J. (eds.), *The Cambridge History of Renaissance Philosophy*, Cambridge University Press, Cambridge, 1988 (2009[8]).

SIMMONS, A., "Jesuit Aristotelian Education: De Anima Commentaries", in J. W. O'MALLEY – G. A. BAILEY – S. J. HARRIS – T. F. KENNEDY (eds.), *The Jesuits. Cultures, Sciences, and the Arts, 1540-1773*, University of Toronto Press, Toronto, 1999, pp. 522-537.

SOARES, T. de S., "O Ensino no Colégio das Artes de Coimbra: 'Os Conimbricenses'", *Revista Portuguesa de Filosofia*, XI, 3/4 (1955), pp. 756-68.

SOUTH, J. B., "Francisco Suárez on Imagination", *Vivarium*, 39, 1 (2001), pp. 120--158.

SPRUIT, L., *Species Intelligibilis: From Perception to Knowledge, II: Renaissance Controversies, Later Scholasticism, and the Elimination of the Intelligible Species in Modern Philosophy*, Brill, Leiden-New York, 1995, pp. 289-293.

STEGMÜLLER, F., "Zur Literargeschichte der Philosophie und Theologie an der Universitäten Évora und Coimbra im XVI. Jahrhundert", *Spanische Forschungen der Goerresgesellschaft 1. Reihe*, Band 3 (1931), pp. 385-438.

ID., *Geschichte des Molinismus*, I, Aschendorff, Münster, 1935.

TAVARES, S., "Pedro da Fonseca. Sua vida e obra", *Revista Portuguesa de Filosofia*, IX, 1/2 (1953), pp. 344-353.

ID., "Fonseca e a Ciência Média", *Revista Portuguesa de Filosofia*, IX, 4 (1953), pp. 418-429.

TAVARES DE PINHO, S., "Francisco Xavier em Lisboa a caminho do Oriente (1540--1541), *Humanitas*, LII, (2000), pp. 297-309.

TAVEIRA DA FONSECA, F., "The Social and Cultural Roles of the University of Coimbra (1537-1820). Some considerations", *e-JPH*, 5, 1, (2007), pp. 1-21.

TEIXEIRA, A.-J., *Documentos para a História dos Jesuitas*, Imprensa da Universidade, Coimbra, 1899.

TEIXEIRA DE CARVALHO, J. M., *A Universidade de Coimbra no século XVI*, Imprensa da Universidade, Coimbra, 1922.

TELES, B., *Chronica da Companhia de Jesu na Provincia de Portugal*, 2 voll., Paulo Craesbeeck, Lisboa, 1645-47.

VAZ DE CARVALHO, J., "The Rehabilitation of Simão Rodrigues", in T. MCCOOG, *The Mercurian Project. Forming Jesuit Culture. 1573-1580*, IHSI – The Institute of Jesuit Sources, Roma – St. Louis, 2004, pp. 421-435.

ID., "Simão Rodrigues 1510-1579", *Archivum Historicum Societatis Iesu*, 59 (1990), pp. 295-314.

ID., "Jesuítas portugueses com obras filosóficas impressas nos séculos XVI-XVIII", *Revista Portuguesa de Filosofia*, XLVII, 4 (1991), pp. 651-659.

WAKÚLENKO, S., "As fontes dos 'Commentarii Collegii Conimbricensis e Societate Iesu in Universam Dialecticam Aristotelis Stagiritae' (Coimbra 1606)", *Philosophica*, XXVI (2005), pp. 229-262.

ID., "Enciclopedismo e Hipertextualidade nos 'Commentarii Collegii Conimbricensis e Societate Iesu in Universam Dialecticam Aristotelis Stagiritae' (Coimbra 1606)", in O. POMBO et al. (eds.), *Enciclopédia e Hipertexto*, Editora Duarte Reis, Lisboa, 2006, pp. 302-357.

ID., "Projecção da Filosofia Escolástica Portuguesa na polónia Seiscentista", *Revista Filosófica de Coimbra*, XV (2006), pp. 343-381.

WALLACE, W. A., "Causes and Forces in Sixteenth-Century Physics", *Isis*, 69, 3 (1978), pp. 400-412.

ZANARDI, M., "La «Ratio atque institutio studiorum Societatis Iesu»: tappe e vicende della sua progressiva formazione (1541-1616)", in *Annali di storia dell'educazione*, 1998, 5, pp. 135-164.

www.ingramcontent.com/pod-product-compliance
Lightning Source LLC
Chambersburg PA
CBHW050335230426
43663CB00010B/1869